바보 예수

KB192595

바보 예수

2012년 9월 20일 초판 1쇄 펴냄
2012년 11월 5일 초판 2쇄 펴냄

펴낸곳 (주)도서출판 **삼인**

지은이 한완상
펴낸이 신길순
부사장 홍승권
편집 김종진 김하얀
마케팅 한광영
미술제작 강미혜
총무 정상희

등록 1996.9.16 제 10-1338호
주소 120-828 서울시 서대문구 연희동 220-55 북산빌딩 1층
(서울시 서대문구 성산로 312)
전화 (02) 322-1845
팩스 (02) 322-1846
전자우편 saminbooks@naver.com

표지디자인 ZINO DESIGN
제판 한국커뮤니케이션
인쇄 영프린팅
제책 쌍용제책

ISBN 978-89-6436-051-4 03230

값 13,800원

한완상 지음

삼인

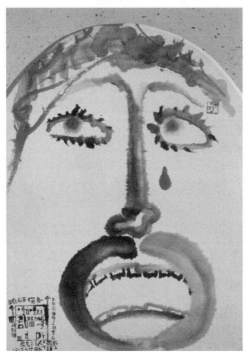

바보 예수 ⓒ 김병종

　제가 기독교 신자라는 사실을 요즘처럼 서글프게 생각한 적은 일찍이 없었던 것 같습니다. 교회 다닌다는 것이 때론 부끄럽기도 하고 짐스럽기도 합니다. 그렇다고 2천 년 전 폭압적인 로마제국의 변방 식민지에서 절망을 씹으며 하루하루를 힘겹게 살아갔던 동족들과 함께 평화와 공의公義의 새 공동체를 세우려고 온몸과 마음으로 일하셨던 갈릴리 예수님을 제가 멀리하거나 원망한다는 것은 결코 아닙니다. 오히려 한국 교회의 현실에 실망하고 분노할수록 갈릴리 예수님(역사의 예수)을 타는 가슴으로 더욱 사모하게 됩니다.

　예수는 로마제국의 폭력적 권력과 예루살렘 종교 세력의 독선적 권력에 의해 무참하게 죽임을 당하면서도, 폭력에 의한 저항을 철저히 거부하셨습니다. 그의 우아한 패배의 선택, 그리고 자기 가슴에 날카로운 창을 꽂는 잔인한 권력을 '바보같이' 용서해달라고 기도했던 그 감동적인 예수의 결단을 지금 저는 사무치게 흠모합니다.

오늘 우리 강토에는 평화가 아주 멀리 달아난 듯합니다. 남북 간의 냉전적 증오심과 대결 의지는 그 어느 때보다 뜨거워지고 있어 우리를 불안하게 합니다. 해방 이후 오늘까지 열 분의 대통령 가운데 기독교 장로 대통령이 세 분이나 됩니다. 그런데 이분들의 재임기간에 한반도의 평화가 더욱 위태로웠다는 사실을 새삼 기억할 때, 저는 유난히 부끄럽고 더욱 불편해집니다.

이승만 감리교회 장로께서 북진통일을 앞세웠을 때 남북관계는 그야말로 주적들 간의 처절한 대결관계였습니다. 그때는 열전과 냉전을 함께 겪으면서 수백만의 고귀한 생명이 죽었으며 온 강토와 나라는 전쟁으로 초토화되었지요. 그때의 살벌한 모습을 저는 지금도 온몸으로 생생하게 기억하고 있습니다.

더욱 가슴 아픈 것은, 민주화를 위해 앞장섰던 김영삼 장로께서 대통령으로 취임하신 뒤 짧은 초기 몇 달을 제외하고선, 시간이 흐를수록 남북관계가 악화되었다는 사실입니다. 이때 오히려 미국의 클린턴 정부는 북한과의 일괄타결로 한반도 냉전을 누그러뜨리려 했습니다. 그런데 이명박 장로교 장로께서 대통령이 되시면서 남북관계는 더 이상 악화될 수 없는 최악의 상황에 이르게 되었습니다. 한반도에 평화의 기쁜 소식은 사라지고, 전쟁의 불길한 소음은 커지고 있습니다.

사랑, 평화, 공의의 가치를 하늘에서처럼 이 땅에서 이룩하라고 당부하셨던 예수님을 확고하게 믿었던 장로 대통령이시라면, 왜 조국의 평화는 말할 것도 없고 공의와 자유, 인권과 복지가 모두 이렇게 점점 더 멀어지고 있습니까?

예수께서는 원수 사랑만이 온전한 평화를 세울 수 있다고 역설하셨습니다. 이것이 바로 복음입니다. 말로만 강조하신 것이 아니라 당신께서 친히 처절한 죽임을 당하시기까지 하시면서 그 복음의 가치를 몸소 실천하셨습니다. 그런데 오늘 한국 교회의 현실을 보면, 같은 동족인 북한을 미워하고 그들을 대번에 박살내려는 증오심이 가장 강렬하게 불타오르고 있는 곳이 바로 힘 있는 근본주의적 거대 교회라는 사실을 부인할 수 없습니다. 왜 큰 교회일수록, 힘 있고 부유한 교회일수록, 원수 사랑의 예수 명령을 더 철저하게 외면하는 반反복음적 근본주의자들이 많을까요? 왜 스스로 예수를 잘 믿는다고 자랑하는 분들이 이 비극의 분단 상황에서 예수의 사랑 명령만은 유독 헌신짝처럼, 주저 없이 내던지게 되는 것일까요?

저는 수 년 전 『예수 없는 예수 교회』를 세상에 내놓았습니다. 교리의 예수는 한국 교회에 건재한데, 사랑의 예수와 평화의 예수는 실종되고 말았음을 외롭고 괴롭게 외쳤지요. 그런데 이 책이 나온 지 벌써 4년이 가까운데 그간 한국 교회는 사랑과 평화의 예수님을 더욱 우악스럽게 교회에서 추방하고 있는 듯합니다. 그러나 교리의 옷을 두텁게 입고 있는 예수, 곧 부티가 나는 승리주의자 예수는 크게 환영받고 있습니다. 십자가에 달려 "엘리 엘리 라마 사박다니(주여, 주여, 왜 나를 버리시나이까)"를 절규하신 갈릴리 예수는 사라지고 말았습니다. 대신, 로마의 황제인 아우구스투스의 위엄을 지닌 위풍당당한 권력의 화신 예수는 한국 교회를 장악하고 있습니다.

한마디로 한국 교회는 예수의 십자가를 폐기처분함으로써 예수님을 추방시켜버렸습니다. 예수의 십자가는 자기 비움, 자기 지움의 깊고 높은 사랑의 힘이지요. 철저히 자기를 비우면서 남을 생명으로 채워서 새 존재로 우뚝 세워주시는 힘이지요. 그래서 이 땅에 평화와 공의를 세워주시지요. 자기 비움의 감동은 예수의 말씀에만 머물러 있는 것이 아니라 예수의 고난과 죽음의 전 과정에서 구체적으로 드러나지요. 이 같은 비움의 실천에는 출세와 값싼 번영의 승리주의가 도무지 들어설 수 없습니다. 더더구나 여기에는 군림과 독선의 공간이 전혀 없습니다. 특히 폭력적 권력에 의한 압승주의는 전혀 끼어들 수가 없지요. 그런데 한국 교회의 십자가는 지금 값싼 성공 축복의 부적으로 전락되고 말았습니다.

하기야 베드로를 위시하여 예수의 제자들도 십자가 지기 위해 예루살렘으로 가시겠다는 예수님을 극구 말렸습니다. 아마도 이렇게 중

얼거리며 말렸을 것입니다. '주님, 왜 바보처럼 죽으러 가십니까. 아우구스투스 황제처럼, 영광의 백마를 타시고 위풍당당한 승리자로 예루살렘에 입성하셔야죠.' 이때 예수는 베드로를 보시고 "사탄아, 물러가라"고 단호하게 꾸짖으셨지요. 예수를 광야에서 권력과 부와 신비한 카리스마의 메시아로 군림하도록 유혹했던 사탄의 모습을 베드로의 얼굴에서 예수는 다시 본 것이지요.

한국 교회의 십자가는 이때 베드로의 출세 부적같이 되고 말았습니다. 이것은 맘몬주의의 부적이기도 합니다. 몇 해 전, 한국 교회 지도자들이 십자가에 바퀴를 달아 시위한 적이 있습니다. 부패 사학의 기득권을 지키려는 시위용으로 큰 교회 목회자들이 바퀴 달린 십자가를 만들었습니다. 그들은 십자가를 앞세워 쉽게 굴리기 위해서 바퀴를 달았습니다. 그런데 십자가는 쉬운 것도 앞세우는 것도 아닙니다. 그것은 무겁게, 겸허하게 어깨에 지고 가는 것입니다. 앞세우는 십자가는 십자군의 오만한 군기일 뿐이지요. 폭력적 무력으로 적들을 살육하여 기독교 패권체제를 확장시키려는 모든 십자군의 십자가는 결단코 바보같이 겸손했던 갈릴리 예수의 십자가가 될 수 없습니다. 그것은 한마디로 예수를 광야에서 시험했던 사탄의 십자가일 뿐입니다.

한국 교회에서 예수님의 십자가가 없어졌기에 진정한 예수의 복음도 실종되고 말았습니다. 복음이란 나 하나 예수 잘 믿다가 죽어 천당 간다는 소식이 아닙니다. 그래서 '예수 천당, 불신 지옥'은 예수 복음을 철저하게 왜곡 변질시킨 것이지요. 예수 복음의 힘은 바보같이 십자가를 지면서 폭력으로 십자가 처형을 집행하는 모든 세속권력을 마침내 은혜스럽게 이겨내는 사랑의 힘입니다. 바보처럼 우아하게 십자가를 지면서 그 십자가를 폭력으로 지게 하는 잔인한 권력으로 하여금 새로운 존재로 거듭나게 하는 은총의 힘입니다. 이것이 진정한 복음의 힘이지요. 이 힘은 마침내 제3일에 부활의 영광으로 나타납니다. 이 영광을 증언하는 것이 바로 기쁜 소식이지요.

저는 한국 교회가 그토록 강조하는 복음화의 외침 소리를 들을 때 때때로 으스스 닭살 같은 것이 솟아오르는 듯합니다. 복음화는 원래 예수 부활의 그 총체적 기쁨을 자기 비움의 실천을 통해 널리 알리는 일인데, 한국 교회의 복음화는 자기 비움과는 아무 관계가 없기 때문이지요. 오히려 복음화가 무서운 이기적 자기 채움과 자기 확장을 뜻하기 때문이지요. 다른 종교들을 깡그리 기독교라는 종교로 통폐합시키려는 기독교 자기 확장 탐욕이 바로 복음화의 핵심 전략인 것 같습니다. 한마디로 그것은 기독교 제국주의의 확장이라 하겠습니다. 그래서 나는 두렵고 부끄러운 것입니다.

민족 복음화를 내세우는 교회 지도자들은 과연 어떠합니까? 그들이 선한 사마리아인의 그 깊은 동고심同苦心으로 북한 동포를 보살피려는 일보다 북한 동포를 기독교 교리로 교화시켜 그곳에 기독교 왕국을 세우려는 일에 더 적극적이지 않습니까? 다른 말로 말하자면, 북한을 기독교로 흡수 통합하려는 기도企圖로 볼 수 있지 않겠습니까? 이 같은 민족 복음화에 더하여 세계 복음화를 외치는 한국 근본주의 교회 지도자들은 세계를 한국 기독교로 통폐합시키고 싶어 하는 듯합니다. 이것은 서구 기독교가 아프리카와 아시아를 서구 제국주의 식민지로 삼으려 했을 때 이미 저질렀던 잘못을 지금 한국 교회의 '복음주의자들'이 반복하고 있다는 뜻이기도 합니다.

유명한 신학자요, 의료 선교사요, 문명 비평가요, 세계적 인도주의 실천가였던 슈바이처 박사가 바로 이 같은 서구 제국주의적 복음화를 아프리카 가기 전에 이미 신랄하게 꾸짖었습니다. 그분은 1952년 노벨 평화상을 받았지요. 그는 진실로 예수님의 십자가가 갖는 깊은 복음적 의미를 이해했습니다. 그러기에 그는 나이 서른이 되어 이미 세계적 신학자의 반열에 올라갔지만, 바보처럼 의과대학 학생이 되기로 결단했습니다. 주위 모두가 말리는데도 말입니다. 안락한 유럽의 교수 생활을 버리고 바보처럼 그 열악했던 아프리카 현지로 달려갔습니다. 이것이 바로 예수의 사랑 실천이지요.

제가 이번에 『바보 예수』를 내놓은 뜻은 간단합니다. 화려한 흰 군마를 타고 승리주의자로 군림하는 보무당당한 제국주의적 예수가 아니라 흙먼지 나는 여리고 언덕을 초라한 나귀를 타시고 바보처럼, 사마리아인처럼, 억울하게 아파하는 사람들과 동고하시기 위해 터벅터벅 오시는 겸손한 예수를 가슴 시리게 그리워하고 있기 때문입니다. 『바보 예수』를 통해 십자가의 참뜻과 복음의 본질을 조금이나마 드러내고 싶어 이 책을 세상에 내놓습니다. 그리고 십자가 사랑의 힘보다 더 감동적인 진보의 힘은 없음을 증언하고 싶습니다.

세상 시장에서 잘 팔리는 책보다 좋은 책을 출판하려고 항상 애쓰고 고민하는 삼인 홍승권 님께 감사드립니다. 무더웠던 여름에 삼인의 김종진 님의 땀 흘린 수고가 없었다면 『바보 예수』의 향기를 맡을 수 있게 하는 기쁨을 체험하기 어려웠을 것입니다.

우리 모두 바보가 되어 진리를 바로 보면서, 억울하게 아파하는 사람들을 바로 보살피는 바보 같은 예수따르미가 되시길 바랍니다.

끝으로 바보같이 살다가 젊은 나이에 군국주의 국가 일본의 감옥에서 너무나 외롭고 괴롭게 요절한 민족시인 윤동주의 시 「십자가」에 담긴 그 깊은 뜻을 여러분과 함께 음미하고 싶습니다. 동주 시인은 갈릴리 예수의 십자가의 본질을 칠흑같이 어두운 일본 제국주의 하늘 아래에서 이미 깊이 꿰뚫어보고 온몸으로 그 뜻을 깨닫고 이 시를 지었습니다.

십자가

윤동주

쫓아오던 햇빛인데
지금 교회당 꼭대기
십자가에 걸리었습니다.

첨탑이 저렇게 높은데
어떻게 올라갈 수 있을까요.

종소리가 들려오지 않는데
휘파람이나 불며 서성거리다가,

괴로웠던 사나이,
행복한 예수 그리스도에게처럼
십자가가 허락된다면,

모가지를 드리우고
꽃처럼 피어나는 피를
어두워가는 하늘 밑에
조용히 흘리겠습니다.

견디기 힘든 2012년 여름 한 가운데서,

한민 한완상

차례

제1부

바보의 힘

바보 예수의 힘

저는 최근 또래 친구의 폭력에 견디다 못해 자살한 한 중학생의 '바보 같은' 죽음이 주는 충격에 가슴이 아팠습니다. 그 학생은 마치 잠시 다녀올 여행을 앞두고 부모님께 남기는 편지처럼 담담하게 쓴 유서를 남겼습니다. 이렇게 차분하고 착하게 유서를 쓰는 바보는 없을 듯합니다. 그 마지막 편지에는 죽음 앞에 느끼는 두려움보다는 부모와 형에 대한 사랑이 절절하게 나타나 있어 우리를 더욱 놀라게 합니다.

"저는 매일매일 가족 몰래, 몸에 난 수많은 멍들을 보면서 한탄했어요."

"아빠, 매일 공부 안 하고 화만 내는 제가 걱정스러웠죠? 죄송해요."

"엄마, 친구 데려 온답시고 먹을 걸 먹게 해준 제가 바보스러웠죠? 죄송해요."

"형, 매일 내가 얄밉게 굴고 짜증나게 했지? 미안해."

바보같이 죽으면서도 가족에게 온 존재로 보여준 그 사랑의 감수성에 내 가슴이 아릿해졌습니다. 더더욱 가슴 아팠던 것은 눈물 흘리며 죽기까지 하면서 보여준 그의 바보 같은 사랑 고백이었습니다.

"매일 남몰래 울고, 제가 한 것도 아닌 일에 억울하게 꾸중 듣고 매일 맞던 시절을 끝내는 대신, 가족들을 볼 수가 없다는 생각에 벌써부터 눈물이 앞을 가리네요. 가족들이 슬프다면 저도 슬플 거예요. 부디 제가 없어도 행복하길 빌게요.

p.s. 부모님께 한번도 진지하게 해본 적 없는 말, 지금 전할게요. 엄마, 아빠 그리고 형, 사랑해요!"

이 유서를 보고 가슴 아파할 그의 엄마, 아빠와 형을 생각해보세요.

우리에게 감동의 충격을 준 바보는 한둘이 아닙니다. 몇 해 전 김예슬이란 젊은이는 고려대학교를 자퇴하면서 "오늘 저는 대학을 그만둡니다. 진리도, 우정도, 정의도 없는 죽은 대학이기에……"라고 절규했습니다. 또 다른 한 젊은이는 서울대학교를 떠나면서 자격증 장사 브로커 노릇하는 대학이라 외치며 노예 아닌 인간의 길을 가겠다고 선언했습니다. 그리고 얼마 전에는 우직하게 민주화의 원칙을 온몸으로 지키며 어렵게 살아온 바보 같은 정치인 김근태 씨가 세상을 떠났습니다. 또, 30년은 더 살 수 있는 이른 나이에 죽은 스티브 잡스가 유언처럼 남긴 말이 생각납니다. "계속 갈망하십시오. 계속 바보로 남으세요." 그는 이 외침대로 살았기에 일찍 죽은 것 같습니다.

이러한 용기 있는 바보들의 감동적인 삶과 죽음을 보면서 저는 바보의 본질이 무엇이며, 기독교 복음이 과연 이것과 무슨 관계가 있는지, 예수의 말씀과 삶이 바보와 무슨 관계가 있는지 물을 수밖에 없었습니다.

바보, 바로 보고 바로 보살펴주는 사람

바보들의 특징은 무엇일까요? 보통 사람들, 특히 영악한 보통 사람들이 못 보는 것을 보는 사람이 있습니다. 또 그런 보통 사람들이 듣지 못하는 것을 듣는 사람이 있습니다. 그리고 보통 사람들이 말하지 못하는 것을 용기 있게 말하는 사람이 있습니다. 바로 그런 사람들이 바보입니다. 어느 시인이 스스로 죽음을 택한 노무현 전 대통령을 보고 바보라고 하면서 "바보란, 바로 보는 사람"이라고 했습니다. 그렇습니다. 일상의 테두리 안에 사는 보통 사람들이 바로 보지 못하는 것을 바로 보기에 바보가 되는 것입니다.

또한 "바보는 바로 보살펴주는 사람"이기도 합니다. 바로 선한 사마리아인 같은 사람이지요. 성직자들은 억울하게 피 흘리며 죽어가는 사람을 보고도 피해 갔지만, 돌쌍놈으로 욕먹었던 잡종 인간 사마리아인은 진정 바보였습니다. 그만이 죽어가는 불쌍한 사람을 바로 보살폈기 때문입니다.

바로 보고, 바로 보살피는 능력 때문에 일상성의 테두리 안에서 기득권을 즐기는 힘 있는 사람들은 바보들을 왕따 시키고, 핍박하고, 착취하고 차별합니다. 바로 그러했기에 예수도 처음부터 그의 고향이라는 일상성의 세계에서 환영받지 못했습니다. 선지자가 고향에서 쫓겨나는 현실을 예수께서는 온몸으로 증거하셨지요. 예수는 환영받지 못한 데서 끝난 것이 아니라 벼랑 끝으로 밀려 떨어져 죽을 뻔 했지요.

예수따르미들은 예수의 바보스러움을 새삼 주목해야 합니다. 그의 바보스러운 말씀을, 그리고 바보 같은 결단과 삶을 새롭게 확인해야 합니다. 그 바보스러움에서 새로운 힘, 새로운 은혜를 깨달아야 합니다. 그것이 새 날을 맞는 기쁨일 것입니다. 바보 되기를 항상 회피해왔던 우리이기에, 바보가 주는 감동을 예수를 통해 온 존재로 받아들여야 하겠습니다.

먼저 예수의 말씀 중 바보 같은 메시지가 무엇인지 주목해야 합니다. 그런데 그런 메시지가 너무 많아 특히 바보스러운 것을 골라내기가 쉬우면서도 어려운 듯합니다. 예수는 본격적인 하나님나라 운동을 펼치시기 전 광야로 나가 그 운동의 본질을 확인하려 했습니다. 그 운동의 궁극적 목표와 전략을 깊이 성찰하고 명상하셨습니다. 광야에서 그는 바보스러운 결단을 내립니다. 사탄의 세 가지 유혹을 물리치지요. 노다지로 쏟아지는 복들을 바보스럽게 거부했습니다. 거부巨富의 복, 세상을 장악하는 대권大權의 복, 그리고 초자연적 신통력의 복을 모두 거부하셨습니다. 여기서 사탄은 큰 복주머니를 독점하고 있는 복 방망이라는 점이 흥미롭습니다. 참으로 바보같이 그 큰 축복들이 쏟아지는 것을 물리쳤지요. 그러니까 광야 시험에서 예수는 처음부터 바보 되기로 작정하신 것입니다. 그야말로 엄청나게 큰 바보가 되어 하나님나라 운동을 펼치시기로 결단하신 것입니다. 예수따르미는 이 같은 예수의 큰 결단의 깊은 속뜻을 항상 되새겨야 합니다.

예수의 첫 설교를 바보 같은 선언으로 듣는 사람들이 있었습니다. 하나님의 복수를 무시했던 예수의 첫 선언에 불쾌했던 분들이 있었습니다. 그의 말씀에 감동하지 않는 고향 사람들, 특히 배타적 유대 민족의식에 충만해 있던 사람들에게 이방인 과부 사렙다와 이방인 장군 나아만에게 베푸신 하나님의 특별한 배려를 부각시켰지요. 그것은 팔이 밖으로 굽기를 요구하는 바보 같은 예수의 요구였습니다. 그래서 예수는 고향에서 배척받게 되었지요.

역시 예수의 주옥같은 메시지는 산 위의 말씀일 것입니다. 누가복음에 따르면 예수는 가난한 사람, 굶주리는 사람, 지금 슬피 우는 사람들은 복이 있다고 선언하셨습니다. 이 같은 선언은 정말 지금 굶주릴 수밖에 없어 슬피 울고 있는 사람들에게 '웃기는 소리'로 들릴 수 있습니다. 이런 비참한 사람들에게 "하나님나라가 너희 것이다"라고 말한다면 과연 누가 하나님나라 운동에 적극 나서겠습니까? 게다가 한 걸음 더 나아가 예수는 부유한 사람들, 지금 배부르며 기뻐서 웃는 사람들에게는 "화가 미칠 것이다"라고 저주했습니다. 요즘 식으로 말한다면 예수는 아주 새빨간 빨갱이라고 욕먹기에 딱 알맞은 메시지를 던진 셈이지요. 그래서 참으로 어리석은 선포같이 들렸을 것입니다.

게다가 이미 가난해서 힘이 없는 사람들에게 이렇게 말씀했습니다. 어떤 힘센 사람이 네 오른 뺨을 치면 왼쪽 뺨도 돌려 대주라고 했지요. 또 추워 떠는 가난한 이들의 겉옷을 힘으로 빼앗는 자들에게는 속옷까지 모두 벗어주라고 했습니다. 결국 발가벗으라는 웃기는 명령이기도 하지요. 가진 자는 더 갖게 되고, 못 가진 자는 적신赤身으로 발가벗고 살아가는 바보가 되라는 명령이지요. **"너에게 달라는 사람에게는 주고, 네 것을 가져가는 사람에게서 도로 찾으려 하지 말아라."**(누가복음 6:30) 이것은 자본주의 시장의 거래를 근원적으로 부정하는 듯한 바보 같은 메시지처럼 들리지 않습니까?

예수의 비유 말씀에는 꼴찌에 대한 예수의 진한 사랑 표현이 나타납니다. 탕자 같은 존재, 경멸받았던 이방인, 여성, 죄로 인해 중병에 시달리는 죄인들, 지체장애자로 절망 속에 사는 사람들에 대한 예수의 지극한 배려와 사랑은 당시 힘 있는 율법주의자들이나 예루살렘 성전 세력과 회당 세력들에게는 바보스러운 편애로 인식되었을 것입니다.

예수의 바보스러운 선택

예수의 실천과 삶은 또한 바보스러운 선택의 연속인 것 같습니다. 광야의 시험을 이기시고 갈릴리로 돌아온 뒤 예수는 병자들을 치유하셨습니다. 그가 베드로의 장모를 낫게 한 일로 소문이 자자하게 퍼져 환자들이 문전성시를 이루었지요. 이때 아침 일찍 홀로 기도하고 있는 예수를 베드로와 다른 제자들이 찾아와서 "모두 선생님을 찾고 있습니다"라고 했습니다.

아마도 이때 베드로는 장모 집에 운집해 있는 환자들을 치유해줌으로써, 그 집이 하나님나라 운동의 본부나 중심처가 되기를 소망했을 것입니다. 예수 치유센터 설치를 바랐을 것입니다. 그리고 틀림없이 성공할 것으로 계산했을 것입니다. 왜냐하면 구름처럼 많은 사람들이 몰려온 것을 확인했기 때문입니다. 베드로는 그것이 엄청나게 거대한 운동본부로 급성장할 것을 내다보았을 것입니다.

그런데 예수는 이곳저곳 필요가 절박한 현장으로 직접 두루 찾아다니시는 운동을 선택하고 펼치셨습니다. 이른바 방랑 선교요 방랑 운동이지요. 이는 거대한 본부나 본당이 필요 없다는 예수의 다짐이기도 합니다. 이때 베드로는 속으로 바보 같은 선택이라 생각했을 것입니다. 이렇게 보면 오늘의 한국 대형 교회Mega Church의 영악하고 영특한 욕심은 예수의 뜻과는 너무나 거리가 먼 것 같습니다. 하기야 예수의 이 같은 선택은 언뜻 보기에 바보스럽기조차 합니다.

게다가 예수는 병을 치유하면서 환자를 죄의 속박에서 해방시키는 처방을 내리셨는데 이것은 유대 종교 기득권 세력에게 엄청난 도전이었습니다. 위태롭고 위험한 신성 모독적 도전이었습니다. 그만큼 바보 같은 짓이기도 하지요. 그리고 당시는 지금보다 훨씬 구조적으로 분할된 사회였습니다. 인종으로, 성으로, 계급으로 분할된 닫힌 체제였는데, 예수의 밥상공동체의 평등 운동이나, 계급과 인종과 성의 차별 없이 환자를 치유하신 행위 역시 무모한 도전 행위로 낙인찍힐 수 있었지요. 그만큼 바보스러운 선택이었지요. 바위보다 굳건한 당시의 구조적 차이를 허물어뜨리려는 불순하고, 불온하고, 불경한 저항으로도 낙인찍히게 되지요.

그런데 가장 심각한 바보다운 선택은 예수 스스로 죽으러 가는 메시아임을 선포한 일입니다(마태복음 16:21). 원래 메시아란 칭호는 당당하게 승리하는 지도자, 용기 있게 해방시키는 지도자, 신적 권위로 세상을 통치하는 지도자 등의 뜻을 담고 있었습니다. 그렇기에 패배하는 메시아, 고문당하는 메시아, 피 흘리며 맥없이 죽는 메시아는 도무지 있을 수 없는 지도자 역할입니다. 그런데 예수를 압승자 메시아로 착각해 그를 따랐던 제자들에게 예수는 이렇게 바보 같은 고백을 하셨습니다.

그때부터 예수께서는 자기가 반드시 예루살렘에 올라가야 하며,

장로들과 대제사장들과 율법학자들에게 많은 고난을 받고 죽임을 당하셔야 하며, 사흘째 되는 날에 살아나야 한다는 것을 제자들에게 밝히기 시작하셨다. (마태복음 16:21)

이 같이 죽으러 가는 메시아는 유대 전통에도, 희랍 전통에도, 로마 전통에도 없습니다. 예수의 독특한 메시아 인식이지요. 이 같은 바보스러운 예수의 메시아 선포를 듣고 즉각 베드로는 "주님, 안 됩니다. 절대로 그런 일이 주님께 일어나서는 안 됩니다"라고 책망하듯 말립니다. 한마디로 '주님, 그런 바보 같은 말씀하시지 마세요'라는 핀잔이었습니다. 어떻게 살아 계신 하나님의 아들이 그렇게 나약하고 허무하게 패배하고 죽을 수 있느냐는 베드로다운 항변이지요.

그런데 기독교 복음의 핵심과 본질이 바로 여기에 있습니다. 복음의 가치는 바보 메시아가 되는 예수의 고난과 죽음, 그리고 부활에서 빛나게 되는 가치입니다. 그것도 십자가에 처형되면서도 처형시키는 자를 용서하는 그 넉넉한 예수의 결단에서 찬란하게 빛납니다. 원수를 사랑하라고 산 위에서 바보처럼 말씀하셨던 예수께서 골고다 언덕에서는 몸소 그 사랑을 실천하시어 바보가 되신 것입니다. 이것이 기독교 복음의 진수입니다. 이 복음을 사도 바울이 계승해 적절하게 신학화神學化했습니다.

하나님께서는 어리석게 들리는 설교를 통하여 믿는 사람들을 구원하시기를 기뻐하십니다. 유대 사람은 기적을 요구하고, 그리스 사람은 지혜를 찾으나, 우리는 십자가에 달리신 그리스도를 전합니다.

그리스도가 십자가에 달리셨다는 것은 유대 사람에게는 거리낌이요, 이방 사람에게는 어리석은 일입니다. 그러나 부르심을 받은 사람에게는, 유대 사람에게나, 그리스 사람에게나, 이 그리스도는 하나님의 능력이요 하나님의 지혜입니다. 하나님의 어리석음이 사람의 지혜보다 더 지혜롭고, 하나님의 약함이 사람의 강함보다 더 강합니다. (고린도전서 1:21~25)

바울은 예수의 바보스러움을 하나님의 어리석음으로 표현하면서, 그러나 이 하나님의 바보스러움이 예수의 패배와 고난과 죽음을 통해 오히려 하나님의 힘과 지혜로 나타난다고 해석했습니다. 탁월한 신학적 해석입니다. 예수 죽음이 옳은 선택에서 나온 것임을, 하나님은 그의 부활을 통해 입증하시고 옹호하셨으며, 반대로 예수를 죽인 제국과 문명의 독선과 폭력은 궁극적으로 패배할 것임을 밝힌 것이라고 바울은 신학화했습니다. 여기서 갈릴리 예수의 바보 같은 하나님나라 운동이 그리스도의 부활 사건을 통해 초대교회 운동으로 연결되는 사실을 확인하게 됩니다. 기독교 복음은 하나님나라 운동에서 시작해 고난과 죽음에 이르기까지 예수의 바보 같은 선택을 보여주고 마침내 부활 사건으로 우리를 감동의 절정으로 이끕니다.

이러한 복음 과정에서 우리는 스스로 비우는 바보 같은 하나님을 또한 만나게 됩니다. 성육신 사건의 감동은 처녀탄생에 대한 교리에서보다는 예수의 무력하고 처절한 바보 같은 고난과 죽음에서 태동하다가 마침내 부활에서 폭발합니다. 부활의 폭발은 모든 구조적·우주적·심리적 독선과 폭력에서 우리를 해방시켜주는 구원의 힘입니다. 그렇기에 갈릴리에서의 예수운동과 예수의 고난과 죽음과 부활 사건은 한 줄로 이어집니다. 이 힘은 스스로 비우고, 나누고, 죽음에 이르는 바보 같은 하나님의 모습에서 구체적으로 나타납니다.

이 같은 바보의 힘으로 주님은 우리를 새로운 존재로 세워주실 뿐만 아니라 새로운 관계를 펼쳐나가게 하십니다. 그래서 하늘에서 아빠 Abba 하나님의 뜻이 이뤄지듯 이 땅, 이 역사 속에서도 아빠의 뜻을 이룩하는 일에 우리를 초청해주시고, 우리 손을 친히 잡고 이끌어주셨습니다. 이것이 바로 기쁜 소식입니다. 이 소식을 들으며 초대교회는 예수께서 우리를 대신해서 고난당하고 죽으셨음을 새삼 뒤늦게 깨닫게 되어 눈물을 흘리며 감사, 감격했던 것입니다. 복음은 예수의 대고代苦와 대속의 메시지로 우리를 항상 감사하도록 이끌어주십니다. 부활하신 그리스도의 영이 우리로 하여금 어떤 악조건에서도 항상 기뻐하게 하시고, 쉬지 않고 감사 기도하게 하십니다.

이제 우리는 예수의 말씀과 삶, 그의 고난과 죽음, 그리고 부활의 빛 아래서 영리하고 영악하게 살아온 우리의 부끄러운 삶을 진솔하게 성찰해야 합니다. 예수는 아빠 하나님의 뜻에 따라 바보처럼 살고 바보처럼 죽기까지 하시면서 우리를 온전한 존재와 아름다운 관계로 일으켜 세워주셨는데 우리는 항상 잔머리를 굴리며 살아왔음을 고백해야 합니다. 잔머리 굴리면서 남을 제치고 홀로 압승의 영광을 누리려고 파이팅을 외치며 살아왔음을 부끄럽게 뉘우쳐야 합니다. 주님은 단 한 번도 꼼수를 부리지 않으셨습니다. 말없이 조용히 번제물의 어린양같이, 제사장들과 빌라도 앞에서 정말 바보같이 침묵하셨습니다. 그리고 십자가 제단으로 우아하게 나아가셨습니다. 그런데 우리들은 꼼수를 멋대로 부리며 승리주의적 우월감을 가지며 교만하게 살아왔습니다.

이제 우리는 영의 귀를 활짝 열고, 영의 가슴을 크게 열어 그 바보스러운 외침의 소리를 새롭게 들어야 합니다. 그리고 그 깊은 뜻을 새롭게 헤아려 감사해야 합니다.

"가난한 자, 굶주린 자, 이제 슬피 우는 자가 복이 있나니……."

"오른 뺨을 치는 자에게 왼뺨을 돌려 대라."

"어린아이같이 잔머리 굴리지 않는 자가 하나님나라의 주인이 되리라."

"우아하게 지고, 멋지게 죽는 자가 부활의 영광에 이르리라."

"꼴찌가 첫째가 되는 새 하늘과 새 땅을 우리의 역사 속에서 펼쳐 나가라."

우리는 우리를 슬프게 하는 한 가지 현실적 진리에 주목해야 합니다. 인간 사회가 경쟁만을 부추기면서 승리주의 가치만을 높이 떠받들 때, 잔머리를 굴리며 꼼수를 즐겨 사용하는 가진 자들, 곧 적자適者들의 횡포가 더 극심해질 것이라는 현실입니다. 그만큼 바보들의 억울한 고통과 죽음이 끊이지 않는다는 진리입니다.

이것은 정글에서와 같이 강자만 승리자로 영광을 독점하는 경쟁 상황에서는 사람은 짐승이 되고, 국가는 괴물이 되고, 시장은 참으로 징그러운 괴수로 변질되고 만다는 진리입니다. 그러기에 이런 비극의 상황에서 예수따르미는 바보가 되더라도 강권을 잔인하게 사용하거나 꼼수를 부리는 세력을 단호하게 거부해야 합니다. 그리고 과열경쟁과 승

리지상주의를 제어하는 운동에 앞장서야 합니다. 왜냐하면 예수께서 가
장 감동적인 바보의 모범이 되어주셨기 때문입니다.

부활, 그 아름다운 얼굴

예수 부활 사건은 기독교를 독자적 종교로 나아가게 한 놀라운 사건입니다. 부활 사건 없이 기독교는 탄생할 수도 지속될 수도 없었습니다. 예수의 부활에 대한 확신이 번지면서 유대 종교에서 기독교가 새롭게 세워질 수 있었습니다. 세계적인 두 성서신학자들이 예수 부활 문제를 놓고 뜻깊고도 흥미로운 논쟁을 벌인 적이 있습니다. 복음주의 관점에 서 있는 톰 라이트N. T. Wright 주교와 역사적 예수에 대한 파격적 논의를 거침없이 펼쳐온 존 도미닉 크로산John Dominic Crossan 교수 사이의 논쟁입니다.

예수의 빈 무덤 문제를 놓고 두 분의 의견이 갈라졌습니다. 라이트 주교는 빈 무덤과 예수의 현현 사건이 예수 몸의 부활에 대한 초대 교인들의 신앙을 불러일으킨 충분조건이라고 주장했습니다. 그러나 크로산 교수는 빈 무덤에 대한 서술을 은유metaphor적 표현이라고 하면서, 부활 사건의 중요성은 그것이 사실 서술이냐 은유 서술이냐 하는 표현양식에 좌우되는 것이 아니라, 그 사건이 '오늘', '여기'서 우리에게 주는 의미에 있다고 했습니다. 2천 년 전 부활 사건의 의미는 나와 역사를 올곧게 변화시키는 그 현재적 힘에 있다고 했습니다.

저는 부활절을 맞아 우리가 물어야 할 질문은 빈 무덤에 관한 것보다 예수 제자들의 질적 변화에 관한 것이어야 한다고 생각합니다. 그렇게 둔하고 자기 이해에 예민하고 잘 다투었던 제자들이 어떻게 그렇게 용감한 예수따르미로 급진전할 수 있었나? 예수의 동생 야고보는 자기 형의 선교활동을 한때 정신 나간 짓으로 오해했었는데, 어떻게 십자가 처형 후 예루살렘 교회의 최고 지도자로 변신할 수 있었던가? 예수를 직접 만나보거나 함께 활동할 수 없었던 유대 크리스천들과 이방 크리스천들이 그 지독한 로마의 핍박 속에서도 어떻게 '예수는 나의 메시아'라는 반체제적 성격의 고백을 하면서 용기 있게 순교할 수 있었던가? 로마 체제 하에서는 예수를 주님으로 고백하는 행위가 국가반역죄로 극형을 받게 되고, 유대 율법하에서는 신성모독죄가 되어 역시 사형을 당하게 된다는 엄연한 당시의 현실을 참고한다면, 초대 교인들의 그 열정과 용기는 참으로 대단한 것임을 알 수 있습니다.

순교자의 눈에 비친 부활의 빛

이런 질문들에 대한 대답을 저는 초대교회 한 평신도의 순교 사건에서 찾아 다시 확인하고 싶습니다. 스데반의 죽음에서 부활의 깊은 의미, 부활의 그 아름다운 얼굴을 확인하고 싶습니다.

먼저 스데반을 죽인 자들의 특징이 무엇이었던가를 주목해볼 필요가 있습니다. 부활의 찬란한 빛을 알기 위해 먼저 어두웠던 그늘부터 살펴보겠습니다. 스데반을 돌로 쳐 죽였던 사람들은 예수를 십자가에 처형시키라고 요구했던 바로 그 사람들이었습니다. 공의회Sanhedrin였습니다. 예수를 거짓 송사하고 폭력으로 체포하여 처형했듯이 그들은 스데반이 신성모독죄를 저지르고, 반反모세, 반反율법, 반反성전을 주장한다고 송사하고 마침내 돌로 쳐 죽였습니다. 그리고 그들은 결코 예수의 부활을 인정하지 않았습니다.

사도행전의 본문은 죽인 자들의 특징을 아주 구체적이면서 은유적으로 흥미롭게 묘사하고 있습니다. 그것은 박해받았던 스데반이 그들의 특징을 절묘하고 날카롭게 묘사한 것입니다. "목이 곧은 자"라고 비판했습니다. 율법주의자들은 권위주의로 목이 뻣뻣했습니다. 거만할 뿐 아니라, 허례허식에 사로잡혀 율법의 본질과 그 원래 정신은 망각하고, 율법으로 사람들의 자유로운 사고와 행위를 억압했습니다. 그래서 바리새인들에 대한 예수의 질책을 연상시킵니다. 율법주의적 행태 또는 근본주의적 행태를 주목하면서 그들을 "마음과 귀에 할례를 받지 못한 자들"이라고 표현했습니다. 이것은 은유metaphor입니다. 이 은유의 깊은 의미는 무엇일까요?

원래 할례는 남자 몸의 일부를 잘라내는 종교의식 행위입니다. 할례는 마음과 귀와는 아무 상관이 없습니다. 그런데 마음의 할례는 무엇을 뜻할까요? 그것은 강퍅해지고 차가워지는 마음, 미움과 질투와 탐욕으로 가득 찬 마음을 잘라내는 것을 뜻하지요. 사두개파, 바리새파, 그리고 제사장들은 오랫동안 육체의 할례를 존중하며 그것을 시행했으나 율법의 참정신인 공의와 사랑을 외면했지요. 특히 따뜻한 마음, 자궁과 같이 따뜻한 하나님의 마음을 배격했지요.

그들은 귀도 할례를 받지 못했기에 자기가 듣기 좋은 소리에만 귀를 열고, 진리에 이르게 하는 소중한 소리에는 귀를 꽉 막고 있었지요. 평신도 스데반의 율법 해석은 정말 탁월하고 적절했습니다. 그것은 핵심을 찌르는 전복적인 법 해석이었습니다. 당시 종교지도자들이 감히 생각할 수 없는 발상을 해낸 것입니다. 그리고 그들의 양심을 찌르는 창조적 해석이었습니다.

둘째로, 스데반을 죽인 자들의 모습은 분노하여 이를 가는 섬뜩한 모습이었습니다. 증오에 찬 격노와 용기 있는 의분義憤은 다릅니다. 의분은 결코 이를 갈지 않습니다. 이를 간다 함은 피의 보복을 불러온다는 뜻입니다. 그리스도따르미들은 어떤 경우에도 이를 갈면서 분노해서는 안 됩니다.

1970년대 민주화를 위해 헌신하다가 군법회의에서 사형 구형을 받고 재판장에게 "영광이올시다"라고 의연하게 대꾸했던 김병곤 씨의 저항은 이를 가는 격분이 아니었습니다. 그것은 뜨거운 의분의 자기 폭발이었습니다.

셋째로, 그들은 귀를 막고 큰 소리를 지르며 집단 폭행에 돌입했습니다. 그것은 집단 린치 행위였습니다. 폭력은 원래부터 악귀의 전공이지요. 아우슈비츠 수용소로 끊임없이 많은 유대인들을 보내어 집단 학살한 히틀러의 얼굴이 바로 그들의 얼굴이었습니다. 우리 할머니들이 아리따운 젊은 시절 일본제국 군대에 끌려가 강간당하고 성노예로 고통당했습니다. 군 '위안부' 막사 앞에 길게 한 줄로 서서 서로 키득대는 일본 군인들은 바로 스데반을 죽인 자들의 모습이라 하겠습니다. 집단 린치, 그것은 어느 시대를 불문하고 악마의 특기입니다.

그렇다면, 죽임을 당한 스데반 평신도의 모습은 어떠했습니까? 그 아름다운 모습에 주목하고, 그것이 바로 부활 신앙의 아름다운 자태임을 깨달아야 합니다. 먼저 하늘을 우러러보는 그의 감동적인 모습에 주목합시다. 성령이 충만해진 그는 돌 맞기 직전, 그 위기일발의 순간에 고개를 땅으로 떨어뜨리지 않고 오히려 하늘을 우러러보았습니다.

이 장면에서 저는 민족시인 동주東柱 님의 "하늘을 우러러 한 점 부끄럼 없기를……"이라는 시구가 떠오릅니다. 그도 일제 강점으로 빼앗긴 조국 땅의 하늘을 쳐다보며 이 시를 읊었을 것입니다. 하기야 맹자孟子의 세 가지 기쁨 가운데 두 번째 것이 바로 하늘을 우러러 부끄럼 없는 기쁨[仰不愧於天]이라고 했지요. 허나 스데반의 하늘 우러러봄은 특별합니다. 그가 처참히 돌로 맞아 죽기 바로 전 쳐다본 하늘이기에 더욱 그러합니다.

도대체 그는 하늘을 우러러 무엇을 보았을까요? 떠도는 구름조각이었을까요? 아니면 바람 같은 허깨비를 보았을까요? 그의 얼굴은 그 험악한 분위기에서도 이미 천사의 얼굴이었습니다. 그는 이미 부활 승천하셨던 예수를 가슴으로 느꼈고 영의 눈으로 그를 보았습니다. 이미 그는 예수 부활을 공개적으로 선포했고 예수의 주님 되심을 당당히 고백했기에 그 기쁨을 마음속 깊숙이 간직하고 있었습니다. 아슬아슬하게 긴박한 순간, 그는 두려움과 절망으로 고개를 땅으로 떨어뜨리지 않고 오히려 믿음과 소망으로 하늘을 우러러보았습니다. 바로 그곳에 부활의 그리스도가 계심을 보았습니다. 그런데 그 순간 예수의 모습이 매우 흥미롭게 묘사되고 있습니다. 그 모습은 4세기경에 확정된 사도신경에 기록된 예수의 교리적 모습과는 너무나 달랐습니다.

일어서서 함께하시는 예수

사도신경에는 하나님 우편에 앉아 계신 예수의 모습이 부각되어 있습니다. 우리는 사도신경을 읊조릴 때마다 옥좌에 앉아 계신 예수의 모습, 곧 영광과 권세의 위엄을 지닌 예수의 모습을 상기합니다. 그런데 위기일발의 순간 스데반이 하늘을 우러러 쳐다보며 확인한 예수는 뜻밖에 서 계신 모습이었습니다. 왜 예수는 서 계셨을까요? 성서 본문은 두 번씩이나 예수께서 서 계시다고 증언하고 있습니다. 확실히 예수는 스데반을 향해 서 계셨습니다. 왜? 그리고 그 뜻은 무엇일까요? 특히 부활 승천하시어 '지금', '여기'에 계시지 않는 예수께서 왜 사형장 같은 현실에서 아직도 숨 쉬고 있는 스데반을 향해 서 계셨을까요?

예수를 옥좌에 가만히 앉아 있을 수 없도록 만든 것은 바로 스데반에 대한 예수의 뜨거운 사랑의 힘이었습니다. 사랑하는 사람이 위기나 곤경에 빠지게 될 때 보통 인간도 가만히 앉아 있을 수 없습니다. 제 첫째 딸이 초등학교 1학년이 되어 첫 운동회가 열렸을 때 저는 학부모로서 학교 운동장에 간 적이 있습니다. 젊은 엄마들이 옹기종기 모여 잡담을 하다가 자기 자식이 50미터 달리기 출발선에 서게 되니까 갑자기 조용해지더군요.

'땅' 하며 출발을 알리는 총소리와 함께 엄마들은 모두 의자에서 벌떡 일어나 양팔을 번쩍 올리면서 응원했습니다. 저도 딸이 뛸 때 마음이 조마조마했습니다. 의자에 가만히 앉아 있을 수 없었습니다. '아하, 자식 사랑이 이 정도의 긴장에서도 벌떡 일어서게 하는구나'라고 자식 사랑의 힘을 그때 새삼 깨달았습니다.

아무리 멀리 떨어져 있어도, 올림픽 경기 최종 결승에 올라간 선수가 자기 자식일 때 온 가족들이 TV를 조마조마하게 지켜봅니다. 그리고 자식이 금메달을 따는 순간 가족들은 모두 미친 듯 환호성을 지르며 방바닥을 힘차게 차고 일어나지 않습니까? 이것 또한 사랑의 힘 아닙니까? 연고전에서 두 학교 학생들이 자기 팀이 승리할 때 내지르는 그 함성은 애교심에서 나오는 것 아닙니까?

자식 사랑, 학교 사랑, 나라 사랑이 이토록 벌떡 일어나게 하는 힘으로 작동한다면, 한없이 부족한 우리 인간들을 그토록 사랑하셨고 또 지금도 사랑하시는 예수께서 어떻게 위기일발에 처해, 그것도 억울하게, 너무나 억울하게 고통당하고 죽임 당하는 사람을 보고 교리의 예수처럼 하나님 우편에 가만히 앉아 계실 수만 있겠습니까! 사랑은 앉아 있기를 거부합니다. 사랑하는 사람이 어려운 처지에 빠져 하늘을 우러러 부활의 주님을 기릴 때 사랑의 주님께서는 교리의 옥좌를 박차고 벌떡 일어서는 분이지요. 힘찬 응원은 일어서게 하지요.

우리는 여기서 또 다른 뜻을 깨닫게 됩니다. 사랑은 시간과 영원을 이어주는 생명의 다리라는 진리입니다. 예수 부활은 내재內在와 초월超越 사이를 이어주고, 역사와 영원 사이를 소통시켜줍니다. 단순한 정보의 소통이 아니라, 뜨거운 사랑의 교감입니다. 그렇기에 부활의 그리스도는 갈릴리 예수처럼 따뜻한 사랑의 가슴으로 언제 어디서나 억울한 고통이 있는 곳에 달려가십니다. 여기서 예수와 그리스도는 하나입니다.

마치 선한 사마리아인이 반쯤 맞아 죽게 된 나그네에게 다가가듯 부활의 그리스도는 오늘도 우리에게 다가오시기 위해 보좌에서 벌떡 일어서고 계십니다. 그리하여 초월은 내재에서, 내재는 초월에서 서로를 체험할 수 있습니다. 부활의 그리스도, 곧 초월자는 역사 현장에서 당신의 자녀와 동고同苦하시려고 오늘도 벌떡 일어서 계심을 확인하는 감동이 바로 부활절의 감동입니다. 그래서 부활절은 그 절절한 그리스도의 사랑을 우리의 현실에서 뜨겁게 느끼는 은총의 시간입니다. 부활하셨기에 갈릴리 예수의 사랑이 더욱 뜨거워진다는 진리를 깨닫는 시간입니다.

이 같은 진리를 초대교인들은 온몸과 온 마음으로 체험했기에 그렇게 담대해질 수 있었고 그렇게 우아하게 순교할 수 있었습니다. 이것이 바로 부활의 아름다운 얼굴이요, 실체입니다. 우리가 이 같은 부활신앙을 가지고 우리의 역사 현실에서 하나님의 정의와 평화를 위해서 더욱 헌신할 때 부활의 감동은 더욱 커지고 더욱 뜨거워집니다.

이제 정말 감동적인 또 다른 스데반의 모습을 확인해봅시다.

> 사람들이 스데반을 돌로 칠 때에, 스데반은 "주 예수님, 내 영혼을 받아 주십시오" 하고 부르짖었다. 그리고 무릎을 꿇고서 큰 소리로 "주님, 이 죄를 저 사람들에게 돌리지 마십시오" 하고 외쳤다. 이 말을 하고 스데반은 잠들었다. (사도행전 7: 59~60)

자기를 비정하게 죽이는 자들을 용서하는 그 마음, 그 아름다운 마음, 그것이 부활의 아름다운 힘입니다. 이 힘이 초대교회와 기독교를 사랑의 종교로 높이 올려놓은 힘입니다. 그런데 과연 초대교회의 이 같은 동력과 열정, 그 부활의 능력이 지금도 기독교 안에 살아 있습니까? 아니 예수따르미로 자처하는 우리가 평신도 스데반의 부활 신앙을 아름답게 간직하고 있습니까?

저는 고백합니다. 저는 그 아름다움에 한참이나 멀리 떨어져 있다고. 왜냐하면 저는 아직도 용서하고 싶지 않은 사람들이 있기 때문입니다. 저는 오늘 부활절을 맞아 저의 부족함과 아름답지 못한 모습을 새삼 보게 되면서 스데반의 천사 같은 모습을 끝없이 부러워하는 것입니다. 그래서 이렇게 기도합니다.

"주여, 부활의 그 감동, 우리를 괴롭히는 사람들마저 용서하고 껴안는 그 아름다운 부활의 열린 감동이 저희들을 압도하게 하소서. 사랑이시기에 지금도 서서 살아계시며 저희들을 용서하시고 품어주시는 부활의 당신을 체험하게 하소서. 부활의 힘이 저의 삶 속에서 폭발하게 하시어 사나 죽으나 천사의 얼굴로 남을 용서하고 평화를 만들면서 살아가게 하소서. 오늘도 서 계신 사랑의 예수님 이름으로 기도 드립니다. 아멘."

희망, 그 놀라운 힘

1980년대의 봄은 희망의 봄 같지 않았습니다. 을씨년스러운 겨울 같았지요. 군사정권이 정권 안보를 위해 안간힘을 쓰면서 민주주의를 억누르고 있던 때였습니다. 우리의 역사는 아직도 어두웠었지요. 국가적으로나 민족적으로나 우리는 암담한 미래와 괴로운 현실에 갇혀 있었으며, 세계로부터 정치적 조롱을 받고 있었습니다. 한국 교회 안팎에서 절망과 고독이 우리들의 뼛속까지 스며드는 듯했지요.

20여 년이 지난 지금, 우리들의 희망은 어느 수준에 이르고 있습니까? 과연 새 날이 왔고, 그간 우리들의 꿈과 희망이 현실로 전환되어 왔습니까? 전 지구적 차원에서 보면 경제적 양극화는 더욱 심해지고 있습니다. 정치적·경제적 선후진국을 가릴 것 없이 개발 탐욕은 자연과 생태계를 더욱 심각하게 위협하고 있습니다. 이러다가는 인류의 종말이 생각보다 빨리 다가올지 모른다는 불안을 떨쳐낼 수 없습니다.

꽃이 보름 가까이 일찍 핀다는 것이 결코 희망의 징후가 아닙니다.

오히려 불길한 징조로 느껴집니다. 나라 안을 보면, 정치적 민주화 속도는 너무 불규칙해서 마치 브레이크 고장 난 자동차가 내리막길을 거칠게 내달리는 형국 같습니다. 이러다가는 히틀러가 화려한 거짓 희망으로 독일 국민을 현혹시키면서 구세주같이 등장했던 저 독일의 1920년대 형편이 재현되지 않을까 불안해지기까지 합니다. 한국적 바이마르 공화국의 비극적 모습을 미리 내다보는 듯합니다.

사회적으로도 십대들의 자살과 폭행, 방화와 폭주가 내일의 참담한 우리 모습을 또한 미리 보는 듯해 섬뜩해집니다. 한마디로 지난 시간 동안 어둠의 세력은 물러간 듯하면서도 더욱 무서운 힘으로 우리를 옥죄고 있는 것 같습니다. 그만치 우리의 희망 수준은 안타까울 만큼 올라가지 않고 있습니다.

오늘, 바로 여기에서

원래 희망의 가치는 절망의 상황에서 더욱 빛나기 마련입니다. 불안과 고독, 절망과 좌절의 현실이 없다면 희망의 빛은 발하지 않습니다. 기독교를 희망의 종교라고 일컫는 것도 바로 그것이 절망의 밑바닥 현실에서 빛으로 나타났기 때문이지요. 그것은 엄연한 역사적 사실이었습니다.

먼저 인간 예수의 고난과 죽음이 엄연한 역사적 현실이라는 데 주목할 필요가 있습니다. 팔레스타인에서의 예수의 삶을 객관적으로 보면, 무던히도 괴롭고 외로운 삶이었습니다. 그 현실 속에서 예수께서 겪으셨던 고민과 고난의 깊은 뜻을 제자들은 도무지 깨닫지 못했습니다.

그래서 예수께서 체포당하시고 힘든 고난의 과정에 들어갔을 때 스승을 배반하거나 비겁하게 달아났습니다. 그것도 엄연한 역사적 사실이었습니다. 예수가 당시 로마법에 따라 처참하게 십자가 처형을 당한 직후, 한때 구름처럼 몰려 예수를 따라다녔던 사람들은 말할 것도 없고, 죽기까지 따르겠다고 다짐했던 소수의 제자들마저 불안과 절망을 씹으며 고향으로 귀환하거나 은밀한 곳에 몸을 숨기며 사태를 관망했습니다. 그것도 역사적 사실이었습니다.

그런데 이같이 비겁했고 절망했던 제자들이 어느 순간부터 갑자기 달라지기 시작했습니다. 그들을 좌절과 절망, 불안과 공포로부터 놀랍게 해방시켜준 사건이 터진 것입니다. 그들이 180도 달라진 것도 역사적 사실입니다. 그들을 그렇게 변화시킨 실제적 힘은 바로 예수 부활 사건 체험이었습니다.

부활한 예수의 존재가 절망과 공포의 밑바닥에서 납작 엎드려 떨고 있던 사람들을 벌떡 일으켜 세워주었습니다. 십자가에서 돌아가신 예수의 육체가, 살아있을 때 그 모습 그대로 다시 재생된 것이 아니라 그보다 더 역동적인 영적 존재로 다시 나타나 떨고 있던 제자들에게 손수 다가오신 것이지요. 육체의 인간 예수보다 부활로 체험된 예수께서 훨씬 더 힘 있고 더 감동적인 존재였습니다. 그래서 제자들의 절망은 희망으로, 그들의 좌절은 분발로 전환되었습니다.

이것은 단순한 심리적 현상이 아니라, 개인과 역사의 구조를 변혁시키는 엄청난 실체적 힘이었습니다. 바로 이 부활의 힘이 아름다운 기독교를 촉발시킨 동력입니다. 그래서 부활은 희망의 참힘이 폭발한 사건이지요. 지난날 죽었던 인간 예수가 단순히 역사적 인물로 기억되는 대상에 머물지 않고, 질적으로 한걸음 더 나아가 새로운 영의 존재로 '오늘', '여기에' 살아 계시어 우리를 끊임없이 새로운 존재로 변혁시킬 뿐 아니라 새로운 역사를 또한 만들어가고 있습니다. 부활의 예수를 만나는 바로 그 체험에 따른 고백이 소중하며 그 고백은 새 날이 밝아옴을 선포하는 희망의 고백이기도 합니다.

제자들이 부활하신 예수를 직접 체험하게 된 뒤로는 어떠한 환난이나 곤경이 닥쳐와도 예수를 배반하는 일을 저지르지 않았음을 우리는 새삼 주목해야 합니다. 아시다시피 거의 대부분 1세대 예수 제자들은 로마제국의 처절한 탄압과 핍박 속에서 살았지만 부활의 그리스도 안에서 용기 있게 순교할 수 있었던 자랑스러운 예수 그리스도따르미였습니다. 인간 예수를 따를 때는 머리도 제대로 돌아가지 못했고, 가슴도 그렇게 따뜻하지 못했을 뿐 아니라, 각기 자기 출세에 따른 개인적 욕망에 따라 예수 뒤를 쫓았던 제자들이었습니다. 그러나 부활의 예수를 실존적으로 만난 뒤부터는 전과는 전혀 다른 새로운 존재로 다시 태어난 것이지요. 정말 감동적으로 용기 있게 온갖 역경과 고난을 헤쳐 나갔습니다.

그들은 성령이라는 새로운 희망의 능력 곧 부활의 희망을 몸소 감동적으로 체화體化했습니다. 그래서 갈릴리 예수께서 하셨던 말씀과 행동의 깊은 뜻을 새로운 각도에서 비로소 새롭게 깨닫게 되었습니다. '아하, 그 뜻이었구나! 그래서 우리 주님께서 그렇게 말씀하셨고 행동하셨구나'라고 새롭게 깨닫게 하는 영의 눈이 열리게 되었지요. 이 '아하'는 새로운 각성과 희망의 탄성입니다. 그래서 우둔했던 제자들은 비로소 역사적 예수의 말씀과 행적을 구약의 예언들과 연결시킬 수 있었고, 나아가 새롭게 예수 삶과 죽음을 깊이 해석하게 되었습니다. 복음서란 바로 그 '아하'의 깨달음으로 역사의 예수를 다시 해석하고 증언한 고백 문서입니다.

여기서 중요한 것은 인간 예수와 부활의 그리스도는 비록 그 사이에 질적 차이가 있으나 결국은 하나라는 점입니다. 비록 갈릴리 인간 예수는 우리 인간들처럼 여러 가지 육체적 한계를 지니고 사시다가 돌아가셨으나, 그의 메시지는 희망의 영원한 가치를 지니고 있습니다. 그 가치가 우리에게 놀라운 감동으로 다가오는 까닭은, 유한한 존재 인간 예수가 부활 사건을 통해 오늘도 우리에게 영의 힘으로 힘 있게 움직이시고 살아 계신다고 믿기 때문입니다. 그래서 그 실체적 영성을 거룩한 영, 곧 성령이라고 합니다.

바로 이런 점에서 예수 그리스도는 많은 역사적 인물이나 성자들과 다릅니다. 이를테면 소크라테스나 간디는 위대한 역사적 인물이지만, 오늘 우리의 실존적 삶 속에서 살아 움직이는 실체는 아닙니다. 우리는 위인들의 말을 기억하고 가슴에 새기며 살지만 그들이 내 삶을 올곧게 실제로 이끌고 변화시키고 감동을 주는 것은 아닙니다. 그들은 모두 죽은, 위대한 역사적 인물에 불과합니다. 결코 그들이 예수처럼 '오늘', '바로 여기에서' 우리를 희망의 능력으로 움직이고 변화시키는 현실의 존재, 실제의 존재는 아닙니다. 다만 기억과 존경의 대상일 뿐이지요.

우리는 희망을 나눈다, 고로 존재한다

저는 희망의 힘이 저에게 얼마나 크고 소중한지, 인간 예수와 부활의 그리스도가 부족한 제 삶에 어떻게 희망의 힘으로 역사했는지를, 개인적인 체험을 통해 고백하고 싶습니다.

1980년 봄, 여름, 가을은 제게 혹독한 시련의 기간이었습니다. 하기야 1976년 2월부터 저는 서울대학이라는 상아탑에서 한국적 들판〔在野〕으로 쫓겨나 외롭고 힘든 삶을 살았습니다. 그러나 들판의 삶이 반드시 괴롭기만 한 것은 아니었습니다. 마치 여러 로마 황제들의 탄압 속에서 카타콤에 모여 부활의 예수를 열정적으로 경배했던 초대교회처럼, 괴로운 1970년대 좌절과 억압의 현실 속에서도 희망을 품고 살았던 동지들이 적지 않았습니다. 네로의 폭정 속에서 베드로전서가 격려했듯, 또 바울이 로마 교회에 "소망 중에 즐거워하며 환난 중에 참으며 기도에 항상 힘쓰라" 했듯이 저도 동지들과 함께 희망을 품고, 함께 참고 견디며 즐거워하기도 했습니다.

그런데 1980년 신군부가 들어서서 광주 학살을 주저 없이 저질렀습니다. 이때는 그 어느 때보다 아프게 불안과 공포 분위기가 피부에 와 닿기 시작했습니다. 본격적인 억압의 파동이 시작될 즈음 저는 정확한 이유도 알지 못한 채, 남산의 중앙정보부 지하 2층으로 끌려갔습니다. 하기야 체포되어 갈 때(5월 17일 자정)는 광주에 비극이 일어난 것도 몰랐습니다. 그것이 어둠과 공포의 긴 터널의 시작인 줄도 몰랐습니다.

그 살벌했던 때 절망과 공포는 저의 실존을 무너뜨리고 있었습니다. 남산 중앙정보부 지하 2층에서 지옥의 심문 시간을 두 달 보내고, 서대문 교도소로 이감될 때 느꼈던 그 상대적 행복감을 여러분들은 이해하지 못할 것입니다. 남산에서 서대문으로 이동할 때는 검은 차 뒷좌석에서 총 개머리판으로 머리가 짓눌려 차창 밖의 모습을 전혀 볼 수가 없었습니다. 짐작으로 '번잡한 광화문 거리를 지나가는구나'라고 생각하면서 창밖에서 가느다랗게 들려오는 거리의 온갖 소음들, 이를테면 차 굴러가는 소리, 사람들의 웅얼대는 잡음들이 저에게는 오히려 모차르트의 달콤한 멜로디처럼 들렸습니다. 두 달 동안 지하 2층에 갇혀 있을 때 살아 있는 인간의 자유로운 소리가 그렇게 그리웠나 봅니다.

여름과 늦가을을 서대문 교도소에서 보냈습니다. 절망과 좌절을 이겨내기 위해 매일 저는 책 속에서 살아보려고 애썼습니다. 성서를 비롯해, 소설과 전공서적, 심지어 아내가 넣어준 웃기는 만화책까지도 친구로 삼아 열심히 읽었습니다. 책 속 인물들과 깊은 대화를 나누는 재미를 놓칠 수 없었기 때문이지요. 코로닌의 소설을 읽으며 눈물을 흘리기도 하고, 소설 『토지』를 다시 읽으며 새삼 비분강개도 했습니다. 다산의 책을 읽으며 그분의 외로움과 괴로움을 함께 나눌 적엔 그가 마치 친형같이 바로 옆에 다가와 저를 격려해주는 듯한 느낌을 받기도 했습니다. 그리고 절망과 고독, 좌절감과 분노를 삭이기 위해 가족들에게 편지를 쓰고 싶었으나 그것도 한참 후에야 허락이 되었습니다.

『역사에 부치는 편지』는 제가 세 딸과 아내에게 쓴 편지를 엮은 책입니다. 그것은 희망이 없는 감옥에서 보내는 희망의 메시지이기도 합니다만, 검열이 엄중한지라 하고픈 표현을 자제할 수밖에 없었지요. 답답했습니다. 때로는 서울대학교 교수에서 서대문 감옥의 죄수로 전락한 제 신세에 비감해지기도 했습니다. 제 죄수복에 붙여진 수감 번호(58번)에 눈길이 갈 때마다 비감은 더해갔지요. 사람이 숫자로 환치되면,

인간 존엄성은 증발되고 맙니다. 지우개로 지울 수 없는 소중한 인간 존엄성과는 달리, 숫자는 쉽게 지울 수 있습니다.

물론 그 당시 서대문 교도소 교도관들이 저희들을 숫자로만 취급하지는 않았습니다. 숫자로 호명하지도 않았습니다. 대체로 '교수님'이라고 불렀지요. 그런데 그해 여름 어느 날 우리가 갇혀 있던 동棟이 발칵 뒤집혔습니다. 우리를 담당하지 않았던 교도관이 우리 동에 들어와 유인호 교수(당시 중앙대 경제학과 교수)를 번호로 불렀습니다. 이때 유 교수의 성난 목소리가 건물 전체를 흔들었습니다.

"이놈, 네가 감히 번호로 나를 부르다니……."

이 소리를 듣자 그곳의 모든 양심수들(교수, 성직자, 정치인, 변호사 등)은 일제히 창살문을 흔들고 발로 감방 문을 거세게 차기 시작했습니다. 죄수들이 소란을 피운 셈이지만, 그것은 인간 존엄성을 무시했던 권력에 대한 저항이기도 했지요. 가까스로 수습이 되긴 했습니다.

이런 분위기 속에서도 저는 우울한 시간이 더 많았습니다. 열악한 음식과 환경, 특히 0.7평밖에 안 되는 작은 감방에는 변기가 따로 없었습니다. '뺑기통'이라는 김치 항아리만 한 플라스틱 똥통을 끼고 살았지요. 큰 들쥐보다 더 살찐 쥐들이 낮에는 감방 밑에서 운동회 하듯 쉼 없이 부산하게 소음을 내다가 밤이 되면 사람을 무서워하기는커녕 오히려 저 같은 사람을 무시하듯 힐끗힐끗 쳐다보며 감방 안을 들락날락했으니 깊은 잠을 잘 수가 없었지요. '숫자로 취급되는 감방에서 쥐들도 나를 무시하는구나'라는 자격지심도 생겼습니다.

그런 악조건에서도 희한하게도 우리들은 묘한 선망의 대상이 되기도 했습니다. 불안하고 불편하고, 외로웠던 조건 속에서 하루하루를 힘겹게 살아가는 저를 보고 부러워하는 사람들이 있었습니다. 옆방에 잠시 갇혀 있던 기업인이 하루는 저에게 이렇게 말했습니다.

"한 교수님, 나는 지금 죽을 지경입니다. 가족들도 나를 돌보지 않아 외롭기 짝이 없습니다. 아내는 미국으로 달아났습니다. 그런데 한 교수님은 여기 피크닉 오신 것처럼 행복해보이십니다. 비결이 무엇입니까?"

"아니, 제가 여기 소풍 나온 사람처럼 즐거워 보입니까?"

"예. 한 교수님뿐 아니라, 함께 오신 분들 다 그런 것 같은데요. 지난번 문을 차고 흔들 때 보니까 즐겁게 보이고 놀랍던데요."

저도 그 말을 듣고 '어떻게 내가 피크닉을 온 사람처럼 보일까'를 심각하게 생각해보았습니다. 왜 그랬을까요? 그것은 돈 많은 회장님이 저희들 속에서 은근히 빛나는, 어떤 희망의 빛을 보았기 때문이 아닐까요. 그러면서 정작 자기 자신 속에는 절망만 자리 잡고 있다고 느꼈기 때문이 아닐까요. 하기야 절망한 사람은 피크닉을 가지 않지요.

제 속에 있는 희망의 빛을 꿰뚫어 본 사람이 또 있었습니다. 바로 우리를 감시할 책임을 진 젊은 교도관이었습니다. 사실 저는 그때 스스로 불행하다고 생각했습니다. 희망 속에 즐거워하려고 노력은 했으나, 늘 불편하고 불안했습니다. 그런데, 그해 11월 초 저와 서남동 목사님이 형 집행정지로 석방된다는 소식을 석방 하루 전날 그 교도관이 전해주었습니다. 그는 밤늦게 감방 문을 조용히 두드렸습니다. 다른 모든 죄수들이 잠들었을 때였습니다.

"한 교수님, 내일 석방되시니까 오늘 부탁 하나 드리고 싶습니다. 그 부탁이 무엇인지 묻지 마시고, 무조건 들어준다고 말씀하세요. 그래야 제가 무엇을 부탁하는지 말하겠습니다."

"내가 감당할 수 없는 것 부탁하면……" 하면서 뜨악한 표정을 지으며 그의 눈을 쳐다보았습니다. 항상 그랬듯이 그는 맑은 눈빛을 지니고 있었습니다. 그래서 말해보라고 했지요.

"제가 지금 사귀는 여자가 있는데 내년 봄에 그녀와 결혼하려고 합니다. 그때 한 교수님이 꼭 주례를 해주신다고 약속해주세요."

나는 빙그레 웃으며 정말 귀여운 젊은이구나, 하고 새삼 느꼈습니다. 그의 부탁을 받아주지 않을 수 없었습니다. 왜 그가 수인이었던 저에게 주례를 부탁했는지 이해할 수 있었습니다. 평소에 그가 나에게 한 말이 기억납니다. 자기는 아직도 20대 후반이지만, 직업상 희망이 없다고 했습니다. "한 교수님은 비록 감방에 갇혀 있지만, 희망이 있지 않느냐"며 부러워했지요. 과연 그랬던가를 저는 스스로 물었습니다.

저는 제 안에 과연 희망이 불붙어 있는지 스스로 확신할 수 없을 때가 많았습니다. 그런데 그 젊은 교도관은 제 속에 꺼지지 않고 빛나고 있는 희망의 불빛을 보았을 뿐 아니라, 그것을 자기도 갖고 싶어 했습니다. 그가 내 속의 희망의 징후를 나보다 더 훤히 꿰뚫어 보게 된 것은 아마도 내가 책을 보며 가끔 미소를 지었기 때문일 것입니다. 때론 제가 읽었던 책 중 재미있는 것을 소개해주기도 하고, 책을 빌려주기도 했으니까요.

세월이 흘러 십여 년이 지난 후, 저는 KBS 〈TV는 사랑을 싣고〉라는 프로그램에서 경찰이 된 그 젊은 교도관을 다시 만날 수 있었습니다. 잘살고 있는 그를 보니 정말 반가웠습니다.

또 한 가지 희망 체험을 여러분과 나누고 싶습니다. 그것은 제가 남에게 희망을 만들어준 체험 이야기입니다. 1980년 가을 김대중 전 대통령에게 사형이 구형된 순간 우리 공동피고인들은 모두 애국가를 처절하게 불렀습니다. 누가 먼저랄 것도 없이 끓어오르는 감동과 분노로 결연하게 애국가를 다함께 불렀습니다. 그것은 절망과 억압의 군사재판정의 두려운 벽을 허물어뜨리는 희망의 몸부림이었습니다. 더 정확히는 희망의 저항이자 저항적 희망의 몸짓이었습니다.

그날 교도소에 돌아오니, 바로 1층에 갇혀 있던 DJ의 큰아들이 저를 보고 외쳤습니다. "한 박사님 우리 아버지 어떻게 되었어요?" 저는 마음이 무거워 잠시 머뭇거렸습니다. "사형 구형 받았어요"라고 말해야 하는데 차마 입이 떨어지지 않았지요. 내 머뭇거림으로 사형 판결을 눈치 챈 그는 닭똥 같은 눈물을 흘렸습니다. 저는 그를 마주 쳐다볼 수 없었습니다. 절망, 바로 그 밑바닥으로 내동댕이쳐진 느낌이었습니다. 그리고 며칠이 지났습니다.

마침 제 감방 바로 앞에는 한화갑 씨가 갇혀 있었습니다. 아침에 일어나면 으레 아침 인사를 서로 주고받았지요. 그는 평소 DJ와 저희들 사이에 중요한 메시지를 전달하던 분이었습니다. 그도 DJ의 사형 구형 후 침통해 있었습니다. 그런데 마침 그때 미국 대통령 선거에서 우리가 가장 염려했던 분이 대통령으로 당선되었지요. 한화갑 씨의 얼굴만 봐도 절망의 그늘이 얼마나 짙은지 대번에 알 수 있었습니다. 내 얼굴도 보나마나 절망과 비통함으로 찌그러져 있었겠지요. 그는 서울대학교 외교학과 출신이어서 국제 정세에 밝았습니다. 저는 그에게 희망을 꼭 심어주고 싶었습니다. 하루는 슬픈 얼굴을 한 그에게 단호하게 이야기했습니다.

"너무 절망하지 마세요. DJ는 결코 죽지 않습니다. 안 죽을 뿐만 아니라, 살아서 미국에 가게 될 것입니다⋯⋯."

그는 깜짝 놀라면서도 반가운 얼굴로 나를 쳐다보며 "어떻게 해서 그렇게 됩니까?"라고 되물었습니다. 그는 레이건 같은 보수적 인물이 대통령으로 당선되었으니 DJ가 살아남기 더욱 어려울 것으로 판단했습니다. 하기야 저를 비롯해 다른 동지들도 모두 그러한 생각에서 자유로울 수가 없었지요. 그러나 그에게 희망과 용기를 주는 것이 무엇보다 필요한 것 같아 이렇게 자신 있게 대답했습니다.

"레이건이 대통령으로 당선되었으니, 그는 세계 앞에 자기가 인권을 존중하는 대통령이라는 모습을 보여주고 싶어 할 것입니다. 그가 패배시킨 카터 대통령은 인권에 지대한 관심을 갖고 있는 분이기에 더더욱 레이건은 인권을 존중하는 모습을 부각시키고 싶어 할 것입니다. 그가 대통령 되어 DJ의 사형을 묵인한다면, 세계 여론이 그에게 불리하게 돌아갈 것입니다. 레이건이 보수적이기 때문에 오히려 DJ 구명에 앞장설 것 같습니다. 두고 보십시오. 만약 DJ가 산다면, 전두환 정부가 그의 국내 체류를 허락하지 않을 것입니다. 그렇다고 일본으로 보내지 않을 것입니다. 일본에서 DJ가 납치되어 박 정권이 받은 정치적 상처를 현 정부는 똑똑히 기억할 것입니다. 그래서 보낼 곳은 미국밖에 없습니다. DJ은 살아서 곧 미국 가게 될 것입니다⋯⋯."

한화갑 씨는 반색하면서도 의아스러운 표정을 지었습니다. 하기야 나도 속으로는 자신이 없었고 스스로 그렇게 되기를 희망했을 뿐이었습니다. 다만, 후배 친구가 절망 속에서 그토록 괴로워하니까 그를 위로해주고 싶었을 뿐이었지요. 그에게 희망을 심어주는 일이 다급했고, 또 그 희망이 저에게도 절박하게 필요했지요. 그래서 희망을 제조한 것입니다.(지금 다시 생각해보면 DJ가 1982년 12월 말에 미국에 오실 때 제가 워싱턴 공항으로 마중 나갔던 일, DJ가 미국 오신 후 첫 일요일 워싱턴 시내에 위치한 성당에서 미사를 드릴 때, 그가 끓어오르는 기쁨과 슬픔을 참지 못해 소리 내어 오열했던 일, 그리고 바로 그 곁에서 저도 함께 미사를 드렸던 일 등이 눈에 선합니다.)

이 같은 희망 제조는 결국 사랑의 다른 표현이기도 하지요 그래서 바울은 이런 메시지를 남겼습니다.

사랑은 모든 것을 바라며 모든 것을 견딥니다.(고린도전서 13:7 후반)

현대 국제판 영어성서는 다음과 같이 시적으로 표현하고 있습니다. 여기 'it'은 사랑입니다.

"It always protects,
always trusts,
always hopes,
always preserves."

영어가 더 쉽게 가슴에 와 닿습니다. 사랑은 '항상' 희망을 품게 하며 온갖 어려움을 '언제나' 견뎌내게 하는 힘입니다. 높은 산이나 거친 들에서나, 감옥에서나 궁궐에서나, 어디서나 어느 때나 사랑은 희망을 심어 견디어낼 수 있게 하는 놀라운 힘입니다. 절망 속에 허덕이는 이웃을 사랑한다면, 그에게 희망을 만들어주고 심어주는 일을 하게 되지요. 그래서 희망과 사랑은 항상 동전의 양면입니다. 아니, 사실 같은 하나입니다.

인간이 인간답게 존엄한 존재로 살 수 있는 것은 서로 신뢰하고 서로 사랑하고 서로에게 희망을 심어주는 힘을 갖고 있고 또 이 힘을 활용하기 때문입니다. 이런 뜻에서 인간 예수는 가장 아름다운 인간이었으며, 부활의 그리스도는 이런 존재가 되게 하는 사랑과 희망의 힘 그 자체입니다. '우리는 희망을 나눈다. 고로 우리는 존재한다'라고 해도 틀림없습니다. 희망을 나눠가질 때, 특히 어려운 조건 속에서 그러할 때 사랑과 희망은 사막에서 샘물 터지듯 솟아나오고, 황무지에서 장미꽃이 피듯 피어날 것입니다.

기적을 불러오는 희망의 힘

어느 해 『타임지』에서 인간 두뇌의 문제를 특집으로 다루었습니다. 거기서 '희망의 힘'이라는 제목으로 미국 컬럼비아 대학교 의과대학 교수인 스캇 해이그Scott Haig 박사의 글이 실렸는데 그 내용이 인상적이었습니다. 그의 환자들 중에 뇌가 죽어버린 환자가 있었습니다. 식물인간 상태에서 죽음만 기다리고 있었습니다. 매일 그 환자를 왕진하는데, 어느 날 간호사가 박사가 없을 때 일어났던 이 환자의 일시적 회생을 그에게 알려주었습니다. 전문의로서는 도저히 믿을 수 없는 얘기를 들은 것이지요. 그러니까 어제 그 환자가 갑자기 깨어나서 주위의 가족을 일일이 돌아보며, 위로하고, 등도 두드려주고, 미소 짓고 담소한 뒤 다시 죽음의 침묵으로 되돌아갔다는 것입니다. 뇌 세포가 완전히 망가졌는데도 말입니다.

여기서 해이그 박사는 육체의 세포조직과 관계없는 인간의 마음, 인간 의지, 영적 힘 같은 것이 있다고 추정했습니다. 인간의 마음은 세포덩어리보다 더 크고 신비한 그 무엇임을 인정한 것입니다. 그리고 그것을 인간만이 갖는 희망의 힘the power of hope으로 표현했습니다.

그렇습니다. 예수의 마음, 그것은 십자가 처형으로 죽어버린 예수의 육체, 그의 두뇌조직과는 관계없는 새로운 힘입니다. 그것은 자기를 비워 남을 채워주고, 육체를 죽이는 세력을 용서해주며, 절망의 세력을 사랑과 희망의 능력으로 이겨내는 힘, 바로 그것입니다. 그 희망이 용기를 솟아나게 하는 힘이지요. 희망이 이기적 탐욕과 다른 것은 그것이 남에게 값지게 살 용기를 주고 온갖 어려움을 견디어내게 하는 사랑의 힘이기 때문입니다. 절망 속에서 견디게 할 뿐 아니라, 그 속에서도 즐거워하게 하는 힘, 그것이 놀라운 희망의 힘입니다.

지금 지구는 기후 변화로 환경 위기를 겪고 있고, 나라마다 양극화의 질병을 앓고 있습니다. 우리는 분단으로 온 민족이 고통당하고 있는 유일한 민족이며, 개발의 이름으로 인간과 자연을 또다시 훼손시키려는 세력이 꿈틀거리는 위기의 순간에 직면해 있습니다. 또 평화와 개혁을 외치는 세력은 설득력을 상실하고 우왕좌왕하고 있습니다. 기독교 안에는 십자가에 바퀴를 달아 십자가의 영적 힘을 희화화하는 세력이 날로 힘을 얻는 듯합니다. 뿐만 아니라 제도 교회와 제도 기독교의 기득권을 위해서는 순교라도 불사하겠다고 공언함으로써 순교의 고상한 원래의 가치를 무너뜨리는 세력도 힘을 얻고 있는 듯합니다.

지금이야말로 갈릴리 예수께서 선포하셨던 하나님나라의 희망을 밝게 비춰야 하고, 부활의 그리스도 능력이 크게 폭발해야 할 카이로스 Kairos의 때입니다. 우리는 이 카이로스 때의 요청에 겸손히, 그리고 힘차게 응답해야 합니다. 갈릴리 예수는 어둠과 절망의 상황에서 희망을 선포하셨을 뿐 아니라, 그 희망을 실천하시다가 죽으셨습니다. 부활의 그리스도는 오늘 우리에게 그 희망을 힘 있게 다시 심어주시고 어떤 악조건에서도 용기 있게 살아가도록 우리를 감화시켜주십니다. 부활의 예수는 지금, 여기에 살아계신 우리의 주님, 곧 그리스도이십니다. 이러한 예수 그리스도의 희망을 선포하고 실천하는 것은 예수따르미의 신성한 의무일 뿐 아니라 참으로 소중한 특권이라 하겠습니다.

평화를 만드는 '불구하고'의 사랑

2006년 레바논에서 벌어진 전쟁을 기억합니다. 당시 세계는 전쟁의 소음 속에서 긴장하고 있었습니다. 레바논에서 들려오는 이스라엘군의 무자비한 폭격 소리에 우리는 경악했고, 특히 가나 지역에 대한 폭격으로 부녀자들과 어린이들이 목숨을 잃었다는 소식에 슬펐습니다. 미국은 중간 선거를 앞두고, 공화당 수구 인사들이 짐짓 전쟁의 공포를 불러일으키고 있었습니다. 제3차 세계대전의 전초전이 레바논 사태 속에서 벌어지고 있다고 주장하기도 했습니다.

그 뒤로 한반도에서 벌어진 사태도 평화와는 거리가 먼 것이었습니다. 북한이 미사일을 발사한 뒤 일어난 일련의 사건들이 그러했습니다. 남북장관회담의 파행, 남북 간 인도주의 사업의 중단, UN상임이사회의 대북 제재결의안 등 한반도를 불안정하게 하고 우리 민족을 더욱 불안하게 하는 일들이 벌어졌습니다. 남북 사이만이 아니라, 북미 간, 북일 간에도 이른바 적대적 공생관계가 강화되면서 공포의 균형과 보복의 악순환이 새롭게 악화되었습니다.

이런 상황에서 갈릴리 예수의 가르침을 타는 목마름으로 구하고 새 희망과 용기를 얻고 싶습니다. 나아가 그 말씀에 비추어 우리의 잘못이 무엇인가를 새롭게 성찰해보고 싶습니다.

"귀 있는 자는 들을지어다"라고 말씀하셨는데, 활짝 열린 귀로 당신의 평화코드가 담긴 말씀을 직접 듣고 그 코드의 깊은 뜻을 헤아려보고 싶습니다. 특히 분단된 한반도에 사는 우리는 갈릴리 예수께서 당시 불안과 절망으로 움츠러들었던 민초들에게 들려주신 주옥같은 산 위의 말씀에 새삼 귀 기울여야 할 것입니다. 과연 산상수훈의 핵심은 무엇일까요? 그 핵심 속에 깃든 평화와 연관된 코드는 무엇이며 그것이 예수가 던진 사랑과 정의라는 메시지와 어떻게 연관되는 것일까요?

여덟 가지 복에 드러난 사랑과 평화의 비전

역시 산상수훈의 백미는 여덟 가지 복에 대한 예수의 가르침일 것입니다. 그런데 우리에게 너무나 익숙한 말씀이기에 우리가 그 뜻을 제대로 깨닫지 못하고 있는 것 같습니다. 더욱이 교회에 오래 다닌 사람일수록 팔복의 깊은 뜻을 잘 모르는 것 같습니다. 그래서 먼저 몇 가지 주요 특징에 주목해봅니다.

첫째, 당시의 상황에서 보면, 팔복은 대단히 '불순'하고 '과격한' 선동적인 말씀임을 깨달아야 합니다. 당시 로마의 변두리 식민지였던 유대 땅에서는 도시화의 흐름이 급속하게 진행되고 있었습니다. 그 결과 인구의 태반을 차지했던 농민들은 처참하게 해체되고 있었습니다. 사회

경제적 양극화는 날로 심해졌고 부자 지주들의 경제적 착취도 격심해졌습니다. 예수의 비유에서도 이 같은 당시 사회상을 엿볼 수 있지요.

그런가 하면 로마의 권력은 식민지 반항을 무자비하게 다스리는 데 조금도 주저하지 않았습니다. 십자가의 극형은 정치적 반항을 잠재우는 데 쓰였음을 잊지 말아야 합니다. 그러니 유대 땅의 오클로스(민중)들은 밖으로는 강대국의 정치·군사적 억압을, 안으로는 토착세력으로부터 수탈과 차별과 억압을 받고 있었습니다. 이러한 딱한 정황에서 주님은 "지금 주리는 자는 복이 있다, 지금 우는 자는 복이 있다, 지금 억압을 받는 자는 복이 있다"고 선언했습니다. 특히 누가복음(6:20~26)을 보면, 예수의 선포가 얼마나 전복적인subversive 성격을 띠는지 대번에 알 수 있습니다. 가난한 자는 복이 있다고 선포함과 동시에 부자는 화를 입을 것이라고 선언하셨지요. 기득권자들이 듣기에 지극히 거북하고 괴로운 과격한 메시지였습니다.

둘째로, 마태복음의 팔복을 보면, 복 받는 사람의 종류는 여덟이지만, 복의 내용은 일곱입니다. 이것은 첫 번째의 축복과 여덟 번째의 축복이 동일합니다. 바로 '천국이 저희 것'이라는 축복이지요. 하나님 나라의 주인이 되는 것은 매우 값진 축복이기에, 그것을 두 번씩이나 강조한 것 같습니다. 이 축복을 받을 수 있는 사람은 심령이 가난한 사람과 의를 위하여 핍박을 받는 사람입니다. 경제적 수탈과 정치적 억압을 받는 밑바닥 인생이 그 악조건 속에서도 하나님께 절대 의존하고 있다면 결국 이 같은 축복을 받게 됩니다. 이 점에도 귀를 기울여야 합니다.

그런데 셋째로 천국을 소유하는 이 축복 못지않게 큰 축복을 받는 사람이 또 있는 것 같습니다. 아니, 이 축복보다 근원적으로 더 값진 축복을 받는 사람이 따로 있습니다. 이 점을 분명히 알기 위해 먼저 축복의 내용을 순서대로 적어보겠습니다(마태복음 5:2~20).

①천국의 주인 됨
②위로를 받음
③땅을 상속 받음
④배부름
⑤긍휼히 여김을 받음
⑥하나님을 볼 수 있음
⑦하나님의 자녀가 됨
⑧천국의 주인 됨(첫 번째와 같음)

위의 일곱 가지 축복에서 과연 어느 것이 가장 소중할까요? 다시 말하자면, 어느 축복을 받게 되면 그 속에 여타 다른 축복들이 따라올 수 있을 것인가를 차분히 생각해볼 필요가 있습니다. 위로받거나, 배불리 먹는 것이나 땅을 상속받는 보람은 부수적인 축복이 아니겠습니까. 긍휼히 여김을 받는 것도, 하나님을 볼 수 있는 것도 중요합니다만, 그것보다 더 소중한 축복이 있지 않겠습니까. 결국 두 가지 축복이 경합하게 되는 것 같군요. 천국의 주인이 되는 축복(①과 ⑧)과 하나님의 자녀가 되는 축복(⑦)이 바로 그것입니다. 이 두 가지 중 역시 더 본질적인 것은 하나님으로부터 당신의 자녀로 인정받는 것 아니겠습니까.

하나님을 아빠로 부를 수 있는 기쁨과 보람, 하나님이 친히 "나의 딸이요, 아들이다"라고 불러주시는 것에 대한 기쁨과 보람이 더 소중하지 않겠습니까. 당시 제도에서는 아들이 되면 아버지의 재산을 상속받게 되며, 아버지 영향권 안에서 아들은 마땅히 주인 노릇을 하게 되어 있었습니다. 이렇게 볼 때, 여덟 가지 축복 중 가장 큰 축복은 바로 하나님의 자녀가 되는 특권을 갖게 되는 축복일 것입니다. 그렇다면 어떤 사람이 이 같은 축복을 받게 되나요? 주님은 일곱 번째 축복으로 이렇게 선포하셨습니다(마태복음 5:9).

"평화를 이루는 사람은 복이 있다. 하나님이 그들을 자기의 자녀라고 부르실 것이다."

공동번역은 다음과 같이 표현하고 있습니다.

"평화를 위하여 일하는 사람은 행복하다. 그들은 하나님의 아들이 될 것이다."

'평화를 이루는 사람'이나 '평화를 위하여 일하는 사람'은 영어로는 '평화를 만드는 사람peace-maker'으로 번역되어 있습니다. 어쨌든 이 축복이 가장 값진 행복을 보장해준다면, 평화를 위해 일하는 사람에게는 다른 일곱 가지 행복이 따라올 것임을 쉽게 짐작할 수 있습니다. 예수께서는 이토록 평화의 가치를 크게, 그리고 소중하게 여기셨습니다. 그러기에 만일 팔복 중에 꼭 하나를 선택해야 한다면, 바로 이 일곱 번째 축복을 선택해야 할 것입니다. 그런데 예수께서 이 가르침을 얼마간 숨겨둔 듯 여겨집니다. 그래서 바로 이 예수의 코드Jesus code를 제대로 읽어내야 합니다.

　여기서 우리는 이 평화의 가치가 사랑과 정의의 가치와 어떤 연관이 있는지를 새삼 점검해볼 필요가 있습니다. 그러기 위해 예수 당시의 처절한 상황을 다시 한 번 살펴볼 필요가 있습니다. 한마디로 당시는 평화가 깨진 상황이었습니다. 국제적으로는 로마의 평화체제Pax Romana 하에 있었으나, 지금처럼 그때에도 팔레스타인 땅에는 평화가 없었습니다. 로마 평화는 오늘날 미국의 평화Pax Americana가 그렇듯이 한낱 지배 이데올로기의 펄럭이는 깃발에 불과했습니다. 로마의 잔인한 억압, 곧 십자가 처형의 억압이 공포에 떨게 했지요.

　국내적으로는 여우같이 간교한 헤롯왕의 지배가 있었습니다. 당시는 신정정치神政政治가 지배했으므로, 종교 지도층의 영향력은 막강했습니다. 이들은 독선과 위선, 탐욕과 차별로 백성을 무시하고 강압했던 율법주의자들이었습니다. 이런 상황에서 백성들은 굶주렸고 헐벗었습니다. 그들은 뿌리 뽑힌 몸으로 하루하루를 겨우 살았으며, 질병과 절망에 시달려왔습니다. 불평등과 부자유, 분쟁과 증오가 홍수처럼 민중을 덮쳤습니다.

　이런 처절한 상황에서는 억울하게 억압과 차별을 받았다고 느끼며 보복의 칼날을 가는 사람들이 나오게 마련이지요. 예수의 제자 중에도 로마 제국주의 세력에 대해 결사항쟁하려는 열혈 젤롯당원이 있었습니다. 그들은 몸에 단도를 품고 다니면서 기회가 있을 때마다 로마 세력이나 그 세력에 아부했던 유대인을 칼로 찔러 죽였습니다. 그 당시 당국은 그들을 강도로 낙인찍었습니다. 예수와 함께 십자가에 처형되었던 사람도 강도나 도적으로 기록되어 있지 않습니까. 요즘 식으로 말하자면 테러리스트라 하겠습니다.

　이같이 억압과 그것에 대한 저항, 처형과 그것에 대한 보복이 서로 맞물려 거칠게 악순환을 만들어내는 상황에서 예수는 뚜렷한 대안적 비전을 제시하셨습니다. 강자의 무자비한 압승과 약자의 철저한 보복이 서로 상승 작용하여 피 흘리기와 피 흘림, 죽이기와 죽음의 저항이 거칠게 강화되는 상황에서 예수는 근원적으로 새로운 대안의 가르침을 내놓으셨습니다. 바로 그것이 예수의 사랑과 평화의 비전이었습니다.

　예수는 산 위에서 주옥같으나 때로는 추상같은 메시지를 선포하셨는데, 그 말씀과 비유 속에서 우리는 그의 평화코드를 발견할 수 있습니다. 먼저 그의 사랑에 대한 그의 명확한 메시지를 이해해야 합니다. 그에게 사랑은 사사로운 개인의 낭만적인 달콤한 정서이거나 추상적인 도덕적 덕목이 아니었습니다. 선한 사마리아인 비유에서 뚜렷하게 볼 수 있듯이, 사랑은 억울하고 부당한 고통을 겪고 있는 사람을 이웃으로 삼아 그에게 이웃 노릇을 하는 구체적 행동이었습니다.

　고통 당하는 이웃에게 다가가서 그의 고통을 치유해주는 구체적인 행동이 바로 예수의 사랑입니다. 자기의 계획, 자기의 일상적 삶의 흐름, 자기 이해관계를 중단하거나 그것을 뛰어넘어, 그 이웃의 고통을 따뜻하고 실효성 있게 덜어주는 행동이 사랑이며, 그것은 바로 자기를 비워 남을 채워주는 실천을 뜻합니다. 선한 사마리아인 비유에 나오는 두 종교지도자들은 자기를 비우는 일에 실패했습니다. 건강한 자기의 존재와 소중한 자기의 자원을 비워서 상처받아 고통당하는 이웃을 온전케 해주는 일에 활용하는 것이 바로 예수의 사랑이요, 이 사랑이 바로 구원으로 인도하는 길잡이입니다. 그것이 바로 영생을 보증해주는 신용장이기도 하지요.

평화를 만드는 자타실현의 사랑

자기를 비우는 사랑은 조건 없는 사랑이요, '불구하고'의 사랑입니다. 이 같은 사랑을 통해서만 투쟁 없이 평화를 이룩해낼 수 있습니다. 나아가 피 흘림 없이 정의가 세워질 수 있습니다. 그러기에 예수의 사랑은 나와 남, 나와 이웃 사이에 새로운 관계를 형성시켜줍니다. 이 새로운 관계를 평화라고 부를 수 있으며, 이 평화와 정의가 서로 입을 맞출 때 구원의 상태가 펼쳐진다고 하겠습니다. 이스라엘인들이 갈구했던 희년의 기쁨도 바로 이 평화와 정의의 기쁨이었고 구원의 기쁨이었습니다. 이러한 사랑만이 피해자 마음속에 깊숙이 잠겨 있던 복수심과 증오심을 해체시키는 힘을 지니고 있습니다.

그런데 이 사랑이 힘 있는 쪽에서 먼저 나온다면 얼마나 좋겠습니까. 왜냐하면 그러할 때 불평등과 억압과 악순환이 더욱 아름답게 치유될 수 있기 때문입니다. 그러기에 예수의 사랑만이 악순환의 꼬리를 끊어내어 마침내 평화와 정의라는 새로운 관계를 만들어낼 수 있지요. 예수의 이러한 비전은 나사렛 회당에서 선포하신 그의 첫 설교에서 뚜렷하게 나타납니다(누가복음 4:16~19).

이 첫 선포는 이사야 선지자의 꿈(이사야 61:2~3)을 바탕으로 나온 것인데, 다만 한 가지 중요한 차이가 있다면, 이사야의 비전에는 하나님의 보복의 날이 선포되지만, 예수의 첫 설교에는 보복의 개념이 전혀 없다는 것입니다. 복수의 씨앗을 원천적으로 제거시켰습니다. 사랑의 힘으로만 악순환의 고리를 깨뜨릴 때 우리는 비로소 참평화를 만들어갈 수 있습니다.

여기서 우리는 평화 만들기peace-making와 평화 지키기peace-keeping 간의 큰 차이를 볼 수 있어야 합니다. 흔히들, 정치 지도자들은 어제나 오늘이나 힘이 있어야 평화를 지킬 수 있다고 주장합니다. 평화를 지켜내기 위해 군사력을 쌓아나가야 한다고 그럴 듯하게 주장합니다. 팍스 로마나Pax Romana의 논리나, 팍스 브리타니카Pax Britanica의 논리나, 팍스 아메리카나Pax Americana의 논리 모두가 평화 유지를 소리 높여 강조하면서 끊임없이 제국의 군사력을 강화해왔습니다. 이것은 어리석은 궤변이요 위선입니다. 마치 착하기 위해 악해야 한다는 논리와 같습니다.

평화를 지키기 위해 군사력을 강화한다면 공포의 균형만이 강화될 터이며, 폭력의 악순환이 더욱 거세질 뿐입니다. 한때 알카에다와 네오콘 사이가 그러했으며, 회교 근본주의자들과 기독교 근본주의자들 사이가 그러하며, 북한의 강경군부와 남한의 수구 반공세력 사이가 그러합니다. 그런데 평화 만들기는 이 같은 평화 유지의 논리와는 차원이 확실하게 다릅니다. 예수의 평화 만들기는 악순환을 근원적으로 종식시키는 힘입니다. 예수의 평화는 자기 비움의 힘에서 나오는 것이지 자기 힘 채우기에서 나오지 않습니다. 한마디로 예수의 평화는 '자기 힘 빼기'라는 사랑 실천에서 나옵니다. 이 힘 빼기가 바로 예수의 대안적 처방이기도 하지요.

그렇다면 예수의 산상수훈에서 그의 이 같은 대안적 처방의 코드를 찾아봅시다. 자아실현自我實現의 수준을 뛰어넘어, 먼저 자기 힘을 빼 남에게 힘을 주는 것, 나와 남이 함께 서로 비워 서로 채워줌으로써 도달할 수 있는 높은 성취 수준을 자·타·실·현自他實現이라고 표현해봅시다. 예수가 산 위에서 설파하신 메시지 가운데에서 자타실현의 단초들을 찾아볼 수 있습니다. 내 속옷을 탐내는 사람에게 겉옷까지 내주기, 5리 가자고 하면 10리까지 가주기를 권장하셨던 예수께서는 남의 눈 속에 있는 작은 티 같은 결점보다 자기 눈 속에 있는 대들보 같은 큰 결점을 먼저 보라고 하셨지요. 이것은 모두 자기 낮춤과 자기 비움의 실천을 강조한 것입니다. 이런 가르침에 한걸음 더 나아가 원수를 사랑하라고 명령하시지요. 이것은 참으로 실천하기 어렵습니다. 그러나 그것은 확실히 자기 비움과 낮춤을 통해 악순환의 고리를 원천적으로 끊어낼 수 있다는 예수의 마음이기도 합니다. 원수 사랑하기는 평화 만들기의 확실한 논리요 윤리요 힘입니다. 그래서 자타실현이 아름답게 이뤄집니다. 이 말씀 속에 담겨 있는 몇 가지 깊은 뜻을 평화를 만들려는 사람들은 반드시 깨달아야 합니다.

무엇보다 원수를 사랑하라는 말씀에서 평화 일꾼들은 원수 안에도 반드시 우리가 갖고 있지 않은 훌륭한 자질, 즉 장점이 있다는 예수의 가르침을 기억해야 합니다. 그러기에 내 원수는 곧 악, 또는 악의 화신이라는 판단은 지극히 잘못된 것임을 먼저 깨달아야 합니다. 이는 예수가 자기 눈 속 대들보를 보라고 하신 당부를 전혀 이해하지 못할 뿐만 아니라, 원수 속에 사랑할 만한 것들이 있음도 전혀 깨닫지 못하는 것입니다. 이 세상에서 우리의 원수가 바로 악이라고 믿는 사람들의 인식이야말로 가장 반反예수적이라는 진리를 잊지 말아야 합니다. 그러니, 원수의 단점이나 악한 점만을 볼 때마다 우리는 예수께서 끊임없이 우리에게 "네 속에 있는 더 큰 단점과 더 사악한 점을 똑똑히 보라"고 명령하시는 그 육성의 소리를 들을 수 있어야 합니다. 귀 있는 자, 영의 귀 있는 자는 꼭 들어야 합니다.

한마디로 원수의 장점 보기, 장점 칭찬해주기, 또 이를 벤치마크하기를 실천할 때 예수의 평화는 우리 안에서 오아시스의 깊은 샘물처럼 솟아날 것입니다. 그리하여 우리 주변의 삭막하고 메마른 사막을 풍성히 적시게 될 것입니다. 원수의 장점을 볼 수 있는 눈은 바로 예수의 눈이요 영의 눈입니다. 영의 눈이 있어야 원수의 장점이 보이며, 예수의 눈으로 보아야 원수의 장점이 아름답게 빛나는 것을 깨닫게 될 것입니다. 여기서 평화 만들기의 결단이 이뤄지게 되고 자기 힘 빼기의 용기가 솟아나게 됩니다. 그래서 원수의 아름다운 점을 칭찬해주고 존중해주고 싶은 마음이 용솟음칠 때, 폭력의 악순환 고리는 마침내 풀리게 됩니다. 악순환이 깨지면, 선순환이 작동하기 시작하지요. 거기서 평화의 진원지가 마련되어 그곳에서 평화의 큰 강물이 흘러내리게 될 것입니다. 선으로 악을 이긴다는 말이 바로 이것을 뜻합니다.

그런데 현실에서는 안타깝게도 원수의 장점을 볼 수 있는 사람들은 원수를 악으로 보아 박살내려는 사람들에게 조롱당하고 차별받고 억압받으며, 마침내 비참하게 제거당하기 쉽습니다. 그간의 역사 현실, 그리고 성서가 그것을 증언해줍니다. 바로 그런 이유로 예수가 종교 지도자들에게 시달리셨습니다. 그들의 법정에 섰으며, 그곳에서 조롱당하시고 고문당하셨습니다. 그들에 의해 골고다 길에서 고통 당하시고 마침내 십자가 위에서 폭도들이나 도적들이 당했던 형벌을 받으셨습니다.

그만큼 평화 일꾼들은 오늘도 골고다 길 위에서 어려움을 겪게 될 수 있습니다. 한반도에서, 중동 지역에서, 그리고 세계 각 곳에서 평화를 위해 일하는 사람들은 고통을 겪고 있습니다. 그러나 그 고통은 자기 힘 빼기의 아픔이기에 값진 것임을 한시도 잊지 말아야 합니다. 이 아픔은 나와 남을 동시에 평화로 이르게 하는 자타실현의 아픔이지요. 이 아픔이 평화라는 자녀를 낳는 해산의 고통임을 또한 잊지 말아야 합니다. 이 고통은 언뜻 보기에는 패배자의 고통같이 보입니다. 마치 골고다의 예수가 처참한 패배자처럼 보이듯이 말입니다. 그러나 골고다의 길은 결코 패배자의 길이 아닙니다. 그것은 자기 비움의 아름다운 극점極點을 보여주는 진리의 길이며, 마침내 부활의 승리로 안내하는 평화의 길입니다. 그러기에 악순환을 영원히 종식시키는 힘의 폭발이 바로 예수 부활 사건입니다. 이것을 예수따르미들은 잊지 말아야 합니다.

2006년 6월, 저는 제네바에서 열린 국제적십자 대회에 참석했습니다. 따지고 보면 3천 년이라는 긴 세월 동안 앙숙으로 서로 미워하며 다퉈왔던 이스라엘과 팔레스타인이 국제적십자연맹에 가입하는 문제를 토의하는 중요한 회의였습니다. 세계 190개 국가 대표들과 적십자연맹에 가입한 183개 적십자 대표들이 한자리에 모여 이 문제를 놓고 토론했습니다. 심각한 의견 대립이 있었습니다. 아랍 50여 개 국가 대표들은 아직도 이스라엘에 대한 불신을 떨쳐버리지 못한 탓에 회의를 연기시키려 했습니다. 그때 저는 예수의 산상수훈을 머리에 떠올리며 두 적십자사의 연맹 가입을 촉구하기 위해 다음과 같이 발언했습니다.
"……본인은 적십자 인도주의 정신과 헌신으로 이제 이스라엘과 팔레스타인 간에 오랫동안 지속되어온 '이에는 이, 눈에는 눈'이라는 보복의 악순환이 종식되기를 간절히 바라면서, 이스라엘과 팔레스타인의 연맹 가입을 만장일치로 의결하기를 강력히 촉구합니다. ……"

우여곡절 끝에 두 나라의 적십자사는 연맹에 가입하게 되었으나, 그 뒤로도 그곳에서 전쟁의 소음은 그치지 않았습니다. 저는 그곳이 이스라엘의 폭격으로 한순간에 장례식장으로 변하는 것을 보며 울적했습니다. 더구나 우리 조국의 현실 또한 평화와 더욱 멀어지고 있음을 절감하던 터라 마음이 몹시 서글펐습니다.

산 위에서 평화를 만드는 사람은 복 있다고 외치시며 그들이야말로 하나님의 아들과 딸이라고 선포하셨던 예수의 육성이 그래서 그립습니다. 그래서 뿐만 아니라 우리 주변에서 기독교 지도자임을 자처하는 사람들, 큰 교회 목회자들이 한반도 조국의 평화를 위하기보다 북한을 악으로 규탄하는 일에 그들의 목소리를 더욱 높이면서, 일방적으로 하나님을 아버지라 거침없이 부르는 모습을 볼 때마다, 저 갈릴리의 산 위에서 울려 퍼졌던 예수의 육성이 더욱 그리워집니다. 정말 예수님을 주님으로 고백하고 하나님을 아빠로 부를 수 있다면, 그리하여 하나님의 자녀가 되려고 한다면 평화 만들기에 혼신을 다해야 합니다. 보복의 악순환을 부추기면서 하나님을 아버지라고 부를 수는 없습니다. 그래서 더 타는 마음으로 예수의 육성을 듣고 싶은 것입니다.

"평화를 이루는 사람은 복이 있다. 하나님이 그들을 자기의 자녀라고 부르실 것이다."

승리주의의 유혹을 넘어선
예수의 승리

　　얼마 전 청소년 적십자 대표들이 찾아와 여러 가지 얘기를 나누던 중 제 좌우명이 무엇인가를 물었습니다. 내 삶을 오늘까지 이끌어오는 데 밝은 길잡이가 되어준 금언이 있다면 알려달라고 했습니다.

　　"우아하게 지는 것이 살벌하게 이기는 것보다 멋지고 훌륭하다"라는 내 대답에 젊은이들이 얼마간 놀라는 듯했습니다. 지는 것을 멋진 것으로 예찬하는 일이 요즘 세상 돌아가는 흐름과 너무 다르다고 생각했기 때문이겠지요. 온갖 경쟁에서 무조건 싸워 이기는 것을 출세와 성공의 미덕으로 여기는 것이 오늘의 세태이기에 젊은이들에게는 제 좌우명이 이상하게 여겨졌을 것입니다. 경쟁이나 경기에 임하면서 으레 "파이팅"을 외치는 것이 이 시대의 풍속이니까요. 저는 이 같은 파이팅 소리를 들을 때마다 속으로 언짢아집니다. 그것이 저에게는 퍽 어색한 외침으로 여겨지기 때문입니다. 예수께서 지금 우리와 함께 사신다면, 과연 파이팅을 외치는 무리 속에 계실까를 생각해봅니다.

승리를 외치는 기독교 근본주의자들

수천 만 권이 팔린 세계적 베스트셀러『다빈치 코드』는 이내 영화화되었습니다. 이 영화가 우리나라에서 상영될 적에, 이를 두고 한국 기독교 일각에서 상영을 금지해달라는 청원과 함께 맹렬한 비난을 퍼부었던 것을 기억합니다.

자기들의 신조나 교리에 맞지 않는다고 한국 전체 기독교 신자의 이름을 빌려 이 영화의 상영을 적극적으로 배척하는 일부 기독교 신자들, 특히 교회 지도자들의 행태에서 반대세력을 무조건 힘으로 제압하려는 근본주의적 승리주의의 횡포를 보는 듯했습니다. 이 나라 인구의 75퍼센트 이상이 기독교인이 아니며 기독교 신자들 중에도 다른 종교와 문화에 사고가 열려 있는 자세를 지니고 있는 사람들이 상당수 있을 텐데 특정 영화가 이른바 '반反그리스도적'이라든가 '반反기독교적'이라고 해서, 양식 있는 다수 국민들이 그 영화를 관람할 자유마저 박탈하려는 종교적 독선과 야만성에 경악했습니다. 영화 한 편, 소설 작품하나로 인해 기독교 신자들의 확신과 생활이 통째로 흔들리게 된다면 그러한 신앙은 마땅히 흔들려야 할 것입니다. 그리고 그들은 튼실한 예수따르미로 새롭게 거듭나야 할 것입니다. 기독교 근본주의자들의 행동이란 대체로, 아니 언제나 반대세력에 대해 예수의 이름으로 가장 예수답지 않은 승리주의적 완승, 전투적 압승을 정당화해왔습니다. 이것이 저를 항상 슬프게 하고 부끄럽게 했습니다.

얼마 전 저는 또 하나의 베스트셀러로 미국에서 잘 팔리고 있는 케빈 필립스Kevin Phillips의 『미국의 신정정치American Theocracy』를 구입해 읽어보았습니다. 저자가 한때 닉슨 대통령의 재선을 위해 미국 공화당 전략의 틀을 짰던 사람이기에 이 책의 논지가 더욱 설득력을 지닌 것 같습니다. 이 책은 한마디로 오늘의 미국이 부시 대통령하에서 명백하게 현존하는 위기에 봉착했다고 진단했습니다.

첫째로, 미국 행정부는 석유 자원을 확보하기 위해 이라크 전쟁을 마다하지 않았으며, 둘째로 미국은 엄청난 부채국가로 전락했다는 것입니다. 누적된 국가 부채가 8조억 불(약 8200조 원)을 넘어섰다는 겁니다. 그런데 진짜 미국의 위기는 이 두 가지 현실에 더하여, 날로 전투적 근본주의 종교로 변질되고 있는 오늘의 미국 기독교에서 배태되고 있다고 지적했습니다. 종말론적·전투적 근본주의자들은 구약에 나오는 바빌론이 오늘의 이라크라고 확신합니다. 이스라엘을 공략해 거룩한 도시 예루살렘을 약탈했을 뿐 아니라 이스라엘 백성을 잔인하게 포로로 끌고 갔던 옛날 바빌론이 바로 오늘의 이라크로 부활했다는 것입니다. 후세인을 바로 그 옛날의 느부갓네살 왕으로 본다는 것이지요. 이 나라를 악의 축으로 정죄하면서 그를 제거하기 위한, 이른바 '거룩한 전쟁'을 일으켰던 것입니다.

이 같은 무모한 전쟁을 불러 일으켰던 종교적 열정 때문에 오늘의 미국은 심각한 위기에 봉착했다는 것입니다. 악의 세력을 완벽하게 제압하며, 완승을 증명해 보이려는 기독교 확신의 광기가 바로 부시와 그 주변의 신보수정치인들을 이끌고 있다고 했습니다. 선제공격, 예방전쟁이라는 부시 정책이 바로 이 같은 종교적 과격주의에서 비롯되었기에, 미국의 위험은 분명하고 현존하는 것이라고 했습니다. 그렇다면 과연 예수가 이 같은 승리주의 가치에 박수치며 기뻐하셨을까요?

예수를 따라다닌 세속적 승리의 유혹

부활 사건을 진정한 승리의 사건으로 해석한다면, 그 승리의 참뜻은 무엇일까요? 예수께서 고난을 받으시고 십자가 위에서 처절하게 죽으시면서 "다 이루었다"고 선포하신 말씀이 과연 승리주의의 완승을 뜻하는 것일까요? 도대체 역사의 예수, 인간 예수께서 제자들과 주변 사람들에게 승리주의 가치를 선포하신 적이 있으신가요? 예수는 승리주의를 반대했겠지만, 보다 근원적인 질문을 던진다면 과연 예수께서 반대세력을 힘으로 제압하려는 세속적 유혹에서 정말 자유로웠을까요?

예수 당시 로마제국의 승리주의, 시저의 승리 숭배, 즉 "왔노라, 보았노라, 이겼노라Veni, Vidi, Vici"를 외치던 시저의 오만과 욕망에 대해 예수는 어떤 입장을 취했을까요? 인간 예수 자신도 그와 같은 권력의 승리주의 마력에 전혀 흔들리지 않았을까요?

여기서 저는 역사의 예수와 부활 이후 그리스도따르미들이 완승의 유혹과 승리주의의 시험에 대해 어떻게 대응했는지를 주마간산으로나마 한번 살펴보고 싶습니다. 마치 영화의 단면들을 살펴보듯, 예수의 공적 생애의 면면에서 인간 예수가 겪었던 유혹 극복의 모습을 확인하고 싶습니다.

저는 예수의 삶을 기록한 성서 곳곳에서 승리주의 유혹이 예수를 수시로 괴롭혔던 흔적을 살필 수 있다고 생각합니다. 큰 뜻을 품고 메시아로 세상에 나가기 앞서 예수는 광야에서 사탄의 유혹을 받았습니다. 하기야 이 유혹을 뛰어넘기 위해 광야로 나갔다고 할 수 있겠죠. 대체로 기독교인들은 예수께서 마귀의 유혹을 이겼다는 결론만 중요시한 나머지, 그 과정에서 예수께서 겪으셨던 인간적 고뇌와 고투에 대해서는 상상조차 하지 않는 듯합니다. 광야 40일간 그가 겪었던 치열한 내적 싸움, 외로운 몸부림과 그 깊은 고뇌에 대해서는 묵살해왔습니다. 40일간의 긴 고투의 깊은 뜻을 우리는 새롭게 성찰해보아야 합니다. 그것은 우리도 지금 그러한 유혹에서 결코 자유롭지 못하기 때문입니다.

세상이 가장 소중하게 여기는 가치는 바로 경제적 부富의 가치일 것입니다. 예나 지금이나 먹을 것을 많이 확보한 사람일수록 힘이 있게 마련이지요. 특히 찢어지게 가난했던 예수 당시에는 더욱 그러했을 것입니다. 돌처럼 흔한 것들을 소중한 재화로 변화시키는 힘, 그것은 지도자가 되려는 모든 이들에게, 특히 반대세력을 힘으로 대번에 제어하고 싶은 지도자 지망생들에게는 참으로 달콤한 유혹이 아닐 수 없습니다. 인간 예수는 이 문제로 번민한 듯합니다.

이 유혹을 이긴 뒤에도 곧바로 그는 종교적 괴력을 과시하여 세상을 이끌 카리스마적 힘의 지도자가 되고 싶은 유혹을 또다시 받게 됩니다. 높은 성전 꼭대기에서 떨어져도 천사의 도움으로 살아나는 극적인 기적을 통해 백성들을 감동시킬 힘을 얻는 일, 그것 또한 거역하기 힘든 유혹이었을 것입니다. 이 유혹 다음에 찾아온 것은 천하를 통치하는 권력에 대한 유혹이었습니다. 당시가 팍스 로마나의 막강한 힘이 지배하던 시대였으니, 아우구스투스 황제의 권력과 시저의 위력을 능가하는 절대 권력을 한번 휘둘러보고 싶은 욕심, 그것 또한 로마 식민지의 청년에게는 거역하기 힘든 유혹이었을 것입니다.

하나님의 아들로 태어난 예수라면 마땅히 이 같은 세속적 유혹에서 기계적으로 자유로워야 하는데 성서는 그렇지 않았음을 시사해줍니다. 역사의 예수는 공생애 시작부터 승리주의의 달콤한 유혹에서 자유롭지 못했고 그 유혹에 의해 흔들렸다는 점에 새삼 주목할 필요가 있습니다. 물론 이 같은 유혹을 마침내 성령의 힘으로 뛰어넘었다는 것이 핵심 메시지이겠지만, 그 과정에서 그 같은 시련에 자유롭지 못했던 그의 인간적인 모습 또한 오늘 우리에게 많은 것을 시사해줍니다. 왜냐하면 우리들은 그러한 유혹에 취약해 끊임없이 유혹에 함몰되는 사례들을 주변에서 흔히 보고 있기 때문입니다. 그리고 예수의 승리는 경제의 힘으로, 종교적 카리스마의 힘으로, 세속적 권력, 특히 군사력으로 상대방을 제압하면서 부시 대통령이 그랬듯이 '임무완수mission accomplished'를 당당하게 외치는 방식으로는 결코 얻어질 수 없습니다.

예수의 승리는, 시저의 승리주의와 근본적으로 다릅니다. 그것은 근원적으로 인간의 탐욕과 독선의 힘을 성령의 도움을 받아 이겨내는 자기 비움의 힘에서 비롯되는 것이지, 남의 패배, 남에 대한 물리적 힘의 제압에서 비롯되는 것이 결코 아니기 때문입니다.

그렇다고 예수께서 광야의 시험 이후에 이 같은 세속적 승리주의 유혹에서 완전히 해방되었다고 할 수 있을까요? 광야의 유혹 소리는 공생애 기간 내내 끈질기게 예수를 괴롭혔던 것 같습니다. 몇 가지 장면들에서 예수의 고뇌를 느낄 수 있습니다.

요한복음(6장 15절)은 흥미로운 장면을 보여줍니다. 예수께서 5천 명을 배불리 먹이셨습니다. 가난했던 이들 백성들은 자기들의 허기진

배가 채워지자 예수를 즉각 자기들의 임금으로 옹립하려 했습니다. 보잘 것 없는 보리떡 다섯 개와 두 마리 생선으로 굶주렸던 인간들을 배불리 먹였으니 이들은 예수를, 요즘 식으로 말하자면 대통령으로 선출하고 싶었겠지요. 어떻게 보면 예수에게는 최고 지도자 자리가 그저 굴러들어오는 '행운'이 생긴 것이지요. 요샛말로 말하자면 여론 조사 결과 90퍼센트 이상의 압도적 지지로 대통령이 될 판이었으니 이러한 호기가 어디 쉽게 생기겠습니까.

이때 예수는 잠시 흔들린 것 같습니다. 흔들리지 않으셨다면 아무렇지 않다는 듯이 제자들과 함께 다음 사역을 준비했을 것입니다. 그런데 여기에 한 창조적 단절의 순간, 심각한 자기 성찰의 순간이 생겨납니다. 주님은 제자들을 모두 뒤에 남겨두신 채 홀로 산으로 가셨지요. 광야에서의 고투와 비슷한 조용한 내적 자기 다짐을 위해서지요. 자기 안에 소용돌이치는 유혹에 대한 반응을 잠재우기 위해 조용한 곳으로 물러서셨던 것입니다. 예수의 기적 행위를 보고 대번에 승리주의에 취해 마치 큰 자리라도 차지할 듯 들떠 있는 제자들과 열광적으로 그를 왕으로 모시려 하는 군중을 과감히 떨쳐버리고 아빠 하나님과 깊은 영적 대화를 통해 이 유혹을 물리치려고 홀로 산으로 올라가셨습니다. 여기서 예수의 외롭지만 아름답고 인간적인 고뇌의 모습을 엿볼 수 있습니다.

예수께서 중병환자들을 치유해주시고, 병의 근원으로 인식된 죄의 사슬에서 환자들을 해방하여 새 사람으로 일으켜주셨을 때도, 군중들은 예수를 세속적 메시아로 모시고 싶었을 것입니다. 예수께서 밥상공동체를 이룩하시어 계급, 인종, 지역, 성性의 장벽을 허무시고 모든 사람들을 평등한 인격체로 받아들이시면서 그들과 음식을 함께 나누셨을 때도 많은 사람들은 감격해 예수를 자기들의 카리스마적 지도자로 추대하고 싶었을 것입니다. 왜냐하면 예수를 앞세우게 되면, 그들의 적들을 대번에 제압해 완승의 쾌재를 소리 높여 외칠 수 있다고 믿었기 때문이겠지요.

무력을 사용해서라도 로마의 압제에서 해방되고자 했던 젤롯당 사람들은 예수를 모세 같은 민족해방자로 높이 모시고 싶었을 것입니다. 실제로 예수의 열두 제자의 하나인 시몬은 젤롯당원이었습니다. 가룟 유다나 베드로도 그 동조자였을 수 있겠습니다. 한때 예수는 제자들에게 겉옷을 팔아서라도 칼을 준비하라고 당부하신 적도 있었지요(누가복음 22:36). 젤롯당원 중, 날카로운 칼을 품고 다니는 시카리파가 있었는데, 예수는 그들의 역할을 인정해주는 듯한 말씀을 하신 것 같기도 합니다.

계급의 장벽으로 한 맺혀 있던 민중들은 예수를 계급 해방자로 높이 받들어 모시고 싶었겠지요. 그럴 때마다, 예수께서는 그들의 얼굴에서 억눌린 자들의 해방된 회열, 가난한 자들의 풍만한 만족, 차별받던 자들의 신나는 웃음을 머리에 떠올리시면서 그들의 세속적 지도자가 되어 그들의 절절한 소망을 시원스럽게 이뤄주고 싶은 충동을 때때로 느꼈을 것입니다. 예수의 산상수훈을 이러한 관점에서 다시 읽어보십시오. 누구보다도 예수께서는 그들을 사랑했으니까요. 그들이 원하는 방식대로 그들의 적들을 통쾌하게 굴복시켜 그들을 해방시켜주고 싶다는 생각도 했을지 모릅니다. 그러기에 바로 그 같은 승리주의 충동과 치열하게 싸우셨던 예수는 참으로 외로운 분이었습니다. 그 실존적 고뇌를 제자들은 조금도 이해해주지 않았습니다.

으뜸 제자 베드로마저 예수의 고난과 패배의 뜻을 이해하지 못했습니다. 예수가 예루살렘에 올라가게 되면 그곳에서 제사장들과 장로들에 의해 핍박받게 될 것이라고 알려주셨을 때, 베드로는 예수에 매달려 그렇게 하지 않도록 간했습니다. 그곳에 올라가 왕이 되시어 온갖 영광과 권세를 누리셔야지 고난 받아 죽임 당한다는 것이 말이 되느냐는 식으로 예수를 붙들고 말렸습니다. 그때 예수께서는 단호하게 베드로를 향해 "사탄아 물러가라" 하고 꾸짖었습니다. 저는 이 같은 예수의 꾸짖음이, 물론 일차적으로는 베드로와 제자들을 향한 것이었다고 확신하지만 동시에 그것은 예수 자신 속에서 꿈틀거리는 승리주의 욕구를 향해 외친 것이라고도 느껴집니다.

겟세마네 동산에서 이 잔을 거두어달라고 한 인간적 간청 속에는 그 고난을 회피하고 세속적 영광과 안위를 추구하고 싶은 인간적 욕망의 찌꺼기가 아직도 자기 속에 남아 꿈틀거리고 있다는 것을 뜻하는 것이 아닐까요. 하기야 그것이 바로 우리 자신들의 연약한 모습이기도 하지요.

겟세마네 동산에서 몽둥이를 들고 예수를 체포하러 왔던 제사장들의 사병들 중에 말고라는 사람이 있었습니다. 성급한 베드로가 칼로 그의 귀를 잘라버렸지요. 그때 예수는 칼을 쓰는 자는 칼로 망할 것임을 경고했습니다. 한때 제자들에게 그들의 겉옷을 팔아서라도 칼을 사라고 독려했던 주님께서 이때는 칼로 대항했던 베드로를 꾸짖으셨습니다. 이것은 자기 스스로에게도 이 진리를 다시 한 번 다짐시킨 것으로 볼 수 있지 않겠습니까. 카잔차키스는 예수께서 십자가 위에서 운명하시기 직전 십자가 처형에서 스스로를 해방시켜 자기가 참승리자인 것을 힘으로 과시하고 싶은 유혹에 시달렸다고 상상했습니다. 작가의 상상력이긴 하나 상당히 설득력 있습니다. 주님은 운명의 순간까지 그러한 세속적 승리주의 유혹에 시달렸을지 모릅니다. 그러나 그는 우아하게 고난과 처형을 받아들임으로써 마침내 그 유혹을 이겨내셨습니다.

승리주의의 악순환을 끊고

요한복음의 증언에 따르면, 예수께서는 십자가 위에서 "다 이루었다"라고 외치셨습니다. 이 선포를 기독교 승리주의자들은 즐겨 예수의 압승과 완승의 단언이라고 믿고 싶을 것입니다. 그러나 주님은 다 이루었다고 하신 뒤 힘없이 운명하셨습니다. 완성과 완승을 선포하신 후 바로 적들을 격하게 쳐부순 것이 아니라 조용히, 처참하게 십자가 위에서 돌아가셨습니다. 그러기에 다 이루었다는 선언의 내용은 군사적 승리주의 제압의 메시지가 아니라, 철저한 수모와 패배의 메시지입니다.

로마 권력의 입장에서나 제사장과 장로들의 시각에서 보면 처절하고 철저한 패자의 모습이었을 것입니다. 그러기에 예수의 이 외침은 시저의 승리주의와 그것의 추종자들의 값싼 승리주의 잣대로 볼 수 없고, 또 보아서도 안 됩니다. 철저한 자기 비움의 극치가 바로 운명 직전의 예수의 "다 이루었다"라는 선포에 농축되어 있습니다. 그러기에 그의 죽음은 승리주의 유혹의 패배를 뜻합니다.

여기서 황제 시저의 "왔노라, 보았노라, 이겼노라"의 선포와 예수의 "다 이루었다"의 선포를 비교해보십시오. 화려한 군마 위에 위풍당당하게 번쩍이는 칼을 높이 들고, 수많은 로마 시민들의 환호성에 취해 모든 로마 적들을 물리치고 이렇게 개선했노라 외쳤던 시저와 그 후예들의 승리주의 모습과, 초라하게 신 포도주를 머금은 우슬초를 억지로

마셔야 하는 수모를 겪으시며 "다 이루었다"를 외치신 예수의 모습을 비교해보십시오. 피비린내 나는 전투장에서 죽은 시체들 위에 꽂힌 로마군기의 그 잔인한 펄럭임과 함께 울려 퍼지는 "이겼노라"의 함성과 십자가 위에서 벌거벗은 채 조롱당하며 "엘리 엘리 라마 사막다니"를 외쳤던 예수의 절규를 비교해보십시오. 예수의 승리는 승리주의 입장에서는 완패일 뿐입니다. 그러나 그것이 처참한 완패이기에 사흘 후 그것이 바로 환희의 부활로 이어지는 것임을 잊지 말아야 합니다.

십자가상의 완패는 완벽한 자기 비움입니다. 인간 속에 깊이 박혀 있는 탐욕과 독선의 힘, 완승과 승리주의의 교만을 완벽하게 비워내는 자기부정의 극점, 그것이 바로 참패를 통한 예수 승리라 하겠습니다. 그 승리는 그의 부활로 폭발한 것입니다. 처참한 완패 없이 영광스러운 부활은 없습니다.

부활한 그리스도는 그 부활의 힘으로 제자들을 깨닫게 하셨고 새사람으로 일으켜주셨습니다. 새 사람의 힘은 세속적 권력의 사악함을 사랑으로 이겨내는 힘이지요. 결코, 악의 세력을 그 세력이 선호하는 악한 수단을 활용하여 이겨내는 승리주의적 힘이 아닙니다. 로마제국의 총칼과 야수들에 의해 순교당하면서도 하나님께 찬양드리며, 감사하며 죽어갔던 그리스도따르미들의 행동, 바로 그것이 예수의 승리요, 그 승리가 로마의 승리주의를 극복해낸 힘이었습니다.

부활을 체험했던 예수의 제자들 태반은 로마 권력하에서 예수 못지않게 처참한 방식으로 처형되었습니다. 그런데 그들은 그 처형을 두려워하지 않는 놀라운 새로운 힘을 보여주었습니다. 베드로는 십자가에 거꾸로 매달려 죽기를 자청했지요. 한때 예수의 고난과 죽음을 말렸던 베드로가 예수의 죽음보다 더 처참하게 처형되기를 선택했습니다. 그 선택의 힘이야말로 사형집행자들의 권력을 뛰어넘는 참승리의 힘입니다. 사도 바울은 참수를 당했으나 **"죽는 것도 유익하다"**(빌립보서 1:21)라는 평소 신앙고백을 기꺼이 실천하는 승리의 기쁨을 맛보았습니다. 이렇게 죽고, 이렇게 패배함으로써 비로소 이기는 힘이 바로 예수 승리의 힘입니다. 정말 감동적인 역설의 힘이지요.

이렇게 예수처럼 이겨야만, 악순환이 비로소 종식될 수 있습니다. 그래서 그것이 모두의 승리가 됩니다. 승리주의의 승리는 적들을 악으로 규정하는 데서 시작됩니다. 적이 악이므로, 그 악은 무슨 방법을 쓰더라도 제거되어야 한다고 확신하게 됩니다. 이 경우 악의 방법을 사용하는 데는 제한이 없습니다. 악한 수단의 사용은 활짝 열려 있는 셈이지요. 온갖 악한 방법들을 다 동원하는 과정에서 스스로 상대방 적의 악을 닮게 됩니다. 그래서 마침내 스스로 악의 세력이 되고 맙니다. 여기서 악을 제거하려고 했던 원래 의도는 역설적으로 스스로 악의 세력으로 전락되는 결과를 낳게 됩니다. 스스로 악한 세력이 됨으로써 결국 악에 굴복하게 되는 것이지요. 그리하여 악과 악 간의 싸움으로 변질되고 맙니다.

그런데 상대방을 서로 악의 축으로 규정하는 순간 이 전쟁은 악한 전쟁이면서도 각기 자기들의 전쟁이 거룩한 전쟁이라고 위선적으로 우기며 그것을 정당화하고 미화하게 됩니다. 전쟁이 이렇게 잘못 미화될수록 그것은 더 무섭게 추진되고 그 결과는 양자 모두에게 엄청난 재앙이 되고 맙니다. 이것이 승리주의의 비극적 종말입니다.

예수는 이 악순환의 고리를 원천적으로 끊어버리는 것, 그것이 참

승리임을 친히 보여주셨습니다. 순간순간마다 인간으로서 승리주의의 유혹을 받으시면서도 예수는 고난과 죽음을 통해 참승리가 무엇인지를 보여주셨습니다. 부활의 승리는 결코 승리주의의 압승이 아닙니다. 그 것은 고난과 죽음을 즐겁게 선택함으로써 얻어지는 참승리였습니다. 베 드로와 바울을 위시한 예수 제자들과 그 제자들의 제자들은 이 같은 우 아한 '패배'를 통한 이 같은 참 승리를 증거했습니다. 이것이 빛나는 기 독교의 전통입니다.

이렇게 빛나는 예수 승리의 감동이 기독교가 국교로 전환되고, 교 회가 기독교 왕국Christendom으로 변질되면서 점차 사라지게 됩니다. 이것이 제도 기독교의 비극이지요. 가슴 아픈 일입니다. 정교한 교리가 다듬어지고, 교리의 창구를 통해서만 예수 그리스도를 인식하고 이해 하고 신앙하도록 교회가 강요하게 되면서 예수의 승리는 기독교의 승 리주의로 변질되고 말았습니다. 십자군의 횡포와 실패가 그것을 증언 해줍니다. 온갖 종교재판의 횡포와 권력이 또한 그것을 증언해줍니다. 게다가 20세기에 들어와서 호전적 근본주의가 대두하면서 예수의 승리 는 더욱 거칠게 승리주의로 변질됩니다. 미국처럼 정경분리원칙의 해 이를 통해 근본주의 권력이 국가 부분을 장악하게 되면 그 국가는 가장 무서운 승리주의에 도취되어 세계 도처에서 평화와 인권을 심각하게 위 협하게 됩니다.

우리 주변은 어떠합니까? 무슨 수단을 쓰든 일류 대학에 들어가 출세해 권력을 누리는 것을 장려하는 우리 문화 풍토를 제가 염려하는 것도 바로 값싼 승리주의 때문입니다. 소꼬리가 되기보다 닭 머리가 되 게 해달라고 기도하기 즐겨하는 한국 기독교인들을 염려하는 것도 바로 이 승리주의 때문이지요. 〈다빈치 코드〉 영화 상영 금지를 위해 순교를 불사하겠다고 나섰던 일부 기독교신자들을 보고 걱정한 까닭도 바로 이 때문입니다.

처음 얘기로 되돌아가봅시다. 청소년 적십자 대표들에게 저는 우아하게 지는 것을 좌우명으로 삼고 있다고 말했습니다. 이 말의 뜻을 보다 적극적으로 이해할 필요가 있습니다. 서로 우아하게 지려는 사람들이 모인 공동체를 생각해봅시다. 그곳에는 상생과 평화가 큰 강물이 되어 흐르게 될 것입니다. 지는 것이 부끄러운 일이 아니라 오히려 기쁨이 될 수 있다고 믿는다면 그곳에서는 경쟁이 승리주의로 나아가지 않고 예수 승리로 나아갈 수 있기 때문입니다. 꼴찌가 결코 열등감에 시달릴 필요가 없는 새로운 세상이 펼쳐질 것이기 때문입니다.

모두가 서로를 착한 친구로 보면서 최선을 다해 경쟁하되, 이길수록 자기비움에 성실하다면 그 경쟁이 살벌한 승리주의 경쟁이 되지 않을 것입니다. 지면서 더 당당해지고 지면서 더 우아해지는 반면, 이기는 자는 더욱 겸손해지고 이길수록 나눔에 더 성실해진다면 그곳에는 예수 승리의 선순환이 힘 있게 작동될 터이지요. 그곳에 승리주의의 악순환은 들어설 자리가 아예 없어질 것입니다. 그래서 선으로 악을 이기는 힘이 모이게 될 것입니다. 로마의 원형극장에서 사자 밥이 되면서도 서로 아끼고 사랑했던 초대 예수따르미 공동체가 바로 선으로 악을 이기는 공동체였습니다.

그런데 바로 이 같은 감동의 공동체를 이제 기독교권 안에서 보기 힘들게 되었습니다. 이것이 오늘 미국의 비극이요 미국 기독교의 모순이며, 바로 우리 한국 기독교의 문제이기도 합니다. 기독교 승리주의가 세속 권력의 승리주의와 연합해 예수의 승리를 조롱하고 무력화시키고 있습니다. 이것이 오늘날 기독교의 수치입니다. 그렇다고 기독교 공동체 안에서만 우아하게 지는 것을 기뻐할 것이 아닙니다. 예수 승리의 메시지는 온 세상으로 울려 퍼져야 하고 널리 실천되어야 합니다. 이것이 바로 제대로 된 전도요 선교며 올곧은 복음화입니다. 그렇게 되어야 진정한 평화가 복음 전파와 실천에 따라 찾아올 것입니다.

평화는 결코 승리주의라는 위풍당당한 군마를 타고 오지 않습니다. 평화는 예수 승리라는 겸손한 나귀를 타고 옵니다. 이제 우리 예수 따르미들은 예수를 군마를 타고 지휘하는 십자군의 총사령관으로 추대하고 사모하는 어리석은 짓을 그만두어야 합니다.

예수는 십자가 위에서도 적을 악의 축으로 정죄하지 않으셨습니다. 오히려 자기를 부당하게 죽이는 자들을 용서하셨습니다. 역사적 예수도 자기의 반대자들을 악으로 규정하지 않으셨습니다. 오히려 내 속에 있는 더 큰 부족한 점을 보라고 일러주셨습니다. 남의 결점은 티처럼 작게 보고 자기 결점은 대들보처럼 크게 보라고 권고하셨습니다. 그래야 참평화가 오기 때문이지요.

이제 우리 기독교는 예수를 권력의 군마에 태우지 말아야합니다. 승리주의 십자군 백마에 예수를 총사령관으로 태우지 말아야 합니다. 예수의 승리가 연약하나 아름다운 나비의 등을 타고 봄이 오듯 우리를 찾아오신다는 것을 깨닫고, 예수를 따뜻한 친구로 뜨겁게 맞이해야 합니다. 그래야만 부활의 승리가 우리의 삶 속에서 끊임없이 꽃피게 될 것입니다.

창녀 마리아를 사랑한 예수

지금 한국 교회의 양적 성장은 멈춘 것 같습니다. 또한 영적 성장도 함께 멈춘 듯합니다. 종교를 갖고 싶어 하는 한국인들이 기독교를 선택하려는 비율은 타종교에 비해 현저하게 낮습니다. 이것은 오늘 한국 교회가 심각하게 병들고 있다는 한 증거이기도 합니다.

큰 교회에는 교주 노릇 하고 싶어 하는 목회자들이 적지 않습니다. 때때로 그들의 횡포와 비리가 매스컴을 통해 널리 알려지기도 합니다. 대체로 교주 같은 목회자는 교인들에게 철저한 복종을 강요합니다. 또한 총체적 헌신을 강요합니다. 시간, 돈, 몸, 영혼 모두를 기꺼이 바칠 것을 복음의 이름 아래 요구합니다. 스스로 하나님의 대행자로 자처하면서 양 떼들에게 절대 순종을 믿음의 미덕이라고 가르칩니다. 특히 여성 신도들에게 **"여자는 조용히, 언제나 순종하는 가운데 배워야 합니다"**(디모데전서 2:11)라는 성서를 인용하면서 순종을 강요합니다. 여자는 잠잠해야 하고 조용해야 하며, 교주가 옷을 벗으라면 다소곳이 옷도

벗을 수 있어야만 믿음의 높은 경지에 올라갈 수 있다는 것입니다.

과연 예수께서 그렇게 가르치셨습니까? 예수는 여성들을 어떻게 대했습니까? 우리는 지난 2천 년 동안 사회와 교회 안에 뿌리 깊이 내린 가부장적 문화와 구조로 인해 박제화된 예수 모습만 알고 있는 것이 아닐까요?

유대적 가부장 문화에 신음한 여성들

먼저 여성을 차별하고 경멸했던 예수 당시의 관행들을 잠시 살펴보기로 합시다. 여성의 열등성(곧 남성의 우월성)을 지배 이념으로 활용했던 1세기 당시 유대 사회의 관행들을 살펴보는 것은 예수의 놀라운 가르침을 이해하는 데 도움이 됩니다. 먼저 종교적 여성 차별의 관행부터 잠시 살펴보기로 하겠습니다.

무엇보다도 여성은 종교적으로 불결하고impure 거룩하지 못한 unholy 존재로 취급되었습니다. 예수 당시 철저하게 지켜졌던 정결 체계purity system에 의하면 여성은 차별받아 마땅한 더러운 존재로 인식되었습니다. 결혼 뒤 남자아이를 낳지 못하면 마치 하나님의 벌을 받은 것처럼 인식되기도 했습니다. 그리고 공적으로 수치스러운 일로 여겨졌습니다. 세례 요한을 낳은 할머니 엘리사벳은 기적적으로 수태하게 되자 이렇게 고백했습니다. **"주님께서 나를 돌아보셔서 사람들에게 당하는 내 부끄러움을 없이해 주시던 날에 나에게 이런 일을 베풀어주셨다."**(누가복음 1:25) 공적인 수치심public disgrace이 얼마나 심각했기에 이 같은 고백을 했겠습니까? 엘리사벳 할머니가 그 긴 세월 겪은 사회적 모멸과 치욕은 남아를 낳지 못했던 모든 여성들이 겪은 아픔이기도 했습니다.

　남아를 낳으면 40일간 청결례淸潔禮를 치러야 합니다. 그런데 여아를 낳게 되면 80일간을 치러야 했습니다. 여아가 남아보다 존재론적으로 두 배나 더 불결하다는 말이 아니겠습니까? 엄청난 차별이 아닙니까? 아기에게 무슨 성차별입니까? 날 때부터 차별을 받아야 했던 여성들입니다. 회당에서 매번 예배 드릴 때 다음과 같이 읊조리는 기도문이 있었습니다. "주님, 나로 하여금 여자로 태어나지 않게 하신 당신이야말로 축복 받으소서." 게다가 회당 안에는 여성 코너가 따로 마련되어 있었습니다. 기도회의 정족수가 10명이라면 여성의 수는 아예 참고조차 하지 않았습니다. 여성이 기도회에 아무리 많이 참석했어도 남자 10명이 모이지 않으면 기도회가 성립될 수 없었다는 뜻이지요. 여성은 회당 안에서 존재하지 않은 존재nonentity였으니까요.

　그뿐이겠습니까. 여성은 토라Torah를 가르칠 수도 없고, 배워서도 안 되었습니다. 누구든지 자기 딸에게 토라를 가르친다면, 그것은 자기 딸에게 호색好色과 음행을 가르치는 것과 같은 것으로 인식되었습니다. 여성에게는 가사만 가르칠 것이지, 진리에 관한 철학이나 윤리학이나 신학은 아예 가르쳐서는 안 될 것으로 확신했습니다. 한국 교회에서도 가사에 헌신하는 마르다는 많은데 진리를 논하고 가르치고 배우는 마리아는 적은 것 같습니다. 이런 뜻에서 이화여자대학교에 기독교학과와 철학과가 있는 것은 이례적이라 하겠습니다.

　그렇다면 사회적 여성 차별 관행은 어떠했을까요? 비록 종교적인 것과 사회적인 것이 깨끗하게 구분되지 않습니다만, 당시의 사회적 관례 몇 가지만 소개하겠습니다. 아주 가난한 계급 이외에는 남녀 간의 차별이 엄격하게 제도화되었습니다. 특히 부유한 가정의 규수는 결혼할 때까지 철저하게 격리되어 살아야 했습니다. 결혼 뒤에도 얼굴을 베일로 가려야 했습니다. 특히 공공장소에 나갈 때 그러했습니다. 결혼을 해도 가족 이외의 남자와 얘기를 나누어서는 안 되었습니다. 내외가 엄격했지요.

마찬가지로 점잖은 유대인 남자들, 특히 종교 지도자들은 여자와 말을 많이 해서는 안 되었습니다. 그 까닭은 대체로 두 가지입니다. 하나는 여성이란 원래 열등한 존재이므로 남자들이 도무지 배울 것이 없다는 것입니다. 여성은 항상 사소한 일에 관심을 쏟는 시시한 존재이며, 큰 것, 중요한 것은 볼 수 없는 열등한 존재란 뜻이지요. 둘째로, 여성은 위험한 존재이기 때문입니다. 성적으로 남성을 부단히 유혹하는 존재란 뜻이지요. 그 목소리, 그 머리칼, 그 다리 등이 색정을 유발하기에, 여성은 남성을 성적으로 매혹하는 요부temptress 기질을 본질적으로 갖고 있다고 믿었습니다. 하기야 여성의 아름다운 부분들을 모두 가려서 못 보게 했으니 실제로는 남성들이 더 끌리게 되었을 것입니다만, 이 모든 것을 여성 탓으로 돌린 것입니다.

딸은 열두 살 때까지는 아비의 재산이었습니다. 아비는 딸을 노예로 팔 수도 있었습니다. 딸은 값싼 노동력과 이익의 원천이 되었던 셈이지요. 결혼 지참금도 아비가 관리했습니다. 결혼을 해도 남편에게 종속되었고, 아내에게는 결혼 거부권이 전혀 주어지지 않았습니다. 그러니 이혼 조건도 아내에게는 절대로 불리했습니다. 남편은 언제나 이혼할 수 있었지만 남편이 공식적인 이혼증서를 써주지 않으면 아내의 재혼은 불가했습니다. 안 써주면 친정에 쫓겨가서 구박받으며 찬밥 신세가 되었으며, 친정마저 없으면 완전히 뿌리 뽑힌 삶을 아프게 살아가야 했습니다. 남편이 죽으면 여성의 사회적 지위도 함께 죽었습니다.

여성은 법정에서 증인 자격을 얻을 수 없었습니다. 그 까닭은 여성이란 원래 거짓말을 잘 하기 때문이라는 것이지요. 여기 '원래 그렇다'는 것은 믿음의 조상 아브라함의 늙은 아내 사라가 거짓말을 했기 때문입니다. 하나님의 사자가 늙은 사라가 아기를 낳을 것이라고 말씀하셨을 때 사라가 그 말을 엿듣다가 속으로 '웃기네' 하고 웃었답니다. 이 웃음이 정말 진솔한 웃음 아니겠습니까? 그런데 왜 웃었느냐고 다그치니까, 사라는 겁이 나서 웃지 않았다고 잡아뗀 것입니다. 남성 신의 위협적 질문에 겁이 났기 때문이지요(창세기 18:15). 도대체 할머니 사라가 언제부터 여성 전체의 대표자가 되었습니까? 게다가 그 할머니의 진솔한 인간적 대응 때문에 온 세상 여성이 모두 거짓말쟁이가 되고 말았으니, 이것이야말로 참으로 웃기는 부조리가 아니겠습니까?

한마디로 1세기 유대사회에서 여성은 사회적으로나 종교적으로나 불결하고 거룩하지 못한 존재로 취급당하는, 차별 받는 변두리 인간이었습니다. 이런 배경을 놓고 우리는 예수와 여성들 간의 만남의 사건들을 제대로 조명해보아야 합니다. 예수의 파격성, 비범성, 반전통성, 그리고 그 급진성을 이해해야 합니다. 유대적 가부장 문화와 오늘날 기독교 가부장 문화에 눈 먼 채로라면, 예수가 여성 신도와 더불어 다닌 일이 엄청나게 별난 일임을 이해할 수 있지요.

예수와 여성 간의 파격적인 관계

도대체 예수의 여성관은 어떠했는지, 그것이 왜 새로운 패러다임이 되며, 하나님나라의 모습이 되는지를 누가복음 본문을 통해 알아보기로 합시다. 8장 1절에 보면, 예수운동Jesus itinerancy은 성과 촌을 두루 다니시는 순례 운동이었습니다. 한 지역, 한 장소에 튼튼한 본부를 차려놓고 '만민들아 모두 여기로 와서 내 진리를 배우고 깨닫고 따르라'고 호령하는 교주 노릇을 하지 않으셨습니다. 진리 자체가 인간들을 직접 찾아다니신 것이지, 인간들이 한 장소에 머물러 있는 진리를 찾아오게 한 것이 아니었습니다. 예수 사역과 선교와 봉사에 참여했던 사람들은 예수와 더불어 순례하는 떠돌이 무리들이었습니다. 그런데 이 예수 순례단의 모습은 당시 관례에서 보면 가관이었습니다. 또 충격적이었습니다. 옛날 서커스단의 행렬처럼 얼마간 우스꽝스러운 점도 있겠으나, 당시 전통주의자들에게는 혐오스럽고, 도발적이고, 불온하며, 불미스럽기까지 했습니다. 한마디로 스캔들이었으며, 거침돌이 되었습니다.

왜냐하면 예수 선교단에는 도무지 끼어서는 안 될 사회적으로 불순하고 불결한 존재들이 눈에 띄게 많았기 때문입니다. 본문을 보면 열두 제자들 이외에 여성들이 참여하고 있었습니다. 남자 열둘도 관례의 눈으로 보면 모두 부족하고 비딱하고 불온한 존재들이었는데 거기에 도무지 끼어서는 안 될 존재, 유별되어야 할 존재인 여성이 참여하고 있었습니다. 이 여성들, 특히 이 가운데 두 여인에 주목해주시기 바랍니다. 당시 전통에 정면으로 도전하는 여성들이었기 때문입니다.

첫째, 막달라 마리아가 예수를 따라다녔습니다. 그녀는 예수운동의 중심부에 있었지요. 그녀가 어떤 존재였습니까? 한마디로 모든 인간 중 가장 불결한 인간으로 낙인찍힌 존재였지요. 그는 여자인 데다 창녀였습니다. 가장 밑바닥 인생이지요. 게다가 마귀 들린 인간이었는데, 그것도 악독하고 혐오스러운 일곱 가지 마귀가 들어갔던 심각한 정신분열증 환자였던 것 같습니다. 육체는 시궁창같이 더러웠고 정신과 영혼은 갈기갈기 찢겨진 여성이었습니다. 몸과 마음이 총체적으로 더러워지고 망가진 최악의 인간이었습니다. 게다가 이미 그 악명이 높았던 것 같습니다. 이런 인간이 예수 순례단에 끼어 눈에 띄게 활동했으니, 예수에게도 얼마나 큰 부담이 되었겠습니까? 그런데 예수는 그녀를 기꺼이 중심부로 받아드렸습니다. 이것은 결단코 예사로운 일이 아닙니다.

만일 우리 공동체에 그러한 존재가 있다면 어떻게 되었을까요? 우리가 과거에 흠이 있던 사람들을 따뜻하게 받아드렸습니까? 우리는 우리 식의 정결 지도purity map를 가지고 있는 것 아닙니까? 여기서 우리는 열린 공동체로서 상상하기 어려운 넓은 예수의 열림과 그 관용의 카리스마를 몸으로 배워야 합니다. 우리는 아직 멀었음을 먼저 고백해야 합니다.

둘째, 헤롯 왕실의 재정 담당 관리의 부인이 예수 순례단에 가입했을 뿐만 아니라 재정 지원을 했다고 본문은 증언하고 있습니다. 당시 율법주의자들이 경멸했던 헤롯 왕실 고위층 부인들이 예수운동을 재정적으로 후원했다는 것도 퍽 이례적인 사건입니다. 예수를 믿는 오늘의 고위층 부인들이 고급 옷으로 일으키는 스캔들과는 달리 차원 높은 행위이긴 하나, 예수 당시의 관례로 보면 이것도 놀라운 일이 아닐 수 없습니다. 예수도 오해받을 위험이 있는 일이지요.

여기서 우리가 주목해야 할 진리가 있습니다. 예수의 한없이 넓은 포용력입니다. 여기서 우리는 복음의 포용력이 얼마나 넓고 깊은지를 새삼 깨닫게 됩니다. 더러운 창녀요 극심한 정신분열증 환자였던 막달라 마리아와 부유한 정부 고위층 부인은 그 신분이나 지위에 있어 하늘과 땅 차이라 하겠습니다. 이 두 부류의 여성들은 서로 경계하고 기피하고 경멸하고 차별했을 것입니다. 헌데 두 여인은 예수운동의 중심부에 우뚝 서서 서로 도왔습니다. 예수 공동체가 보여준 관용의 폭이 얼마나 큽니까? 한마디로 예수운동은 아름다운 무지개 연합rainbow coalition이라 하겠습니다.

열두 제자도 보면, 그 신분과 성향, 그 이념과 출신 배경이 다양하고 상충적이었으나 그 넓은 예수의 품에 모두 안기고 용해되었습니다. 민족 반역자로 낙인 찍혔던 세리와 극단적 민족주의 폭력단이었던 젤롯당까지 모두 예수의 사랑의 품 속에서 녹았던 것입니다. 그러니 어떻게 예수를 믿는다는 사람들이 오늘에 와서 차별하고 분열하는 배타적 근본주의 신앙에 빠질 수 있겠습니까? 근본주의자가 결단코 이 같은 예수를 닮을 수는 없습니다.

예수께서 주목하시고 뜨겁게 받아주셨던 여성들은 한마디로 처절하게 소외당하고 철저하게 차별 받았던 비참한 변두리 존재, 도무지 인간 대접을 받지 못하던 여인들이었습니다. 우리 주님은 오늘날 여성잡지의 표지에 나오는 잘 꾸민 여성들과는 너무나 거리가 먼, 외롭고 괴로운 여성들을 주목하시고, 그들을 당신의 하나님나라 운동 핵심부로 초청하셨습니다. 여기서 주님은 예수의 하나님나라의 한 면을 우리들에게 극명하게 보여주셨습니다. 과연 한국 교회가 하나님나라의 이 같은 모습을 조금이라도 갖추고 있습니까? 그것을 세상을 향해 증언하고 있습니까?

예수의 이 같은 급진적 여성관은 초대교회에서 수십 년간 계속되었습니다. 사도행전과 바울 서신을 보면 교회 안에서 여성의 지위가 한동안 꽤 높았음을 알 수 있습니다. 교회 안에서 여성들에게 안부 묻는 일이 여기저기서 나타나곤 했습니다. 더욱이 바울은 예수 전통에 따라 이렇게 장엄하게 선언했습니다.

> 유대 사람도 그리스 사람도 없으며, 종도 자유인도 없으며, 남자와 여자가 없습니다. 여러분 모두가 그리스도 예수 안에서 하나이기 때문입니다. (갈라디아서 3:28)

유대인과 헬라인 간의 벽은 민족과 인종 간의 차별을, 종과 주인 간의 벽은 계급의 차별을, 그리고 남녀 간의 벽은 성차별을 뜻합니다. 이 세 가지 장벽은 지금도 교회 안팎에 엄연히 추악하게 버티고 있습니다. 그러기에 우리는 예수와 바울의 인식 수준에 이르려면 멀었습니다. 그런데 예수의 이 같은 파격적 여성관은 그 후 교회 안에서 변질되기 시작했습니다. 초대교회 안에서 가부장적 색채가 짙어짐에 따라, 예수 전통은 쫓겨나고 고약한 가부장적 관례가 자리 잡게 됩니다. 디모데전서 2장이 이 같은 변질의 일단을 보여주고 있습니다. 이 잘못된 전통이 서구 문화 속에서 더욱 강화되어 오늘에 이르게 된 것입니다. 이것이 한국 가부장제 문화와 접목되어 교회는 오늘의 남성 중심의 교회로 굳어지게 되었습니다. 그 결과 여성을 교회의 변두리로 몰아내면서도 절대 복종을 요구하는 수준에 이르게 된 것입니다. 한국 교회에 마르다는 많으나 마리아가 적은 것도 이 같은 분위기 속에서는 자연스러운 결과입니다.

뉴욕에 있는 유니온 신학교의 해리슨Harrison 교수는 자기가 기독교 여성 신학자로 남아 있는 까닭은, 예수가 참으로 그 뿌리로부터 여성 옹호론자radical feminist임을 믿기 때문이라고 했습니다. 하나님은 모성이시며 사랑이시며, 그러기에 자궁의 아픔을 함께 느끼시는 분이시며, 예수께서 바로 그 사랑의 표상이요 실제임을 우리는 뿌듯한 자랑으로 고백하게 됩니다.

오늘 우리 한국 현실에서 여성을 노리갯감으로 다루는 사이비 종교가 나타나는 것은 한국 교회가 가부장적 관례를 턱없이 강화시켜온 탓이기도 합니다. 그러기에 한국 기독교가 먼저 회개해야 합니다. 바로 우리의 잘못으로 가부장적 교주가 자주 나타난다는 것을 참회해야 합니다.

인간적인, 너무나 인간적인 하나님

가장 인간적인 것이 가장 하나님답다는 진리를 우리는 제대로 이해하지 못하고 있습니다. 예수를 잘 믿는 사람일수록 그러한 것 같습니다. 하나님은 하나님다워야 하기에 절대로 인간적일 수 없다는 믿음 때문이겠지요. 하나님은 절대권력을 자유자재로 휘두르는 무서운 분이라고 믿기 때문이지요. 절대로 엄격하고, 전적으로 일방적인 권위를 행사하는 지엄한 분으로 믿는 것이지요. 당신이 만든 율법과 원칙을 철저히 지키도록 명령하시며 그에게만 절대 충성을 바치도록 요구하는 절대자로 믿기 때문이지요. 우리들은 그동안 질투하며 분노하며 심판하며, 죄인(일탈자)을 지옥에 떨어뜨리기를 즐겨 하시는 폭력적 하나님을 믿고 경배하도록 훈련받아왔습니다. 그런 하나님이 하나님다운 하나님이라고 믿어온 것입니다.

그러한 하나님다움은 인간다움과는 전혀 관계없는 것 같습니다. 우리가 '인간적'이라고 할 때, 그것은 연약하지만 정이 넘치는 행위와 분위기를 뜻합니다. 양보할 줄도 알고 남의 딱한 사정도 배려할 줄 아는 따뜻한 마음과 삶을 인간적인 것으로 이해합니다. 사람다움은 그 속에 정을 가득 담고 있습니다. 정은 남의 아픔을 함께 아파하면서 푸른 희망을 함께 나누는 일이지요. '정情' 자는 '마음 심心'에 '푸를 청靑'을 합친 것입니다. 곧 정은 마음[心]으로 푸름[靑]을 나누는 일입니다. 영어의 humane과 compassion과 비슷한 것이지요. 그렇다면 인간다움은 결코 하나님다움과 거리가 먼 것은 아닐 것입니다.

변하지 않으면 죽어갈 한국 교회

누가복음 15장에 나오는 탕자의 비유를 보면 예수의 하나님이 얼마나 인간적인 분인지를 새삼 확인하게 됩니다. 이 점을 보다 뚜렷하게 이해하기 위해서 누가복음 본문의 상황을 잠시 살펴볼 필요가 있겠습니다.

예수는 멋진 분이었습니다. 인기가 대단했습니다. 그가 가는 곳마다 사람들이 구름처럼 모였고 따랐습니다. 그를 따랐던 사람들은 대체로 밑바닥 인생들이었습니다. 차별받았던 사람들, 죄인으로 낙인 찍혀 제대로 자기 목소리를 낼 수 없었던 사람들, 변두리에서 서러움을 감수해야 했던 사람들, 당시 '어둠의 자식들'이었습니다. 이들에게 자유와 진리의 문을 활짝 열어주신 분이 바로 예수였습니다. 그들에게 인간 존엄을 맘껏 느끼고 누리도록 잔치를 베풀어주신 분이 예수였습니다. 버림받았던 자들을 주인으로 대접해주었던 분이 바로 예수였습니다. 계급의 장벽을 허물고 그들을 밥상공동체의 주체로 세워주신 분도 예수였습니다. 그의 열린 선교는 그러기에 그를 인기 있는 카리스마로 부상시켰습니다.

바로 이 멋진 카리스마의 사나이를 곱지 않은 눈으로 쳐다보며 그의 인기를 시기하고 그의 열림과 자유로움의 선교를 불온시했던 무리가 있었습니다. 그들은 예수의 파격적인 메시지와 행위에 대해 한편으로는 주눅이 들면서도, 다른 한편 끊임없이 그의 도전적 선교행위를 모함해보려 했습니다. 바로 이러한 그들의 비난과 비아냥, 그들의 질시와 경멸의 모습을 보시고 예수는 하나님나라가 어떤 것인지, 하나님은 어떤 분이신지, 하나님나라의 주인은 누구며, 주인 됨의 기쁨은 어떤 것인지를 비유의 말씀으로 깨우쳐주셨습니다. 아흔아홉 마리 양을 두고 잃어버린 한 마리 양을 찾아 기뻐하는 하나님, 잃어버린 돈을 찾았을 때의 그 기쁨, 잃어버린 자식이 되돌아왔을 때의 그 기쁨을 여러 비유를 통해 말씀하셨습니다.

탕자의 비유도 바로 이러한 예수의 비난자들을 향해 던져진 메시지입니다. 바리새인들의 하나님과 예수의 하나님이 어떻게 다른지를 뚜렷하게 부각시켜주는 메시지입니다. 그렇다면 이 비유가 오늘 기독교 현실에서 어떤 의미를 지니는가를 심각하게 성찰해보아야 할 것입니다. 특히 우리 한국 교회에 던져주는 의미가 무엇인지를 찾아봐야 할 것입니다. 또한 기독교 위기 상황에서 이 비유가 더욱 절절하게 적절하다면 왜 그러한지 깊이 생각해보아야 합니다.

우리는 자주 무서운 경고를 듣게 됩니다. 오늘 기독교가 변화하지 않으면 사멸될 것이라는 경고 말입니다. 이것은 전 세계적으로 오늘의 기독교가 심각한 위기에 직면해 있음을 뜻합니다. 만일 예수께서 오시어, 오늘의 교회들의 행태를 보시면 이렇게 말씀하실 것 같습니다.

"오늘의 왕국처럼 거대해진 기독교는 허물어져야 할 예루살렘 성전 같구나!"

이 같은 꾸중을 들어 마땅한 것이 우리 기독교의 현실임을 우리는 자성해야 합니다. 이 같은 현실은 우리의 하나님다움에 대한 잘못된 확신, 곧 잘못된 우리의 신관神觀 때문이기도 합니다. 인간사人間事와 역사歷史를 사사롭게 요리하는 변덕스럽고 무서운 질투의 신, 외재신外在神, external god을 확신하는 우리의 전통적 신앙은 인간의 자유를 제약하며 인간을 객체화시키는 억압적인 심판의 신이기도 합니다. 이러한 신관과 그것에 기초한 신앙과 삶을 근본적으로 변화시키지 않고서는 오늘의 기독교 위기를 극복하기 쉽지 않을 것입니다. 더구나 잔혹한 불의가 기승을 부려도 침묵하고 있는 외재신인데도, 이런 '유배지 상황'에서도 그 신에 대한 미신적 신앙은 여전합니다.

예수의 하나님은 우리 안에서(실존과 공동체 안에서) 조용히, 그러나 힘 있게 살아 움직이는 인간적이고 인격적인 존재입니다. 바로 이러한 내재신을 뜨겁게 체험하는 일이 무엇보다 중요합니다. 그분은 우리 존재의 근원이시요 우리 생명의 근본이시지만, 결코 추상적인 범주나 형이상학적인 개념으로 남아 있는 분이 아닙니다. 그분을 존재의 근원으로 표현할 수는 있으나, 그 표현이 그분의 인간적인, 너무나 인간적인 따뜻한 모습, 살아 있는 실체를 다 담아내지 못하기에 안타깝습니다.

인간 실존의 상황은 추상적 개념으로 담아낼 수 없는 생동하는 실체입니다. 죽음에 대한 불안과 공포, 자유에 대한 갈망과 좌절, 탐욕과 유혹의 교차와 시련, 시련과 후회의 만남, 이 모든 실존의 경험은 구체적인 사회제도와 일상적인 삶의 틀 속에서 매 순간 일어나고 있습니다. 이런 상황에서 존재의 근거와 같은 추상적 개념으로 하나님을 체험하기는 여간 어렵지 않습니다.

우리의 실존 상황 안에서 의미 있게 나의 하나님 또는 우리의 하나님으로 체험할 수 있어야 하는데, 전통적 유일신의 개념으로나 존재의 근본이라는 표현으로는 인간적으로 우리에게 따뜻하게 다가오시는 하나님을 구체적으로 느낄 수 없다는 것, 이것이 문제라 하겠습니다. 특히 자유의 남용으로 시련을 겪으며 몸부림치는 실존자들에게 가까이 찾아오시어 상처받은 죄인을 존엄한 주인으로 따뜻하게 맞아주시는 하나님, 인간적인 너무나 인간적인 그 하나님을 우리는 갈망하고 있습니다.

탕자 아들을 기다리는 하나님의 인간다움

탕자의 비유가 어떠한 하나님을 우리에게 소개하고 있는지에 새삼 주목할 필요가 있습니다. 예수의 하나님이 과연 바리새인들의 하나님과 어떻게 다른지에 대해서도 우리는 배울 수 있을 것입니다.

무엇보다도 먼저 예수의 하나님은 둘째 아들에게 재산소유권의 자유와 그 처분의 자유를 허락했습니다. 하나님은 인간의 자유를 존중해주신다는 진리에 주목해야 합니다. 그것은 하나님은 사랑이시기 때문이지요. 사랑은 사람을 매어두지 않습니다. 사랑은 남의 자유를 제약하지 않습니다. 사랑은 스스로 남에게 종이 되어 남을 주인으로 모시는 힘입니다. 그러기에 사랑하는 존재들은 서로에게 종이 됨으로써 마침내 서로를 주인으로 모시게 됩니다. 그러기에 사랑과 자유는 역설처럼 들리지만, 그 역설이 감동을 주는 것입니다. 하나님이 사랑이실진대, 인간에게 자유의지를 주셨습니다. 자유를 주심으로써 당신의 자유는 스스로 제한하십니다. 자기 자유의 자발적 제한은 아픔을 동반하는 사랑의 다른 표현이기도 합니다. 그것은 자유가 잘못된 선택으로 이어질 때, 자유를 주신 분에게나, 자유를 행사하는 당사자에게 커다란 시련과 아픔으로 다가오기 때문입니다.

여기서 사랑의 하나님은 자유를 주심으로써 자유로워진 존재가 혹시나 잘못된 선택을 하게 되지 않을까 항상 노심초사하시는 분이십니다. 이것이 바로 사랑이시기에 하나님께서 치르시게 되는 당신의 실존적 아픔이라 하겠습니다. 바로 이것이 하나님께서 당신의 전지전능한 힘을 스스로 제약하신다는 뜻입니다. 이것이 또한 하나님의 자기 비움 kenosis이기도 합니다. 인간을 사랑하시기에 스스로 상처받게 되는 하나님이시지요. 그러기에 참사랑은 남을 위해 자유를 제한할 수 있는 힘, 곧 자기 비움의 힘이라 하겠습니다. 이 자기 비움은 하나님의 본질이요, 이것' 때문에 하나님은 하나님답게 됩니다.

탕자의 비유에서 하나님의 은총으로 자유를 얻게 된 인간이 그 자유의 오용으로 자기 자신과 하나님께 아픔을 주게 될 때 하나님은 그 실수한 인간, 곧 죄인에게 어떻게 하나님답게 대응하시는지를 감동적으로 보여주고 있습니다. 예수의 하나님이 어떤 분이신지를 너무나 뚜렷하게 전달해주고 있습니다. 본문에 나오는 탕자의 아버지의 모습은 마치 선한 사마리아인의 비유에서 사마리아인의 일거수일투족이 자세히 묘사되었듯이, 상세히 표현되고 있습니다.

이 묘사에서 인간적인, 너무나 인간적인 하나님의 모습이 뚜렷하게 부각되고 있습니다. 그 면면을 잠시 살펴보기로 합시다.

첫째, 노심초사하는 아빠 하나님의 모습입니다. 작은아들에게 재산의 분깃을 나눠준 뒤 아버지는 마음을 놓을 수가 없었습니다. 작은 아들은 그 재산을 가지고 유혹이 넘치는 도시로 떠났기 때문입니다. 예수 당시 도시화가 급진전되면서 농촌은 피폐하게 되었지만 도시는 번창하는 가운데 쾌락과 소비의 중심지로 변모하고 있었습니다. 작은아들이 탕자가 되기에 알맞은 조건이 이미 무르익고 있었습니다. 그곳에는 자유가 타락의 방종으로 전락되고 있었습니다. 그만큼 아버지의 염려는 현실적이었습니다.

아버지의 근심은 자식을 미국 유학 보낸 뒤 새벽 제단을 쌓으며 아들의 안녕을 위해 절절하게 기도했던 제 부모님 심정보다 더 절박했을 것입니다. 저에겐 유학이 한갓 고생의 길이었지만, 둘째 아들에게는 도시 생활이 유혹과 타락의 길이었기 때문입니다. 여기서 예수의 하나님은 인간을 사랑하기에 그에게 자유를 주면서 그 자유를 남용해서 유혹의 시련에 빠지지 않을까, 노심초사하시는 하나님임을 확인하게 됩니다.

노심초사하시는 하나님과 폭력을 휘두르는 만군의 여호와 하나님을 한번 비교해보십시오. 예수의 하나님과 바리새인의 하나님이 이렇게 다르다는 것을 대번에 알 수 있지 않습니까!

둘째로, 간절히 기다리는 하나님의 모습을 확인합니다. "……그가 아직도 먼 거리에 있는데, 그의 아버지가 그를 보고 측은히 여겨서, 달려가 그의 목을 껴안고, 입을 맞추었다"(누가복음 15:20)고 했습니다. 아버지는 작은아들이 도시로 떠난 뒤 늘 도시로 향한 길을 쳐다보며 그 아들의 귀환을 기다렸습니다. 끈질기게 기다렸습니다. 이토록 애타게 기다렸기에, 아버지는 먼 거리에 있는데도 아들을 대번에 알아보았습니다. 우리는 이 말씀에서 먼저 사랑의 하나님은 기다리시는 분임을 깨닫게 됩니다. 그것도 오래오래 끈기 있게 기다리시는 사랑의 하나님임을 새삼 깨닫게 됩니다. 하기야 사랑 없이는 기다릴 수 없지요. 사랑은 오래 기다리게 하는 힘이지요.

장기려 박사님은 북한에 두고 온 아내를 반세기 이상 기다렸습니다. 밤하늘에 떠 있는 달을 쳐다보면서도 "지금 그 사람도 저 달을 쳐다보고 있겠지……"라고 속삭이면서 아내와의 재회를 기다렸습니다. 결국 만나지 못하고 세상을 떠났으나 그의 아내 사랑은 지극했기에 죽을 때까지 기다렸던 것입니다. 어려운 환경에서 고학하는 학생은 졸업을 기다리는 부모님이 계시기에, 아니 부모님의 사랑이 있기에 만난萬難을 무릅쓰고 공부에 매진하게 되지요. 교도소에서 출감하는 사람에게 기다려주는 이가 없다면, 그는 참으로 고독한 인간이라 하겠습니다. 그래서 기다림은 사랑이며, 기다리는 힘은 사랑의 힘입니다. 그러기에 인忍은 인仁이 됩니다. 사도 바울도 사랑은 오래 참는 힘이라고 하지 않았습니까! 예수의 하나님은 사랑이시기에 기다리는 하나님이십니다. 바로 그 까닭으로 갈보리는 기다림의 언덕이요, 십자가는 기다림의 절정입니다.

이렇게 끈질기게 기다리는 힘은 눈을 밝게 해줍니다. 망원경을 사용하지 않더라도 대번에 귀환하는 아들을 알아볼 만큼 아버지의 눈은 밝아졌습니다. 기다림이 사랑에서 온 것이라면, 투시력은 기다림에서 온 것 같습니다. 자유의 남용으로 시련을 겪으면서 새로운 길로 들어서려는 사람들을 우리가 제대로 알아보려면, 그를 사랑하는 마음으로 그의 귀환을 기다릴 수 있어야 합니다. 그 기다림이 있는 곳에 영적 투시력은 더욱 밝아지는 법이지요.

셋째로, 귀환하는 초라한 자식의 모습을 보며 그와 함께 아파하면서 달려가는 하나님의 모습에 주목해야 합니다. 아버지는 먼 거리에서 자식의 모습을 보자 가만히 앉아 기다릴 수가 없었습니다. 예수 당시에도 가부장적 전통이 강했을 터인데 말입니다. 아버지에게는 양반의 체면 따위는 아무것도 아니었습니다. 여기 아버지의 모습은 버선발로 아들에게 뛰어가는 엄마의 모습이기도 합니다. 가장 엄마 같은 아빠의 모습입니다. 바로 이런 하나님이 예수의 하나님이십니다.

유교의 전통에 확고하게 서 있는 아버지는 이런 경우에도 절대로 급하게 달려가지 않습니다. 중용지도中庸之道를 익힌 양반 아버지는 희노애락지미발喜怒哀樂之未發을 굳게 믿고 감정을 절대로 겉으로 나타내서는 안 되기 때문이지요. 예수의 하나님은 결코 유교의 권위주의적 군자君子가 아닙니다. 오히려 바리새인의 하나님은 엄한 유교적 가부장에 가까울 수 있겠습니다. 우리의 하나님, 예수의 하나님은 '표현하는 하나님'이십니다. 함께 아파하고, 함께 기뻐하시는 하나님, 그러기에 인간적인, 너무나 인간적인 하나님이십니다.

틱낫한 스님은 십자가에 달려 고통당하는 예수 모습을 안타깝게 여겼습니다. 이 고통스러운 모습은 기쁨과 평화를 가져다주지 못한다는 겁니다. 그래서 그는 가부좌를 틀고 명상하는 예수의 모습을 보고 싶어 했습니다. 그런데 저는 꼭 그렇지는 않다고 생각합니다. 회개하여 귀환하는 자식 모습을 멀리서 보자마자 버선발로 뛰어가시는 하나님은 오히려 십자가 위의 괴로운 예수 모습에서 더 절박하게 나타나는 것이라고 믿기 때문이지요. 예수의 하나님은 인간사, 인간 실존 상황을 초월한 명상하는 도인道人으로만 볼 수 없을 것입니다. 버선발로 체면불구하고 달려가는 엄마 같은 하나님, 인간적인 너무나 인간적인 하나님이 나의 하나님이요, 우리 공동체의 하나님이시라는 이 진실이 너무나 벅찬 감동을 주지 않습니까.

넷째로, 목을 껴안고 입 맞추시는 하나님은 죄인으로 귀환하는 아들을 심문하거나 정죄하지 않으시고, 오히려 좋은 옷을 입히고, 반지를 끼워주고 좋은 신을 신겨주십니다. 이것은 한마디로, 회개하는 죄인을 의인보다 더 소중하게 여기시는 사랑의 하나님을 뜻합니다. 새 옷, 새 반지, 새 신은 주인을 높이 받든다는 뜻입니다. 게다가 주인으로 높이 대접하기 위해 살찐 송아지를 잡아 큰 잔치를 베푸는 것이지요. 이 잔치는 환락의 연회가 아니라 주인의 재관식이라 해야 하겠습니다. 아들의 복권을 담보하는 환희의 잔치라 하겠습니다.

여기서 우리가 주목해야 할 점은 아버지가 탕자를 결코 심문하지 않았다는 사실입니다. 아버지로부터 사랑의 선물로 얻은 자유를 무책임하게 낭비해 타락의 삶에 빠졌던 탕자는 마땅히 야단맞아야 할 존재인데도 불구하고, 아버지는 그를 다그치거나 나무라거나 심판하지 않았습니다. 자유를 줄 때보다 더 뜨거운 사랑으로 죄인을 받아들이고 그를 주인으로 높이 올려주셨습니다. 결코 폭력적 심판의 위협을 가하지 않았지요.

이것이 바로 예수의 하나님이십니다. 이러한 하나님은 인간적인 하나님이라고만 표현하기에는 무엇인가 부족한 것 같습니다. 인간적이면서 동시에 인격적으로 고매하신 하나님, 인간적이기에 너무나 따뜻하신 하나님이시요, 동시에 인격적이기에 높은 도덕적 감동을 주는 하나님이십니다.

교회가 인간적이고 인격적인 잔치공동체가 되어야 함을 새삼 확인하게 됩니다. 혹시나 교회가 심문과 심판을 하는 곳이라면 그곳에는 결코 예수의 하나님은 계시지 않을 것입니다. 교회는 사랑으로 서로 자유롭게 하는 공동체입니다. 교회는 끈질기게 기다리는 공동체입니다. 교회는 자유의 오용으로 시련에 빠져 뉘우치고 귀환하는 상처받은 인간을 멀리서부터 대번에 알아보는 영적 투시력을 지닌 사람들의 공동체입니다. 교회는 버선발로 달려가는 엄마 같은 공동체입니다.

교회는 결코 체면공동체가 아닙니다. 함께 아파함에 조금도 인색하지 않은 표현공동체입니다. 교회는 함께 기뻐하면서 죄인을 주인으로 모시는 잔치공동체입니다. 이러한 교회가 아니라면, 단연코 진정한 예수 공동체라고 할 수 없습니다. 왜냐하면 예수의 하나님이야말로, 인간적인 너무나 인간적인 사랑의 하나님이시기 때문입니다. 바로 그러하기에 그분이 나의 하나님이 되시고 우리의 하나님이 되십니다. 하나님을 공포와 폭력의 신으로 부각시키면서 승리주의적 삶을 강요하는 종교는 결코 예수의 종교가 아닙니다.

제2부

보시니
참 아팠더라

한국 교회 안에서 외로운 예수

몇 해 전 개봉한 영화 〈패션 오브 크라이스트〉는 엄청나게 흥행에 성공했습니다. 그러나 그 영화는 실물 예수의 육체적 고통을 부각시키는 데는 성공했지만, 그의 영적 고뇌와 실존적 고독을 드러내 보이는 데는 미흡했던 것 같습니다. 한마디로 그 잔인한 고문으로 인한 육체의 아픔은 끔찍할 만큼 자세하게 영상화되었으나, 그의 내적 고독은 제대로 그려지지 않은 듯합니다. 고통은 있으나 고뇌가 없는 이 영화를 생각하면서 저는 오늘 예수의 깊은 고뇌, 그 실존적 고독을 여러분과 함께 성찰해보고 싶습니다.

역사적 예수께서 경험하셨던 아픔 중에는 육체적 아픔보다 정신적이고 사회적인 아픔이 더 깊었고 더 길었고 더 컸다고 생각합니다. 그뿐만 아니라, 지난 2천 년 동안 기독교와 제도교회가 예수를 끊임없이 고독하게 몰아치면서 괴롭혀왔다고 생각합니다. 예수의 이름으로 제도교회가 저지른 끔찍스러운 반인륜적 범죄들을 생각할 때마다 주님께서는 당신의 이름으로 억울하게 고통당했던 많은 사람들의 그 아픔을 함께 아파하며 말할 수 없는 고독과 고뇌를 느꼈을 것입니다. 예수의 이름으로 이견자를 처형시키고, 마녀로 낙인 찍어 화형시켰으며, 예수의 이름을 빙자하여 토착주민들을 마구 학살했던 서구 기독교의 행태야말로 예수의 몸을 계속 부관참시하는 것과 같은 끔찍스러운 짓입니다.

게다가 오늘날 예배 때마다 수억의 기독교 신자들이 높은 교리 성곽에 갇혀 있는 예수를 향해 거룩, 거룩, 거룩하신 만왕의 왕으로 찬양 경배하고 있는데, 과연 실물 예수께서 당신에 대한 이 같은 종교적 영광과 찬양을 보시고 대견하다는 듯 고개를 끄덕이며 즐기실까를 생각할 때마다, 저는 송구스러워 몸이 움츠러드는 듯합니다. 꼴찌가 첫째가 되고 첫째가 꼴찌가 될 것을 강조하셨던 주님의 그 정의롭고 자비로우신 모습이 내 마음속에 떠오르면서, 저는 찬양과 영광 일색의 예배 분위기 속에서 오히려 어색하게 여기시거나 수줍어하시거나 외로워하실 주님의 모습을 똑똑히 보는 듯합니다. 그래서 오늘 저는 갈릴리 예수의 실존적 고뇌와 고독의 문제를 여러분과 함께 진지하게 성찰해보려고 합니다. 고독한 예수와 역지사지하고 싶습니다. 그것은 외로운 예수께서 외롭고 괴로운 인간들과 끊임없이 역지사지하고 있기 때문입니다.

인간 예수의 외로움

실물 예수의 삶은 처음부터 고독으로 시작합니다. 그의 짧은 생애에서 그의 고독과 고뇌는 참으로 길었던 것 같습니다. 도대체 하나님과 같은 신성하고 전지전능하신 분이 외롭다니 말도 안 된다고 항변하실 분들이 적지 않겠습니다마는, 그의 영적 고독과 실존적 고뇌를 이해하고 그와 역지사지하는 것이야말로, 오늘 우리의 고독과 고뇌와 고통을 치유해주는 영적 효험이 된다는 사실 또한 잊어서는 안 될 것입니다.

실물 예수의 고난은 오늘 우리의 고난을 근본적으로 고쳐주는 능력임을 확신함과 동시에 우리 기독교의 잘못으로 그가 더욱 외로워졌고 괴로워졌음을 뉘우치는 마음으로 이제 그의 고독을 다시 음미해보고 싶습니다. 그의 고난을 골고다의 언덕에서만 조망해볼 것이 아니라, 그의 전 생애의 관점에서 조명해보아야 합니다. 그리고 장구한 교회사의 관점에서도 그 고뇌의 의미를 살펴봐야 합니다. 그 고난의 핵심에는 언제나 처연한 주님의 고독이 자리 잡고 있음을 깨닫게 될 것입니다.

예수의 탄생 자체가 고독이었습니다. 객지의 마구간에서 태어나셨다는 것 자체가 그러합니다. 현실의 관점에서 보면, 그의 탄생의 신비로움이 오히려 어린 예수에게는 왕따 당하는 아픔을 안겨다주었을 것으로 짐작됩니다. 처녀 몸에서 났다는 소문 자체가 어린 예수를 그 또래의 친구들 속에서 끊임없이 고립시키는 결과를 낳지 않았을까요.

자라는 과정에서 어린 예수는 다른 아이들과 유난히 다르고 뚜렷하게 비범했을 것입니다. 비범했을수록 그는 아프게 외로웠을 것입니다. 예수의 어린 시절의 한 단면을 보여주는 도마의 『유아복음Infancy Gospel』에 의하면, 어느 거룩한 안식일, 그 어린이는 너무나 심심했던지 홀로 진흙으로 참새들을 빚고 있었습니다. 보통 아이들 같으면 또래들과 함께 진흙탕에서 뒹굴며 놀았을 터인데 말입니다. 지나가던 랍비가 그러한 예수의 모습을 보고, 거룩한 안식일에 일한다고 꾸짖었습니다. 그때 어린 예수는 속으로 고독과 분노를 동시에 느낀 듯합니다. 랍비가 지나가자 어린 예수는 갑자기 진흙 참새들을 향해 손뼉을 쳤습니다. 그랬더니 그 진흙 새들은 홀연히 살아나 하늘로 자유롭게 훨훨 날아갔다고 합니다. 그것은 고독의 한 저항이었겠지요. 종교적 억압으로부터, 스스로뿐만 아니라 진흙 같은 자연마저 해방시키는 어린 카리스마의 그 비범함을 보여주는 통쾌한 광경이 아니겠습니까.

열두 살 때 어린이 예수는 육신의 부모를 따라 예루살렘 성전에 갔습니다. 육신의 부모와 형제자매들로부터 도무지 얻을 수 없는 진리의 자유, 자유케 하는 진리를 어린 예수는 율법학자들과의 열띤 토론을 통해 신나게 체험할 수 있었습니다. 그는 가족들이 모두 떠난 것도 모르고 진리 토론에 몰입했습니다. 사흘 뒤 부모들이 그를 찾아 성전에 되돌아와 그를 꾸짖었을 때, 그는 부모에게 "왜 나를 찾으셨습니까? 나는 내 아버지의 집에 있어야 할 줄을 모르셨습니까?"라고 오히려 되물었습니다. 언뜻 보기에 고약하고 불효한 언사같이 들립니다만, 그것은 그의 비범성 때문에 가족 속에서도 그가 겪었던 그간의 실존적 고독을 드러낸 고백이라고도 볼 수 있겠습니다. 여하튼 어린 시절부터 예수는 고독의 아픔을 내밀하게 씹으며 살았던 것 같습니다.

그는 서른 살에 광야의 시험을 겪었습니다. 그것은 지독한 고독 속에서 겪은 시련이었습니다. 성령 충만하여 고향땅 나사렛에 돌아와 회당에서 첫 말씀을 증거한 뒤, 그는 고향 사람들에 의해 죽임을 당할 뻔했습니다. 예수의 하나님, 곧 아빠 같은 사랑의 하나님은 이스라엘 민족만을 편애하시는 부족신tribal God이 결코 아님을 대담하게 증거했기 때문이지요. 고향 사람들은 분개하여 벼랑 끝까지 예수를 끌고 갔습니다. 그는 그러한 아픈 경험 속에서 "선지자는 자기 고향에서 환영받지 못한다"는 유명한 말씀을 남기셨지요. 시대를 앞서 보고 앞서 가는 존재는 언제나 외로울 수밖에 없음을 증거하신 것입니다. 그러기에 그의 공생애도 고독과 고뇌로 시작된 셈이지요.

예수께서 가는 곳마다 하나님 지배(하나님나라)를 설파하시고, 그 구체적 프로그램으로 열린 밥상공동체와 무상의 치료를 베푸셨습니다. 이때마다 당시 기득권층은 예수의 행동과 말씀을 불온한 짓거리로 보았습니다. 그들은 예수의 증언과 행동마다 딴지를 걸거나 말꼬리를 잡고 물어 늘어지려 했습니다. 때로는 함정을 파놓고 질문도 했습니다. 이런 도전을 받을 때마다, 실물 예수는 분노에 앞서 연민과 고적함을 더 심각하게 느꼈을 것입니다. 이런 상황에서 그의 제자들의 우둔함과 한심스러움을 목도할 때마다 그의 가슴에는 고독의 찬바람이 쌩하게 불고 지나갔을 것입니다.

하기야 예수 제자들의 면면을 보면 한심하고 답답하고 유치하고 기가 찬 일이 어디 한두 번이었겠습니까. 얼마나 외로웠길래, 제자가 되어 어디든지 따르겠다고 다짐하는 율법학자를 보고 이렇게 대꾸했겠습니까.

여우도 굴이 있고 하늘을 나는 새도 보금자리가 있으나 인자는 머리 둘 곳이 없다. (마태복음 8:20)

머리 둘 곳 없다는 표현은 단순히 한 몸 둘 곳 없다는 뜻뿐만 아니라 마음 둘 곳도 없을 정도로 외롭다는 뜻이겠지요. 몸과 마음은 머리에 있지 않습니까. 주님은 자신의 삶이 집 없는 노숙자homeless의 뿌리 뽑힌 삶임을 그에게 각인시키면서 그 같은 삶을 도무지 살아낼 수 없는 율법학자의 청을 정중하게 간접적으로 거절했던 것입니다. 예수의 삶을 감당해낼 수 없는 사람들이 감히 예수를 따르겠다고 우길 때, 예수께서는 더욱 처연한 고독을 느꼈을 것입니다. 그렇습니다. 편안한 주택을 갖고 사는 현대인들은 더더욱 예수의 이 같은 뿌리 뽑힌 떠돌이 삶을 도무지 이해할 수 없을 것입니다. 그만큼 우리도 예수를 외롭게 하고 있는 셈이지요.

한심한 제자들로 둘러싸여 있어 이미 충분히 외로운 터에, 육신의 부모형제마저 예수를 정신 나간 사람으로 취급했으니 얼마나 더 외로웠겠습니까. 심지어 예수가 마귀의 괴수가 되어 그 초능력으로 다른 마귀들을 쫓아낸다는 소문(고약한 조작된 소문이지요)을 듣고 미친 자식을, 미쳐버린 형님을 찾으러 어머님과 형제들이 달려 왔었지요. 그 전갈을 받았을 때 예수의 심정은 어떠했을까요. 상상하실 수 있겠습니까?

세상이 아무리 우리를 왕따 시켜도 보듬어줄 따뜻한 가족의 손길이 건재할 때, 그 아픔을 쉽게 이겨낼 수 있습니다. 실물 예수는 그러한 가족의 보살핌마저 누릴 수 없었습니다. 그는 철저한 떠돌이 카리스마였고 그만큼 고독한 실존이었습니다. 제자들이 영민하고 배려심이 깊어 고독의 그 아픔을 동고同苦해줄 수 있었다면, 얼마나 다행이겠습니까.

외로운 예수를 더 외롭게 한 제자들

이제 예수를 뼈저리도록 외롭게 했던 제자들의 한심한 작태에 잠시 주목해봅시다. 대체로 예수를 세속적 메시아로 착각해 그를 따랐던 제자들은 예수께서 로마제국의 폭력적 지배를 물리치고 이스라엘을 정치적으로 해방시켜 왕이 되시면, 왕의 좌우에 앉아 세상을 호령할 정치 권력을 탐했습니다. 정말 천박한 동기로 예수를 따르게 된 셈이지요. 그래도 그중 괜찮다고 생각되는 베드로, 요한, 야고보를 데리고 어느 날 예수님은 높은 산에 올라가셨습니다. 그 산 꼭대기에서 주님은 유대인의 최대, 최고의 영웅이요 지도자인 모세와 엘리야와 영적인 대화를 나누셨습니다. 너무나 감격적인 황홀경한 장면이었지요. 정치적 탐욕에 사로잡힌 제자들을 깨우치기 위한 일종의 영성훈련이기도 했습니다. 그런데 이 영적 감동에 사로잡혔던 베드로는 즉석에서 주님께 엉뚱한 제안을 합니다. 일종의 경망한 호들갑이지요.

> ······제가 여기에다가 초막을 셋 지어서, 하나에는 선생님을, 하나에는 모세를, 하나에는 엘리야를 모시도록 하겠습니다. (마태복음 17:4)

그런데 예수의 영성의 관심은 산 아래 있었습니다. 산 아래서 억울하게 고통당하는 밑바닥 인생들에게 절박하게 필요한 삶, 곧 온전한 삶을 살 수 있게 해 주는 예수운동(하나님나라 건설 운동)을 펼쳐나가려 했습니다. 그런데 베드로는 황홀한 산꼭대기의 영성 체험 속에 영원히 안주하고 싶었습니다. 베드로는 어두운 역사 속에서 나눔과 자유의 삶, 치유와 정의의 삶을 외면하려 했습니다. 그러나 예수는 산에서 곧 내려오시어 심각한 정신질환으로 고통당하는 어린이부터 치유해주셨습니다. "여기가 좋사오니"를 외쳤던 베드로의 한심한 모습을 보시고 주님의 심경은 또한 어떠했겠습니까. 자기 속마음을 이토록 알아주지 못하는 이른바 으뜸 제자의 그 탈역사적인 경박한 제안을 들으며 썰렁한 고독의 바람을 마음속 깊이에서 또 한 번 느꼈을 것입니다.

공생애의 마지막 단계에 이르러 주님은 예루살렘을 향한 외롭고 괴로운 길에 들어서게 되었습니다. 그런데 그때까지도 어리석은 제자들은 예수가 세속적 영광과 종교적 축복의 길로 힘차게 나아가고 있다고 착각했습니다. 자기들끼리 누가 더 똑똑하고 나은가, 누가 더 높은가를 시비할 정도였으니까요. 제자들의 이 같은 낮은 수준의 권력 투쟁 모습을 지켜보신 예수의 심정 또한 어떠했겠습니까? 하루는 주님께서 마음의 문을 열고 제자들에게 예루살렘으로 가는 길이 결코 종교적 영광과 정치적 승리의 길이 아니라 고난과 죽음의 길임을 처음으로 알려주셨습니다. 이때 베드로의 반응은 과감하게 유치했으며 단호하게 한심했습니다.

절대로 이런 일이 주님께 일어나서는 안 됩니다. (마태복음 16:22)

이렇게 강력하게 말렸던 베드로의 심중에는 내 신세 망쳤구나, 하는 이기적 탐욕이 도사리고 있었을 것입니다. 이때 예수의 고독은 마침내 분노로 이어졌습니다. 주님은 갑자기 베드로의 얼굴에서 얼마 전 광야에서 그를 시험했던 마귀의 얼굴을 다시 본 듯했습니다. 그래서 이렇게 심하게 나무라셨습니다.

사탄아, 내 뒤로 물러가라. 너는 나에게 걸림돌이다. 너는 하나님

의 일을 생각하지 않고, 사람의 일만 생각하는구나. (마태복음 16:23)

본격적인 수난의 과정에 들어가게 되면서 당국의 체포를 눈앞에
두고 주님은 최후의 만찬을 베풀게 되었습니다. 다빈치의 최후 만찬 그
림을 보면, 슬픈 듯 눈을 아래로 떨어뜨리고 있는 예수의 표정에서 고
독한 마음을 바로 읽을 수 있습니다. 그 그림에는 가룟 유다가 돈 자루
를 쥐고 있습니다. 예수를 팔아넘기는 대가로 미리 받았던 돈이 그 자
루 속에 있었을 것입니다. 하기야 이런 절박한 순간에도 예수의 고독은
그의 특유의 인내와 사랑의 모습 속에서 더 돋보이는 듯합니다. 보통 선
생이라면, 스승을 돈으로 판 제자를 폭풍처럼 몰아쳐 꾸짖었을 것입니
다. 예수께서는 자기를 배신할 사람이 그 자리에 있음을 암시하셨지만
그가 당황할까 봐, 누구라고 딱 지목하여 비난하지 않았습니다. 이 그
림에서는 범인이었던 가룟 유다가 주님을 태연하게 쳐다보고 있습니다.
그의 시선과 마주쳤을 때 예수의 표현은 어떠했을까요. 배신자에 대한
인간적 고독과 연민, 고뇌와 온정이 뒤범벅된 아픔의 묘한 표정이 아니
었을까요.

베드로의 모습을 처연하게 쳐다보는 예수의 심정은 또한 어떠했
을까요. 목숨 바쳐 끝까지 주님을 따르겠다고 장담했던 베드로의 힘찬
결단의 목소리를 들었을 때, 주님은 그 고백이 갖는 엄청난 치졸함과 성
급함을 이미 아셨습니다. 그래서 쓴웃음을 지었을 것입니다. 그러나 그
쓴웃음은 결코 비웃음이 아닐 것입니다. 그에 대한 인간적 연민이면서
주님의 실존적 고독의 표현일 것입니다. 당장 내일 새벽에 주님을 세 번
씩이나 모른다고 비겁하게 잡아뗄 그의 모습이 측은하기도 하여 주님

은 속으로 조용히 우셨을 것입니다. 속으로는 연민의 정으로 우시면서 그 경망한 짓거리가 우습기도 했을 것입니다. 그래서 웃으시려니까 자연히 쓴웃음을 지을 수밖에 없었을 것입니다. 그의 그러한 깊은 고뇌와 고독을 과연 우리가 헤아려볼 수나 있겠습니까?

겟세마네 동산에서의 예수는 어떠했습니까. 그 고독을 우리는 정말 역지사지 할 수 있을까요. 역지감지易地感之는 더더욱 어렵겠지요. 주님께서는 체포되기 직전 바로 체포된 그 장소에서 하나님 앞에서 피땀 흘리며 혼신의 힘으로 고투했습니다. 그 실존적 고뇌는 육체의 고통에 비교할 수 없는 큰 아픔이었을 것입니다. 그런데 스승의 이 같은 고뇌와 고독의 아픔을 아랑곳하지 않고, 제자 셋은 잠에 골아 떨어졌습니다. 스승과 동고同苦하지 못했던 우매한 제자들의 한심스러운 모습이라 하겠습니다. 이 같은 제자들의 모습을 보시고도 예수께서는 오히려 먼저 한심한 제자들과 역지사지 하셨습니다.

마음은 원하지만, 육신이 약하구나!(마가복음 14:38)

마음이 정말 예수처럼 절박하게 고독했다면, 제자들이 먼저 스승과 역지사지, 역지감지했겠지요. 아무리 그들의 육체가 피곤했다하더라도, 동고의 기도를 스승과 함께 드렸어야 마땅하지요. 그런데 제자들의 이 같은 육체의 연약함을 오히려 먼저 역지감지 해주셨던 스승의 너그러운 모습이야말로 연약하면서도 독선적인 우리를 부끄럽게 합니다. 그러나 그 넓은 마음속에서도 그의 실존적 고독은 깊었을 것입니다.

드디어 체포의 순간이 다가왔습니다. 무장한 군인들이 예수를 둘러싸고 그를 체포하려 했을 때 제자들의 모습은 스승을 또 한 번 곤혹스럽게 했습니다. 급하게 달아나다 보니, 체포자의 손에 잡힌 자기 옷을 홀렁 벗어 던지고 벌거벗은 채 맨몸으로 달아난 제자도 있었으니까요. 벌거벗은 채 정신없이 달아나는 제자를 본 예수의 심정은 어떠했을까요? 그뿐입니까. 말고의 귀를 칼로 내리쳤던 베드로의 과격한 대응에서, 무력으로 폭력을 이기려고 했던 으뜸 제자의 성급한 행동에서 주님은 더 큰 고독을 느꼈을 것입니다. 사랑만이 악을 궁극적으로 이길 수 있다는 진리를 도무지 깨닫지 못했던 제자들 앞에 그는 끝 모를 외로움을 느꼈을 것입니다.

골고다로 가는 길 위에서 예수께서 겪으신 육체의 아픔에 대해서는 더 이상 말할 것이 없습니다. 영화 〈패션 오브 크라이스트〉는 너무나 적나라하게 그 육체적 고통의 총량을 잘 부각시켜주고 있습니다. 육체의 고통에 더하여 사회적 수치감 또한 극치에 다다랐습니다. 옷을 벗겨 십자가 위에서 나신을 공개적으로 노출시키는 것은 사회적·인간적 수치심을 육체의 고통에 더하여 극대화하기 위함이지요. 게다가 제자들로부터 버림받은 주님은 그 배신의 아픔과 함께 엄청난 고독을 십자가 위에서 온몸으로 느꼈을 것입니다. 제자들과 동족으로부터 배신당했을 뿐 아니라 심지어 아빠 하나님으로부터도 버림받았으니, 그 고독의 깊이를 누가 제일 잘 헤아릴 수 있겠습니까!

"엘리 엘리 라마 사박다니……"라는 이 절규는 억울하게 버림받은 한 인간이 도달할 수 있는 고독의 최악 수준이라 하겠습니다. 육체의 고통, 사회적 수치감, 정신적 배신감, 영혼의 고독감, 이 모든 실존적 아픔을 어찌 한 인간이 모두 한꺼번에 겪을 수 있겠습니까! 그러나 모든 소중한 것으로부터 철저하게 버림받은 인간만이 내뱉을 수 있는 절망의 절규를 예수께서 쏟아내셨다는 것 자체가 놀라운 메시지입니다. 하나님을 원망할 수밖에 없는 모든 고독한 인간의 아픔을 주님은 뜨겁게 대변하셨습니다. 억울하게 죽어간, 그리고 죽어갈 모든 이들과 동고하시고, 역지사지하시고, 연대하신 것입니다. 이것이야말로 값진 십자가의 카리스마라 하겠습니다.

오늘, 예수를 외롭게 하는 교회들

역사적 예수의 삶이 이러할진대, 지난 2천 년 가까운 긴 기독교 역사 속에서 예수의 고독과 고통은 더 깊고 심각했음을 우리는 기억하고 반성해야 할 것입니다. 기독교가 정치권력 중심부로 이동하게 되면서 교회가 더욱 관료제화되었고 또한 교리도 더욱 배타적으로 다듬어지게 되었습니다. 이러한 추세 속에서 불행하게도 그의 역사적 삶은 점점 희미하게 잊히게 되고 사라지게 되었습니다. 역사의 예수는 무시되고 교리의 그리스도는 숭상되기 시작했습니다. 교리의 옷을 입은 왕중왕은 거룩, 거룩, 거룩한 경배와 찬양의 대상으로 날로 신격화되기 시작했습니다.

저는 1980년 중반에 포르투갈의 파티마를 방문한 적이 있습니다. 유명한 가톨릭 성지 가운데 하나인데, 그곳에서 성모 마리아는 숭배의 대상으로 추앙받고 있었습니다. 찬란한 금관을 쓰고 있는 성모상을 보면서 저는 언뜻 성모 마리아가 그곳에 와서 자기 모습을 보게 된다면 어떤 반응을 보이실까를 상상해보았습니다. 예수를 잉태한 젊은 마리아의 노래 정신으로 본다면(누가복음 1:46~55), 휘황찬란한 금관을 쓰고 있는 그곳 성모상에 대해 그녀는 이렇게 말씀할 것이라고 상상해보았습니다

"이 성모상은 나와 전혀 관계없노라. 이 우상을 제거하라."

지난 1700년간 기독교와 제도교회는 예수를 초월적 절대권력으로 격상시키면서 경배의 대상으로 그를 더 높여 우러러 보았습니다. 그때마다 그의 고독은 비례로 더욱 깊어갔을 것입니다.

예수의 이름으로, 교회 당국이 다른 종교를 십자군의 주적으로 낙인찍어 씨를 말리려 했을 때, 예수의 이름으로, 교회 가부장적 관례에 도전하는 여성을 마녀로 낙인찍어 잔인하게 화형시키려 했을 때, 예수의 이름으로, 자유로운 신학적 사고를 해내는 용기 있는 신자들을 이단으로 낙인찍어 온갖 억압을 일삼았을 때, 예수의 이름으로 아프리카, 남아메리카, 아시아 지역의 토착민을 인종 청소하듯 마구 쳐 죽였을 때, 그리고 예수의 이름으로, 알카에다와 관계없는 이라크를 악의 축으로 낙인찍어 주저 없이 강행했던 침략전쟁을 축복해주었을 때, 자기 이름으로 그 많은 선량한 인간들이 너무나 억울하게 고통당하고 죽어가는 모습을 보시고 예수의 마음은 얼마나 외롭고 괴로웠겠습니까. 피가 마르고 땀이 비 오듯 하지 않았을까요.

실물 예수의 삶 자체가 고통과 고뇌, 고뇌와 고독의 연속이었는데, 부활 사건으로 더욱 그를 기리고 경배하려 했던 제도교회가 역설적으로 오히려 그의 고독과 고통을 지난 2천 년 가까이 끊임없이 심화시켜왔으니, 어찌 우리 기독교 신자들이 용서받을 수 있겠습니까?

저는 매주일 교회마다 예수의 이름을 더 높이고, 주님을 만 개의

입으로도 그 은혜를 다 노래할 수 없다는 식으로 찬양하면서도 실제로는 생각이 다른 사람, 종교가 다른 사람, 인종과 문화가 다른 사람들을 차별하는 기독교 위선의 현실을 목도합니다. 그때마다 저는 예수의 고독과 분노를 떠올리며 조용히 전율하게 됩니다. 교회 안에서 예수를 거룩, 거룩하신 만왕의 왕으로 더 높이면서도 교회 밖에서는 지극히 적은 사람들을 더 적은 자로 축소시키는 일에 주저하지 않으며, 이미 열등감으로 부당하게 시달리는 꼴찌들을 더욱 잔인하게 꼴찌 자리에 못 박는 일을 서슴지 않고 강행하는 기독교의 현실을 볼 때마다 저는 또한 전율하고 분노하게 됩니다. 예수가 지금 우리 곁에 오시어 제도교회에 오신다면(저는 오시지 않으시리라 생각합니다만) 이렇게 말씀하실 것이라고 생각합니다.

"나는 도무지 이 사람들이 누군지 알지 못하겠군요.

이들이 나를 믿는다고 하는 기독교 신자라면, 나는 결단코 기독교 신자가 아닙니다. 나는 갈릴리 예수입니다."

이렇게 선포하시고 주일날 교회나 성당에 가시지 않으시고, 오히려 소경과 절름발이와 중풍병자와 수많은 병자들이 누워 하나님의 사랑의 기적을 기다리고 있는 낮은 곳으로 발길을 옮기실 것이라고 생각합니다. 마치 명절에 예수께서 예루살렘에 가셨으나 으리으리한 그곳 성전으로 가시지 않으시고, 절망과 질병으로 고통당하는 찌들어버린 인간들, 지극히 적은 자들, 꼴찌들이 우글대는 베데스다 연못가로 가셨듯이 말입니다. 그러나 만일 예수께서 제도교회에 가신다면, 어떤 반응을 보이실까요? 마치 선지자가 자기 고향에서 쫓겨나면서 고독으로 목이 메어 울듯이 기독교 교회 안에서 당신의 이름과 명예가 그 요란한 찬양과 경배의 소음 속에서 짓밟히고 있는 현실을 몸소 겪으시면서 통곡하실 것입니다. 뜨거운 사랑으로 자기를 스스로 비워 남을 좋은 것으로 채워주지 않고, 오히려 예수사랑의 이름으로 남의 것을 빼앗아 자기 속을 채우는 크리스천들의 행태를 보시고, 예수는 예루살렘과 그 성전을 보시고 우셨듯이, 고독에 목이 메어 우실 것입니다. 이렇게 생각하니 저도 자연히 목이 메는 듯합니다. 그러면서도 저 자신이 그러한 기독교 신자라는 사실에 대해 새삼 부끄러워지면서 몸 둘 바를 모르겠습니다.

어찌 우리 기독교 신자들의 이 위선과 잘못을 용서받을 수 있겠습니까. 예수를 믿고 따른다고 하면서 예수로 하여금 오늘도 저 공중의 새보다 더 외롭게 느끼도록 하고, 저 들판의 여우보다 더 고독한 존재로 느끼게 하는 우리의 위선과 독선과 탐욕이 어떻게 용서받을 수 있겠습니까. 그러나 어떻게 하겠습니까. 그러하기에 정말 자기를 철저히 비우시는 고독한 주님께서 처절하게 고독한 인생들과 주저 없이 동고하시는 사랑의 십자가 은총을 우리 못난 사람들이 절박하게 목말라하는 것 아니겠습니까?

예수 없는 교회의 공허한 신앙고백

뒤돌아보면 기독교가 인류 역사 속에서 제도화된 이후 역사의 예수가 교회라는 제도에 흡수되어버린 느낌이 듭니다. 특히 사도신경이 교회의 중심적 신앙고백으로 정착된 뒤 그 신앙고백을 통해 자기 정체성을 확인해온 크리스천들은 예수 없는 신앙고백을 너무 오랫동안 뜻없이 고백해온 것 같기도 합니다. 게다가 교회의 조직이 거대화되고 관료제화되면서 조직의 권한이 막강해지고, 그 영광이 세상 속에서 휘황찬란해지면서 예수와 하나님도 세상에서 군림하는 절대 독재자처럼 숭앙되기에 이르렀습니다.

나사렛 예수의 겸손한 모습은 교회 안에서 찾기 어려워졌습니다. 그 인간적인 부드러움과 때때로 우유부단한 것처럼 보이는 모습, 힘없는 어린양처럼 보이는 모습들은 감춰지고 말았습니다. 이제 교회 조직과 그 신앙고백을 통해 갈릴리 예수를 만나기가 쉽지 않게 되었습니다. 교회의 그 막강한 전통과 조직, 그 정교하고 억압적인 교리와 신앙고백이라는 중간매개체, 또는 종교적 브로커를 통해서는 역사의 예수를 희미하게나마도 만나기 힘든 것 같습니다.

이제는 이런 중간 브로커 없이 예수를 직접 만나고 체험할 수 있어야 합니다. 그 말씀과 행적과 사건이 비록 2천 여 년 전에 일어났던 것이긴 하나, 오늘 여기에서 추체험하는 일이 참으로 소중합니다. 이와 같은 실존적 만남을 통해 우리는 예수의 말씀을 오늘에 되살릴 수 있는 감격을, 새 사람 되는 보람과 새 역사와 새 구조를 만들어가는 감격을 온몸으로 느낄 수 있을 것입니다. 지금 여기, 예수를 새롭게, 뜨겁게 만날 수 있는 새로운 공동체적 교회 조직과 새로운 신앙고백이 요청됩니다.

세례 요한의 질문과 예수의 대답

마태복음 11장 1절부터 6절까지의 말씀에 드러난 상황을 간단히 살펴보기로 하겠습니다. 예수께서는 제자들을 선교활동으로 내보내신 후 갈릴리 여러 도시들에서 밑바닥 인생을 가르치시고 섬기시고 낫게 하시는 일로 분주했습니다. 이때 세례 요한은 감옥에 갇혀 있었습니다. 갈릴리의 맹주 헤롯 안티파스가 자기 동생의 처와 결혼한 일을 올바르게 꾸짖다가 마케레우스 요새의 토굴 감옥 속에 깊이 갇히게 된 것입니다. 세례 요한은 외롭고 괴로운 나날을 보내는 가운데에서도 예수의 행적에 관한 소문을 계속 듣고 있었습니다. 그는 절망적인 감옥생활 속에서 메시아의 도래를 더욱 열망하고 있었기에 예수 사건들에 대한 소문을 들을 때마다 더 깊은 관심을 보였을 것입니다.

예수를 메시아로 믿었기에 그에 대한 희망이 컸었는데, 예수의 말씀과 행동에 대한 보고를 들을 때 때때로 그가 생각하는 메시아의 행적과 예수의 행적이 서로 다르다는 인식을 하게 된 것 같습니다. 그리하여 어느 날 그의 제자들이 면회 왔을 때 그들을 예수께 직접 보내어 이렇게 묻도록 했습니다.

> **오실 그분이 당신입니까? 그렇지 않으면, 우리가 다른 분을 기다려야 합니까?**(마태복음 11:3)

왜 이런 회의가 생겼을까요? 세례 요한과 그 제자들은 오실 메시아를 무서운 심판주로 믿었던 것 같습니다. 썩은 나무를 날카로운 도끼로 여지없이 찍어내듯, 잘못된 기존 구조를 천지개벽하듯 바꿔버릴 수 있는 막강한 힘을 무섭게 활용하는 심판주를 기대했던 것 같습니다.

그런데 예수의 말씀과 행동은 오실 메시아의 그 폭력적 단호함을 지니고 있지 않았습니다. 사랑을 강조하며 그것을 실천하라고 했습니다. 기존의 구조에 대해서도 너무 '애매모호한 입장'을 취하는 듯 보였습니다. 과연 그렇게 미적지근한 행적만을 일삼는 예수가 그들이 기다리던 메시아일까, 하고 의심하기 시작한 듯합니다. 이런 상황에서 우리 예수는 어떻게 대응하셨습니까?

예수는 세례 요한이 보낸 그의 제자들에게 단호하게 말씀하십니다.

> **가서, 너희가 듣고 본 것을 요한에게 알려라.** (마태복음 11:4)

세례 요한은 깊은 동굴 감옥 속에서 예수 행적에 대해 듣기만 했습니다. 볼 수 없는 채로 듣기만 했기에 의심이 증폭했을지 모릅니다. 예수께서 백문불여일견百聞不如一見의 진리를 왜 모르셨겠습니까? 그래서 단순히 듣기만 할 것이 아니라 직접 본 것을 알려주라고 말씀하셨습니다. 듣고 보는 것은 분명히 객관적 현실입니다. 또한 이것은 역사적 사실이기도 합니다. 비록 성서 기록자가 자기 삶의 자리에서, 자기 공동체(신앙공동체)의 입장에서 이런 현실을 신학적으로, 또는 신앙의 눈으로 해석했다 하더라도 그들이 해석한 것은 어디까지나 듣고 본 현실에 대한 해석이요 신앙적 판단일 것입니다. 다시 말하면 역사적 예수의 중요한 편린을 적어도 이러한 해석적 기록에서 찾아볼 수 있을 것입니다. 그렇다면 세례 요한의 제자들이 직접 귀로 듣고 눈으로 확인한 사건들은 어떤 것이었습니까?

소경이 보며 절름발이가 걸으며 문둥이가 깨끗해지며 벙어리가 말하며, 가난한 자가 기쁜 소식을 들으며 죽은 자가 다시 살아나는 놀라운 사건들을 그들은 직접 목격한 것입니다. 이 사건을 단순한 환상적인 신앙고백이라고 가볍게 취급할 수 있을까요? 더욱이 여기서 우리는 예수 말씀의 진실성과 말씀과 실천 간의 일치성에 주목할 필요가 있습니다. 주님께서 공적인 활동을 처음으로 시작하셨을 때 나사렛 회당에서 첫 메시지를 전했습니다. 이것은 예수의 취임사라 해도 지나침이 없습니다.

그는 공적인 활동을 시작하시면서 "가난한 자에게 기쁜 소식을 전하고, 포로 된 자에게 자유를, 눈먼 자에게 다시 보게 함을, 눌린 자를 자유케" 하시겠다고 공약하셨습니다. 한마디로 성령의 능력으로 천지 개벽 같은 변화, 곧 세상을 확 뒤집는 행위를 하시겠다고 하신 것입니다. 외롭고 괴로운 사람들, 차별 받고 소외당하고 있는 사람들, 보고 듣지 못하면서 억압받고 있는 사람들, 깨지고 비뚤어진 인간들을 사랑으로 치유하여 그들을 사랑으로 온전케 하시겠다는 것이 예수의 공약이었습니다.

이 공약의 원문은 이사야 61장 1~3절까지의 말씀인데, 여기서 우리는 예수의 속마음에 주목해야 합니다. 이사야 61장 2절에는 **"여호와의 은혜의 해와 우리 하나님의 신원의 날을 전파하며"**라고 기록되어 있습니다. 여기 신원의 날은 심판의 날, 또는 복수의 날을 의미합니다. 나사렛 예수께서는 바로 이 복수와 심판의 역할을 짐짓 당신의 취임사 공약에서 빼셨습니다. 주님은 복수와 심판의 메시아가 아니라 사랑의 메시아이기 때문입니다. 바로 이 점이 세례 요한의 메시아관과 근본적으로 다른 점이 아닐까요?

예수의 사랑 말씀, 사랑 실천, 그리고 사랑의 예수 모습을 당시 주변 사람들이 직접 듣고 본 것입니다. 마태 공동체의 주관적 해석이나 환상적 의견이라고 격하할 수 없는 공적인 사건이요 역사적인 행적이라고 보아야 합니다. 새로운 하나님의 모습과 본질을 예수께서는 이 같은 실천에서 보여주신 것입니다. 그것은 전지전능한 폭력적 복수의 하나님이 아니라 자기를 비우시면서 남들을 사랑으로 채워주시는 새로운 하나님의 모습이라 하겠습니다.

우리는 여기서 하나님의 본질이 사랑이라는 진리를 새삼 새롭게 깨달아야 합니다. 하나님이 곧 사랑이라고 믿을 때 근본주의 교리들의 창구로만 하나님을 보고 믿으려는 기독교 신자들은 크게 실망할지 모릅니다. 나아가 조잡하게 철저한 무신론자들vulgar atheists도 크게 실망할 것입니다. 사랑의 하나님은 바로 그 사랑 때문에 자기를 비우시는 겸손한 하나님입니다. 전지전능하시고 무소부재하신 무서운 존재, 그러기에 영원한 외톨이 하나님이 아니라 남들과 함께 아파하는, 남을 위한 존재인 하나님이십니다.

이러한 하나님은 무신론자들이 비웃을 수 없습니다. 그들의 비웃음은 전폭적으로 무서운 전지전능한 복수의 하나님에 대한 비웃음입니다. 이를테면 그들은 "전지전능한 하나님이 살아 계신다면 왜 히틀러의 대학살을 방치하는가?" 따위의 질문으로 전지전능한 신이 없다고 주장합니다. 아마도 사신식학자死神神學者들의 대응은 바로 이런 거친 무신론자들의 어리석음을 깨우쳐주기 위한 것인지도 모릅니다. 하나님을 객관적 교리 범주에 가둬둘 수 없습니다. 왜냐하면 하나님은 움직이는 사랑 그 자체이기 때문입니다. 하나님을 폭력적 보복자로 국한시킬 수 없습니다. 왜냐하면 하나님은 자기를 비우시기에 연약한 듯 보여도 참으로 강하신 사랑의 실천자이시기 때문입니다.

이와 같은 사랑의 실천자이신 예수의 말씀과 행동에 대한 초대교회 공동체의 신앙적 고백이 바로 성서라고 해야 할 것입니다. 당시 사람들이 직접 듣고 본 것을 초대교회 공동체가 기억하고 구전으로 전승되다가 기록한 것이 바로 성서이기에 사건의 역사성과 실제성을 그 속에 담고 있는 것입니다. 그런데 기독교가 제도화된 이래 그 거대한 조직 속에서 강조되어온 신앙고백과 교리는 이와 같은 역사적 예수의 실제성을 담아내지 못했습니다. 오히려 그 역사성을 짐짓 제거해버렸습니다. 사랑으로 가르치시고, 사랑으로 봉사하시고, 사랑으로 치유하시면서 하나님나라를 선포하셨던 예수 모습은 전통적 신앙고백과 교리 속에서는 찾아보기 힘들게 되었습니다. 이 점을 우리는 반성적으로 성찰해보아야 합니다. 이런 관점에서, 우리가 교회에서 신앙고백으로 삼는 사도신경을 한 번 간단히 살펴보겠습니다.

사도신경의 문제점

첫째, 이 고백 속에 사랑으로 살아 계신 나사렛 예수의 목소리가 들리지 않고 그 모습이 보이지 않습니다. 가난한 자들에게 큰 희망을 주시고 벙어리로 하여금 우렁차게 말하게 하시며, 소경이 눈을 떠서 세상을 둘러보며 감탄케 하시고, 38년간 지체부자유자로 누워 있던 자를 벌떡 일으켜 자기 자리를 들고 당당히 걸어가게 하신 예수, 온갖 중한 질병의 질고에서 환자를 낫게 하시면서도 환자의 믿음으로 온전케 됨을 확인시켜주신 사랑의 예수, 절망의 땅 갈릴리에서 사랑의 구체적 실천을 통해 희망과 기쁨을 사람들 가슴속에 뜨겁게 심어주셨던 예수, 바로 그 예수의 살아 움직이는 모습을 우리는 사도신경에서 듣고 볼 수 없습니다.

어떻게 된 것일까요? 기독교는 제도 종교로 자리 잡게 되면서 교만과 독선으로 서로 갈라지게 됩니다. 동방교회는 예수의 성육신을 교리로 강조한 결과 동정녀 마리아로부터 예수께서 탄생하신 것을 크게 부각시켰던 것 같습니다. 서방교회(로마 가톨릭)는 성육신보다 예수의 부활을 교리로 강조하다 보니 그 점을 사도신경에 크게 부각시켰는지 모릅니다. 동정녀 마리아에게서 나신 예수는 갈릴리 지역에서 사랑의 선교를 하셨는데, 사도신경에서는 그 역사적 사건들은 모두 제거해버리고 바로 빌라도에게 고난 받아 죽으신 것으로 그의 일생을 묘사하고 맙니다. 예수의 삶 중에 태어난 것과 죽게 된 것만 묘사된 셈입니다. 소중한 예수의 삶은 없어졌습니다.

물론 동정녀 마리아에게서 나신 것은 중요합니다. 그런데 성육신은 하나님의 뜻이 구체적인 우리의 상황과 역사 속에서 실제적으로 구현됨으로써 계속 진행되는 사건이어야 합니다. 처녀 탄생만이 성육신 사건의 전부가 아닙니다. 부활하신 예수도 성육신 사건을 더욱 활성화시켜주는 힘으로 작동합니다. 그건 그렇더라도 왜 그토록 오랫동안 우리가 고백해온 사도신경에 나사렛의 예수, 갈릴리의 예수에 대해서는 한마디의 언급도 없습니까? 왜 다음과 같이 몇 마디라도 우리 주님의 역사적 실제를 표현하지 않았을까요?

'……동정녀 마리아에게 나시고, 사랑으로 인간을 섬기시며, 가르치시며, 온전케 하시면서 하나님나라를 선포하시다가 본디오 빌라도에게……'

한마디로 세례 요한의 제자들과 당시 팔레스타인 사람들이 직접 듣고 본 바 있는 예수의 역사적 행적과 사건들을 철저하게 담아내지 못한 교리적 신앙고백을, 우리는 여태껏 신주단지처럼 모시고 살아온 셈입니다. 교리의 예수를 우리가 우상화하면서 살아온 것 같기도 합니다. 참으로 어처구니없이 부끄럽습니다. 살아계신 주님께서 지금도 이렇게 우리를 탄식하시고 질책하시지 않을까요?

'너희들은 성서가 증언하는 나의 행적과 사건을 철저히 듣지 않고 보지 않으려고 하는구나.'

성서에 대한 바른 이해

성서 기록은 예수의 삶에 대한 객관적 전기가 아닙니다. 예수에 관한 객관적 전기를 재구성하는 일에 많은 신학자들이 매달렸으나 실패한 듯합니다. 유명한 신학자 슈바이처 박사도 역사적 예수를 탐구하다가 성과를 보지 못한 채 예수 탐구라는 신학적 노력을 포기하고 의사가 되었습니다. 그 뒤 잘 알려진 대로 아프리카에 선교사로 가서 예수의 사랑을 직접 실천하는 일에 여생을 바쳤습니다.

예수에 대한 보편타당한 전기傳記를 쓰는 일은 불가능한 것 같습니다. 그러나 예수께서 나사렛에서 자라시고, 갈릴리에서 가르침과 섬김과 낮게 하심의 사랑 활동을 하시면서 당시 종교 지도 세력과 부딪치셨으며, 그들에 의해 피소되어 로마 빌라도 총독의 법정에서 사형선고를 받고 골고다에서 처형되신 것은 엄연한 역사적 사실입니다. 성서는 이 사건들에 대한 초대교회 공동체의 신학적 해석의 결과물일 것입니다. 그것이 아무리 해석이라 하더라도 그것은 예수 사건들에 대한 해석임을 잊지 말아야 합니다. 보다 정확하게 말한다면 성서는 저자가 속했던 공동체의 해석일 수 있고, 저자가 예수 사건에 대한 기존의 해석 기록들을 편집, 정리하는 과정에서 자기의 주관적 해석이나 그의 공동체의 견해를 준거로 삼았을 수도 있습니다. 또 그 준거를 가지고 기존의 전승을 첨삭했을 수도 있다는 것입니다.

어떻든 성서는 예수 행적과 사건에 대한 신학적 또는 신앙적 해석임이 틀림없습니다. 바로 이 행적과 사건의 중요성에 대한 새로운 인식이 우리의 신앙고백과 교회 교리에서 구체화되어야 할 것입니다. 역사적 예수의 모습은 희미해지고 약화되면서 교리의 신앙고백은 더 소리 높여 강조되고 강요되는 듯합니다. 그러기에 교리를 통해, 신앙고백을 통해, 또는 거대화된 교회조직을 통해 신자들이 예수를 만나기는 참으로 어렵습니다.

예수 사건은 한 번 일어났던 지난날의 일회적 사건으로 끝나는 것이 아닙니다. 그것은 지금도 우리의 삶 속에서 계속 구체적으로 일어나고 있습니다. 우리는 예수 사건 속에 지금도 여기서 추체험 해낼 수 있고 또 해내야 합니다. 이제 역사의 예수와 신앙의 그리스도는 결코 분리되어서는 안 됩니다.

원래 비뚤어진 것과 깨진 것을 아름답게 하나 되게 하시는 하나님께서 예수 그리스도 안에서 오늘도 하나 되게 하시는 일을 계속하고 계십니다. 우리의 경우, 가슴 아프게 분단된 조국이 하나 되게 하시는 일에 오늘도 성령을 통해 우리 주님은 일하고 계십니다. 오늘도 포로같이 사는 비참한 인생들에게, 그리고 억울하게 억눌려 사는 자들에게 자유를 주시기 위해 자기를 비우시고 계십니다. 오늘도 흉측한 질병 속에서 몸부림치는 당신의 백성들을 낫게 하시는 일에 헌신하고 계십니다. 이런 실존적 깨달음이 예수 사건에 대한 성서의 기록을 통해서 성령의 도우심으로 우리에게 다가오는 것입니다.

예수의 겸노가 향하는 곳

우리는 예수를 온유하고 겸손한 사랑의 화신으로 받아들입니다. 그러기에 그분의 얼굴은 언제나 온화한 미소로 가득 차 있으리라고 생각합니다. 때때로 심각한 얼굴로 근심하는 모습도 떠오르지만 불쌍한 사람을 만나면 함께 아파하는 사랑의 예수 모습이 우리에게는 더 익숙합니다. 겟세마네 동산에서 피땀 흘리며 기도하시는 그 고뇌에 찬 모습도 우리에게 퍽 가깝게 여겨집니다.

예수는 사랑 자체이시기에 항상 인자하실 것으로 믿는 신자들은 예수의 다른 모습, 곧 진노하시는 모습에 놀랄지도 모릅니다. 그런데 마태복음 23장에서 우리는 플러머Robert L. Plummer의 표현대로 "말할 수 없이 가혹한 천둥소리 같고 여지없이 폭로하는 번갯불 같이" 진노하는 예수를 만나게 됩니다.

천둥같이 진노하는 예수

무엇이 지극히 온유 겸손하신 예수를 그렇게 격노케 했던가요? 지금 주님께서 우리와 함께 계시다면, 누구를 향해 그 천둥소리 같은 진노의 음성을 발하시고 번갯불 같은 격분을 터뜨릴까요?

위 두 질문에 대답하기 전에 몇 가지 확인해야 할 사항들이 있습니다.

첫째, 예수의 진노는 종교적 성격과 함께 정치적 성격을 띠고 있음을 잊지 말아야 합니다. 당시 지도층은 주로 종교인들로 채워져 있었습니다. 신정정치체제神政政治體制였기에 종교적 위선에 대한 주님의 격노는 곧 정치 정당성에 대한 분노 그 자체였습니다. 누가복음 6장 24~25절을 보면 축복 받는 사람들과 함께 저주받는 사람들이 나옵니다. 또한 착한 사마리아인의 비유에도 종교 지도자들에 대한 비판이 나옵니다. 이들은 모두 당시 부유하고 배부르고 웃는, 지배층에 속했던 사람들이었습니다.

둘째, 오늘 본문에 나오는 예수의 칠화七禍 메시지는 예수의 유명한 팔복八福의 말씀과 짝을 이룹니다. 우리는 팔복에는 익숙해도 칠화에는 별로 관심을 기울이지 않습니다만, 예수의 축복 메시지를 이해하려면 진노 메시지도 함께 알아야 합니다.

셋째, 편법적으로 처세하고 출세하려는 사람들이 늘어가고 있는 얄팍한 세상에서 이 칠화의 메시지는 번개같이 화끈하게 깨닫게 하는 중요한 가르침이 됩니다. 선거에 앞서 표 얻기 위해 지난날의 악한 세력을 원칙도 없이 용서하려는 작금의 세태를 보면 예수의 격노는 새삼 우리를 새롭게 깨우쳐줍니다.

넷째, 예수의 진노는 위선자들을 향한 것이었습니다. 위선자는 그리스어로 'hupokites'입니다. 이것은 원래 대답하는 사람이란 뜻인데, 무대 위에서 본심을 숨기고 가면을 쓰고 연기하는 사람을 말합니다. 따지고 보면 우리도 세상에서 매일매일 우리에게 주어진 사회적 역할을 하면서 위선적으로 살고 있지 않은지 성찰해봐야 합니다. 교수로, 의사로, 회사원으로, 주부로, 아빠로, 엄마로, 교인으로 우리는 연기하고 있지 않은지, 우리의 연기 속에 위선적인 요소가 얼마나 많은지 자성해볼 일입니다.

예수가 진노한 일곱 가지 화

그렇다면 도대체 어떠한 사람들을 향해 예수의 천둥 같은 진노가 격발되었을까요? 일곱 가지 화를 통해 간단히 알아보겠습니다.

(1) 천국 문을 막는 행위를 하는 사람들이 예수를 격노케 했습니다. 참된 희망의 문을 닫아버리면서 가짜 희망 문을 열어놓고 사람들을 홀리는 오늘의 짐 존스Jim Jones들이 주님을 진노케 합니다. 인간에게 종국적 희망을 앗아가는 짓이야말로 가장 잔인한 행위 아닐까요? "I hope, therefore I am"이란 고백이 진솔한 것일수록 우리는 희망을 탈취해 가는 사람들에 대해 주님처럼 격노해야 합니다. 인간과 민족으로부터 희망을 빼앗아 가는 세력이야말로 악마의 세력입니다. 이들을 포용할 수는 없습니다.

(2) 열과 성을 다해 개종자를 얻어놓고 그를 철저한 근본주의자로 변질시킴으로써 지옥의 자식으로 떨어지게 하는 자들을 예수는 질

책하셨습니다. 그리스어 'proselutos'는 가까이 끌고 오는 자를 뜻합니다. 유대교 밖에 있는 사람을 유대교 안으로 가까이 끌어다 놓고 나서 그를 광적인 율법주의자로 만드는 사람들은 오늘날 우리 가까이에도 있습니다. 한국 유교가 원산지 유교보다, 한국 불교가 원산지 불교보다, 한국 기독교가 원산지 기독교보다 더 독선적인 것이라고 한다면 주님은 격노하실 것입니다.

위에 열거한 두 종류의 사람은 남에게 악 영향을 끼치는 사람들입니다. 나머지 다섯 가지 화는 지도자의 행태와 자질에 대한 진노입니다.

(3) 일과 가치의 경중을 가리지 못하고, 본질과 현상을 구분하지 못한 채 겉의 껍데기 같은 현상에 집착하는 사람들이 예수를 격노케 했습니다. 몸이 옷을 위해 존재하는 것으로 착각하는 자들이 성전보다 성전 속에 있는 헌금을 더 중요시하고, 제단보다 제단 위에 놓여 있는 제물을 더 소중한 것으로 떠받듭니다. 이런 사람들은 몸 팔아 화려한 옷을 사 입는 매춘자와 같고 원칙과 신념을 팔아 권력을 탐하는 자들과 같습니다.

(4) 법의 세칙은 잘 지키되 법의 정신은 무시하는 행위자들이 예수를 화나게 했습니다. 박하 한 줄기에도 십일조를 바친다고 자랑하면서도 사랑과 정의 실현에는 무관심한 사람들입니다.

(5) 속과 겉이 다른 사람들. 특히 속은 더러운 것이 가득 차 있을수록 겉은 화려하게 꾸미는 위선적 지도자들을 주님은 질책하셨습니다.

(6) 위의 위선 행위가 종교적인 성격을 지니면서 남을 차별하고 남에게 고통을 주는 것으로 나아갈 때 주님은 더욱 격노하셨습니다. 당시 유대교는 불결함에 대해 신경질적인 반응을 보였습니다. 이방인, 시

체는 기피해야 하고 여성의 월경은 자동으로 불결한 것으로 취급당했습니다. 성전에 들어가지 못 하게 막은 것입니다. 당시 유월절 순례자들이 실수로 무덤을 만지지 않게 하기 위해 무덤에 회칠을 하기도 했습니다. 예수는 이 같은 행위를 역겨워하셨습니다. 오히려 이러한 종교적 위선행위가 예수가 보시기엔 더더욱 불결해 보이셨던 겁니다.

(7) 예수의 진노는 일곱 번째 사람 유형에 이르러 그 절정에 이릅니다. 여기서 우리는 천둥 같은 진노, 번갯불 같은 날카로움을 느끼게 됩니다. 무엇보다 예수의 언어 사용이 정말 과격합니다. "독사"라고 일갈하신 예수는 이것으로 부족한 듯 여기셨음이 틀림없습니다. "뱀의 자식"이라고 내쳐 독설을 쐈붙였습니다. 평소에 욕 잘하는 사람이 이런 표현을 사용했다면 놀랄 것 없습니다. 그런데 평소에 온유 겸손하셨던 예수께서 이런 거친 표현을 서슴지 않으셨다는 건, 그만큼 예수의 진노가 깊으셨음을 뜻합니다. 우리가 욕할 때 흔히 섞어 쓰는 '개'를 생각하면 주님의 격노의 질감을 새삼 느낄 수 있습니다. 그나마 개는 우리에게 여러 모로 유익한 친구 같은 동물입니다. 그러나 유대교 문화에서 뱀의 상징성을 생각해보면 예수께서 "독사의 자식"이라고 하신 그 말씀의 부정적 뜻이 얼마나 깊은가를 쉽게 가늠할 수 있습니다.

예수께서 그토록 극렬하게 진노한 대상은 어떤 사람들이었습니까?

무엇보다도, 지난날의 역사적 범죄를 위선적으로 은폐하려는 가짜 애국자들, 가짜 민족주의자들이 예수의 진노를 격발시켰습니다. 이들은 역사의 위선자들이었습니다. 일제시대 독립운동을 했던 애국자들을 직접, 간접으로 억압했던 자들의 자손들이 마치 오늘에 와서는 애국

애족하는 사람인양 행동하는 것은 참으로 역겨운 일입니다. 군사독재 시절 권력에 아부했거나 짐짓 무관심한 척했던 사람들이 이제 와서 지난날을 미화하려는 행위도 주님을 진노케 합니다.

한마디로 지난날 더러운 역사를 오늘에 와서 화려한 겉장식을 통해 은폐하려하거나 겉으로는 역사 바로 세우기를 하는 척 하면서도 실제로는 평화와 정의와 사랑을 위해 헌신하는 사람들을 계속 핍박하고 차별하는 위선자들, 특히 종교적 위선자들을 향해 예수는 천둥 같은 목소리로 "독사의 자식들!"이라고 꾸짖을 것입니다.

한반도에서 예수의 분노가 향하는 곳

지금 우리의 분단 상황에, 2천 만 북녘 동포들이 굶주림으로 죽어가고 있는 이 딱한 상황에 예수께서 오신다면 누구를 향해 그 진노의 번갯불 같은 직격탄을 쏘아댈까요? 나는 확신합니다. 지난날 일제 때는 친일 행각에 여념이 없다가 해방된 뒤에는 냉전적 증오심으로 양심적인 민주세력과 인권세력과 평화주의자를 핍박하면서 그들끼리 부정과 부패의 연대를 이룩하여 부당하게 살쪄온 이 시대의 냉전적 바리세주의자들이 예수를 격노케 할 것입니다. 냉전적 대결의식을 불태우면서 남북관계를 계속 악화시키고 북한에 대해 초전박살의 증오심으로 조국 강토의 평화정책을 어렵게 하면서 지금 굶주림에 허덕이는 북한 동포를 더욱 옥죄고 싶어 하는 이 땅의 냉전 근본주의 세력을 향해 예수님은 독사같이 위험한 존재라고 나무라실 것입니다.

이런 때일수록 십자가의 사랑으로 우리를 구원해주신 예수의 뜻을 따라 아사 상태로 내닫고 있는 우리 북녘 동포들을 그 곤경에서 벗어나게 하는 일에 한국 크리스천들이 앞서야 합니다. 그러지 않으면 우리는 호된 질책을 받게 될 것입니다. 냉전적 바리세주의자들이 정치계에서 계속 날뛰는 한 한반도에 하나님의 샬롬은 오지 않습니다.

지금 북녘에는 헤아릴 수 없이 많은 지극히 작은 자들이 굶주리고 있습니다. 그러기에 우리는 증오의 노래, 냉전의 노래를 부를 것이 아니라 평화가 저 한강물같이 남북으로 흐르게 하는 노래를 마땅히 불러야 할 것입니다. 이 노랫가락에 맞추어 아무도 막을 수 없는 사랑의 동포돕기운동을 추진해나가야 할 것입니다. 이러할 때 "독사의 자식들아"라는 주님의 천둥소리는 "내 사랑하는 자녀들이여"라는 부드러운 소리로 바뀔 것입니다. 그래야만 "내가 주리고 목마를 때 너희들이 나에게 먹을 것과 마실 것을 준 사람들이다. 영생의 축복이 너희들에게 있을 것이다"라는 주님의 인자하신 축복의 음성을 듣게 될 것입니다.

현주소 없는 나그네 예수의 운동

우리는 지금 큰 창고로 변질된 듯한 한국 교회를 봅니다. 교회주의 자들은 교회를 세속적 창고로 착각하고, 그 속에 온갖 재물로 영의 이름 으로 가득 채우려는 듯합니다. 쌓아 올리기 경쟁에서 지지 않으려고 교회 를 물량적으로 확장하기에 여념이 없는 듯합니다. 그런데 유럽에 가보면 교회는 으스스한 박물관이나 무덤 같은 인상을 줍니다. 그곳에서는 생동 하는 기운을 느끼기 힘듭니다. 큰 교회나 성당일수록 더욱 그러합니다. 과 연 그러한 큰 건물에 사랑의 하나님이 살아 움직이실까 의심이 가기도 합 니다.

그렇듯 큰 창고나 낡은 박물관 같은 오늘의 교회는 때때로 하나님을 답답하게 가두어두는 곳으로 여겨지기도 합니다. 아니면, 전지전능하신 하나님과 죄인인 사람들 사이에서 브로커 노릇을 하는 종교인들의 중개 장소같이 여겨지기도 합니다. 하나님의 전지전능하신 힘을 빌려 죄인을 겁주면서, 그들에게 만병통치식의 해결책을 제시하는 브로커들의 교회는 어디에서나 사람들을 많이 끌어모으는 듯합니다.

　그런가 하면 얄팍한 카리스마를 과시하거나 거짓으로 과장하여 많은 사람들을 홀려 모이게 하기도 합니다. 사람들이 많이 모일수록 성곽 같은 큰 교회를 만들고, 자기는 교주처럼 행세하고 싶어 하는 사람들이 적지 않습니다. 이때 교회는 신도들에게 절대 복종을 강요하면서 자기 교회 안에서만 구원이 보장되는 것처럼 선전합니다. 그래서 세상이 흉흉할수록 종말론적 광기를 지닌 교주들이 더욱 날뛰는 듯합니다.

하나님을 향한 순례

　과연 이 같은 현실이 성서적입니까? 과연 예수 그리스도께서 하나님 나라를 선포하고 그 건설을 위해 일하셨을 때 단 한 번이라도 난공불락 같은 성곽 교회를 현주소로 확고히 삼으시고, 성주城主가 되려 하셨던가요?

　예수의 선교활동을 기록한 성서의 주요 사건에서 하나님 나라 꿈을 실현하려는 예수의 순례 여행을 빠뜨릴 수 없습니다. 믿는 사람의 삶은 바로 이와 같은 여행이라 해도 틀리지 않습니다. 바로 이런 뜻에서 우리는 구약의 두 큰 사건macro-events을 순례의 사건으로 해석할 수 있습니다. 하나는 출애굽 사건이요, 다른 하나는 바벨론 포로 후의 예루살렘 귀환 사건입니다. 이 두 큰 사건에 대한 이야기는 이스라엘 민족의 규범을 제공했으며 유대인의 정체성을 밝혀주었으며, 그들의 신관을 나타내기도 했습니다. 그런데 이 두 이야기도 따지고 보면 신앙 여행의 이야기라 할 수 있습니다.

　출애굽 사건은 모세 5경의 배경 사건으로, 그 의미는 종교의식으로 제도화되었습니다. 유월절의 엄수가 그러한 것이지요. 그것은 한낱 과거의 사건이 아니라 새로운 세대에게 항상 그 의미를 새롭게 학습시킴으로써 오늘의 이야기가 되기도 했습니다. 바로 왕의 억압과 수탈에서 벗어나 젖과 꿀이 흐르는 종착지점을 향해 꾸준히 나아가는 해방 여행이 바로 출애굽 사건이었습니다. 바벨론 포로 생활과 예루살렘 귀환 사건(BC 587~539)도 이국땅에 포로로 잡혀가 차별과 억압, 소외와 굴욕을 받았던 처량했던 나그네의 삶에서 벗어나 영원한 고향 예루살렘으로 귀향해 정의와 평화를 새롭게 세우고, 회개와 개혁을 추진했던 여행 사건입니다. 히브리말의 '회개'는 원래 귀환을 뜻하는 말입니다. 그들은 나그네의 슬픔을 바벨론 땅에서 이렇게 읊었습니다.

우리가 바벨론의 강변 곳곳에 앉아서
시온을 기억하면서 울었다.
그 강변 버드나무 가지에 우리의 수금을 걸어 두었더니
우리를 사로잡아온 자들이 거기에서 우리에게 노래를 청하고
우리를 억압한 자들이 저희들의 흥을 돋우어주기를 요구하며,
시온의 노래 한 가락을 저희들을 위해 불러 보라고 하는구나.
우리가 어찌 남의 나라 땅에서
주의 노래를 부를 수 있으랴. (시편 137:1~4)

예루살렘으로 돌아가는 기쁨과 그 의미에 대해 이사야 40장은 장엄하게 선포하고 있습니다. 바로 이 선언은 마가복음이 예수운동의 성격을 엄숙하게 알리는 말씀으로 재인용합니다. 거기에 길hodos에 대한

언급이 여러 번 나옵니다. 이 길은 순례의 길을 말합니다.

우리는 예수의 말씀과 활동을 바로 이 길 위에서 목격하게 됩니다. 순례자 예수는 순례 공동체 운동을 펼치셨습니다. 하나님나라를 선포하시고 그 나라를 이룩하시려고 순례의 삶을 사셨습니다. 이 같은 길 위에서 항상 움직였던 예수는 예루살렘 성전에 뿌리 내린 기득권 세력과 맞서게 됩니다. 이제 길 위에서 선교 여행을 떠나시는 예수의 마음을 역지사지해봅시다.

길 위에 펼쳐진 열린 밥상 공동체

먼저 예수 일행은 시몬(베드로) 집으로 가서서 마침 열병을 앓고 있는 시몬의 장모를 고치셨습니다. 예수의 공적 활동에서 가장 두드러지는 하나님나라 운동은 곧 무상의 치료행위였습니다. 예수는 심각한 질병으로 고생하는 사람들을 고쳐주셨습니다. 주님의 치료행위에 나타나는 특징에 주목하시기 바랍니다. 주님은 당시의 전통적 율법주의식 치료 방식을 전적으로 무시했습니다. 탈무드 방법에 따르면 열병 치료는 주술적이었습니다. 먼저 가시떨기 나무에 쇠칼을 머리카락으로 된 노끈으로 묶어놓고, 매일 주문 외우듯 출애굽기 3장 2~5절을 반복적으로 외워야 합니다. 그런데 예수의 치유 방식은 전혀 달랐습니다. 먼저 환자에게 가까이 가셨습니다. 고통의 현장에 바짝 다가가시고 손으로 그 환자를 만지셨습니다. 참으로 간단하고 신선한 방법이었습니다. 그리고 참으로 인간적인 접근이었습니다. 앓고 있는 환자에게 가서 그를 만지지도 않으면서 주문만 외운다고 무슨 위로와 힘이 되겠습니까?

둘째, 예수께서는 무상의 치료를 하시면서 기존의 정결체계를 흔들어놓았습니다. 외간 남자가 여자를 가까이 해서도 안 되고, 여러 사람들이 있는데서 말을 걸어도 안 되는데, 예수는 전혀 그 같은 여성 차별적 관행에 메이지 않으셨습니다. 여자는 원칙적으로, 불경不敬하고, 부정不淨하고, 불결不潔한 존재로 믿었던 당시 관례에서 보면 예수의 이같은 치유는 파격적이고 충격적인 사건입니다. 하나님나라 건설 자체가 파격적인 운동이라 하겠습니다.

이렇게 몸으로 환자의 아픔을 함께 느끼는 방식으로 병을 고치시면서도 무상으로 치유해주셨기에 사람들이 소문을 듣고 시몬 집의 문 앞에 구름처럼 모여들었습니다. 예수의 인기는 하늘을 찌를 듯했습니다. 바로 이같이 다중多衆이 따르게 되면 필경 탐욕이 생기게 마련입니다. 시몬 집 대문에 '예수 치유 센터'라는 문패만 달았어도 장사는 잘 되었을 것입니다. 주변에 사람들이 구름처럼 모여들게 되면 그만큼 권력과 금력의 욕심이 생기게 마련입니다. 이것은 동서고금을 막론하고 그러합니다. 게다가 치료자와 환자 사이에는 자연스럽게 힘의 상하 관계가 들어서게 됩니다. 바로 이 시점에서 우리는 시몬 일행이 무엇을 생각했는지를, 어떤 욕심을 갖게 되었는지를 어렵지 않게 짐작해볼 수 있습니다. 이를 정확히 알기 위해 우리는 제1세기 지중해 문화권의 계급 상황을 잠시 알아볼 필요가 있습니다.

고대 그리스 로마 문화권에서는 소수의 상류계급과 다수의 하류계급만이 존재했습니다. 중간계급은 거의 없었습니다. 그러나 사회통합과 안정은 그런대로 이루어졌습니다. 그 까닭은 두 계급이 보호자-피보호자 관계patronage-clientage를 형성하고 있었기 때문입니다. 일종의 오야붕-꼬붕 관계, 또는 주인과 고객 간의 관계가 존재했습니다. 하류층은 상류층에게 봉사와 충성을 바치고, 상류층은 그 대가로 하층인을 의무적으로 보호해주었습니다. 하기야 상류층 안에서도 힘의 관계에 따라 주인과 고객 관계가 형성되었습니다. 여기에는 중간에 브로커 역할을 하는 사람들이 있었습니다. 브로커는 윗사람에게는 봉사와 충성을 바치고, 아랫사람에게는 보호자 역할을 했습니다. 여기에 중요한 것이 있습니다. 보호자로서 상류층이 하류층을 보호해주는 행위는 그들의 도덕적 의무라는 사실입니다noblesse oblige. 이 의무를 잘 지킨 상류층을 위한 송덕비를 지금도 여기저기서 볼 수 있습니다.

바로 이 같은 보호자-피보호자 체제하에서 브로커 역할은 계급 갈등을 해소해주었는데, 이 같은 관습이 예수 당시 팔레스타인 상황에서도 통용되었습니다. 바로 이 같은 제1세기 관례에 따라, 예수께서 만일 나사렛 본가나 가버나움의 베드로 장모 집에 치유본부를 설치했다면 구름처럼 몰려오는 환자들을 돌보면서 그들과 보호자-피보호자라는 상하관계를 형성한다 해도 조금도 이상한 일이 아닙니다. 아니면 시몬이 브로커가 되어 자기 집을 일종의 치유 센터로 삼아 예수의 카리스마를 적절하게 활용할 수도 있었을 것입니다. 시몬과 베드로와 예수의 가족들은 바로 그것을 원했을지도 모릅니다. 예수께서 끊임없이 떠돌아다니며 치유 활동하신 것을 그의 가족들이 반대했음을 성서가 증거하고 있지 않습니까? 당시 문화에 따라 그렇게 했더라면, 예수, 그 가족, 제자들 그리고 동네 모두가 상당한 이익을 챙길 수도 있었을 것입니다.

마가복음 1장 35절을 보면 예수는 한 곳에 머물러 새로운 종교운동의 본부를 설치할 생각이 전혀 없었음이 드러납니다. 자기를 따르는 다중을 보시고 신흥종교 장사를 할 생각은 더더욱 없었습니다. 한 곳에 정착된 개척교회를 꾸리실 생각도 없었습니다. 정치적 영향력 행사를 하기 위한 조직 근거를 마련할 생각도 전혀 없었습니다. 오히려 예수는 다중의 유혹을 뿌리치셨습니다. 성주나 교주가 될 수 있는 절호의 찬스를 단호히 거부하셨습니다.

이것이 얼마나 아름답고 흐뭇하고 숭고한 모습입니까? 제가 화가라면 바로 이 예수, 새벽에 홀로 기도하셨던 예수의 그 고결한 모습을 화폭에 옮겨보고 싶어 견딜 수 없겠습니다. 따르는 사람들의 머릿수가 힘이요 돈인데, 그것을 물리치신 주님의 그 고결한 모습을 오늘의 대교회 교주들은 보지 못하는 것 같습니다.

그런데 마가복음 1장 36절을 보면, 시몬 일행은 예수를 찾아 나섰습니다. 왜 그랬을까요? 예수를 모시고 자기 집을 본부 삼아 치유 컬트 healing cult 같은 신흥 종교집단을 만들어 자기들이 브로커 노릇을 하고 싶었기 때문이 아니었겠습니까? 예수를 신흥교파의 교주로 모시고 떼돈을 벌거나 사회적 위력을 과시해보고 싶지 않았겠습니까? 더욱이 그때도 종말론적 담론이 널리 퍼져 있을 때가 아닙니까? 특히 베드로는 자기 장모의 열병이 감쪽같이 자기 집에서 나은 것을 여러 사람들과 함께 직접 목도했기 때문에 그만큼 자기 집의 가치를 더 높이고 싶어졌을 것입니다. 예수와 함께 피곤한 여행길에 나서기보다는 자기 집을 중심으로 새로운 세력을 결집하고 싶었을 것입니다. 그래서 외딴 곳에서 홀로 기도하시던 예수를 만나자 마자 "모두 선생님을 찾고 있습니다"라고 보고했지요. 이런 보고 뒷면에는 선생님의 그 신통한 치유 능력과 신유의 권능을 맘껏 활용하여 가버나움 한 곳에 힘을 모아보자는 뜻이 있었던 것 같습니다. 그리하여 베드로 자신이 거대한 신세력의 브로커 노릇을 하고 싶었을 것입니다. 그런데 예수의 대답은 어떠했습니까?

본문을 보면 우리는 길 위로 나가시려는 주님의 단호한 의지를 읽게 됩니다.

> 가까운 여러 고을로 가자. 거기에서도 내가 말씀을 선포해야 하겠다. 나는 이 일을 하러 왔다. (마가복음 1:38)

여기서 '이 일'이란, 한 곳에 머물지 않고 계속 순례하면서 하나님 나라를 선포하고 무상의 치유와 열린 식탁 공동체 운동을 펼치시겠다는 일입니다. 특정 장소에 고착된 선교는 하나님 뜻에 맞지 않습니다. 특정 장소나 건물이 하나님 선교의 본부가 되면, 그곳이 바로 신성시되거나 절대화되기 쉽습니다. 특정 장소가 보다 더 중요해지고 이 건물이 저 건물보다 더 신성해지기 쉽습니다. 그러면 거기에 상하의 불평등이 생기게 마련입니다. 그간 예루살렘 성전이 절대화되어온 것이 그러한 것입니다. 예수 당시에도 예루살렘 사제 세력이 그 같은 부당한 불평등을 고착시키고 재생산시키고 심화시켰습니다. 예수는 바로 그 성전을 숙정하셨던 것입니다.

예수는 하나님나라 건설을 목표로 길 위에서 열린 식탁 공동체를 친히 펼쳐*보여주셨습니다. 식탁은 그 시대 그 사회구조와 사회계급의 축소판이었습니다. 식탁에 도무지 초대받을 수 없는 '불결한 인간들'을 개의치 않고 초대하셨습니다. 닫혀 있던 식탁 공동체를 주님께서는 활짝 여셨고, 또 그 본부를 어느 특정 지역에 두지 않으셨습니다. 이동 식탁을 순례 중에 활짝 여셨습니다. 순례 선교 도상에서 무료치료도 하셨습니다. 단순한 생물학적 질병disease만을 고치신 것이 아니라, 그 질병의 뿌리가 되는 아픔illness을 제거하셨습니다. 병의 원인으로 인식되었던 죄까지 사해주셨던 것입니다.

이제 이러한 메시지를 배경 삼아 예수의 하나님나라 선포가 주는 혁명적 의미를 되씹어봅시다. 먼저 하나님을 사랑의 능력으로 보신 예수의 신관은 당시 문화권에서는 놀라운 인식이요 발상이었습니다. 먼저 희랍-로마의 신은 자기들끼리는 변덕스럽고 질투하는 신이면서도, 인간의 고통에 대해서는 무심한 신이었습니다. 그러나 예수의 하나님은 함께 아파하시는 사랑의 하나님이십니다. 자궁 속에 있는 자기 자신의 아픔을 함께 느끼는 엄마의 사랑 바로 그것이었습니다. 동고同苦의 신이지요. 얼마나 인간적인 신입니까?

더 놀라운 것은 초월자로 존재하면서 인간 위에 무서운 심판주로 군림하는 유대인들의 신과 예수의 하나님은 너무나 달랐다는 점입니다. 객관적 범주로 인식되는 하나님이나 범주화되는 하나님을 예수께서는 거부하셨습니다. 특히 저 웅장한 예루살렘 한복판에 위치한 거대한 성전의 지성소에 항상 거하시는 신은 예수의 하나님이 아니었습니다. 성전의 사제계급이 그들의 기득권을 보호하기 위해 이데올로기로 활용하던 신은 더더욱 아니었습니다. 다시 말해 지배 이데올로기로 작동했던 폭력적 심판주 하나님은 사랑의 아빠 하나님과 함께 존재할 수 없습니다. 하나님 사랑은 엄청난 폭발력을 지닌 자기비움의 감동적 힘이었습니다. 십자가 위에 스스로를 비워낼 수 있는 놀라운 힘이었습니다. 역설적으로 표현한다면, 예수 안에 나타난 하나님은 없듯이 존재하는 힘입니다. 참으로 약하기에 강한 분이십니다. 남을 위해서는 강하지만 자기 자신을 위해서는 너무나 허약한 분이시지요.

바로 이 같은 사랑의 하나님은 바로 예수의 순례 선교 중에서 열린 식탁을 자주 마련하시어 지극히 작은 자들과 나중 된 자들을 평등하게 존엄한 존재로 초청해 그들의 아픔을 음식과 함께 나누셨고, 또 중병환 자들을 무상으로 치료해주셨습니다. 진리를 향한 여행을 하면서 세속의 권세와 금력의 무거운 짐을 지고 다니는 자는 정말 어리석은 사람들입니다. 하나님을 향한 순례 도상에서 염려하고 근심하는 사람들에게 주님은 이렇게 뜻 깊은 권고를 해주셨습니다.

> 공중의 새를 보아라. 씨를 뿌리지도 않고, 거두지도 않고, 곳간에 모아들이지도 않으나, 너희의 하늘 아버지께서 그것들을 먹이신다. 너희는 새보다 귀하지 아니하냐? ……
>
> 어찌하여 너희는 옷 걱정을 하느냐? 들의 백합화가 어떻게 자라는가 살펴보아라. 수고도 하지 않고, 길쌈도 하지 않는다. ……그러므로 무엇을 먹을까, 무엇을 마실까, 무엇을 입을까, 하고 걱정하지 말아라. (마태복음 6:26~31)

이 말씀의 참뜻과 그 단맛을 누가 먼저 이해할 수 있겠습니까? 탐욕의 자본주의 체제에서 가볍게 여행travel light하는 나그네만이 그 깊은 뜻을 깨닫고 맛볼 수 있지 않겠습니까? 과연 우리는 가볍게 여행하고 있습니까? 우리는 너무 확고한 현주소를 갖고 거기에 큰 창고를 짓고 있는 것이 아닙니까? 무거운 짐과 현주소의 안주를 버리고 주님과 함께 끊임없이 순례의 삶을 살아야 하지 않겠습니까?

'참으로 좋은' 하나가 되는 길

어느 해 미국 카터센터에서 북미 기독학자대회가 열렸을 때, 북한 대표 7명이 참석해 화기애애한 분위기에서 학술토론이 벌어졌습니다. 그때 북한이 여러 곤경에 처했다는 소식을 들으면서, 그곳에 사는 수많은 동족의 아픔을 안타까워했습니다. 지도자들, 특히 강경세력의 잘못으로 고생하는 우리 겨레의 고통은 하나님 보시기에 참으로 좋지 못한 일입니다. 저는 그 회의 만찬사를 대표로 하면서 하나님의 샬롬의 빛 아래서 오늘의 부끄러운 조국 현실, 분단 현실을 잠시 조명해보았습니다.

참 좋았던 인간의 모습

하나님은 창조의 단계를 하나씩 끝마치실 때마다 언제나 "좋다"라고 말씀하셨습니다. 특히 인간을 만드시고 난 다음에는 그저 좋다고만 하신 것이 아니라 "심히 좋다"고 하셨습니다. 여기서 말하는 '좋다'라는

148

말에는 아름답다, 선하다, 건강하다, 평화롭다는 뜻이 모두 들어 있습니다. 즉, 태초에 하나님께서 창조하셨던 이 세상은 참으로 좋고 아름답고 선하며 건강하고 평화로웠다는 것입니다. 왜냐하면 아름답고 건강하고 평화로운 하나님의 본질(하나님의 형상) 그대로를 바탕으로 해서 이 세상을 만드셨기 때문입니다.

여기에는 하나님과 자연과 인간 사이에 소통과 화목이 있어 참으로 좋은 상태가 생기게 됩니다. 그랬기에 하나님 스스로 보시기에도 "심히 좋다"고 말씀하실 만했던 것입니다. 이렇듯 하나님의 창조질서는 평화롭고 아름답고, 참으로 좋았습니다. 그런데 그런 하나님의 창조질서에 의해 만들어진 이 세상에서 오늘날 살고 있는 우리들의 모습은 어떻습니까?

태초에 하나님께서 보실 때 참으로 좋다고까지 말씀하셨던 그 모습을 우리는 지금도 그대로 간직하고 있습니까? 모르긴 해도 이 물음에 긍정적인 대답을 던질 만한 사람은 얼마 되지 않으리라 생각합니다. 이제 우리들 인간의 모습은 본래의 건강하고 아름답고 평화로운 모습에서 너무나 많이 벗어나 있습니다. 탐욕과 이기심과 독선으로 깨지고 망가지고 비뚤어져 있습니다. 하나님의 창조질서는 참으로 좋았는데, 우리의 역사 현실은 그와는 반대로 무질서하고 혼돈 상태로 갈라져 있습니다.

이런 잘못된 우리들의 모습은 아름답고 평화로운 질서를 창조하셨던 하나님의 본질을 망각한 데서 비롯됩니다. 하나 되게 하시는 하나님의 능력을 온전히 믿고 따르지 못한 인간의 어리석음과 부족함 때문이기도 하고, 우리 인간의 탐욕과 독선 때문이기도 합니다. 따라서 지금 우리에게 무엇보다 필요한 것은 태초에 하나님께서 만드셨던 질서의 세계, 다시 말해 '참으로 좋았던 이 세상과 인간의 모습'을 회복하는 일입니다. 하나 되게 하시는 하나님의 본질을 새롭게 이해하려는 노력을 기울여야 한다는 말입니다.

그래서 저는 우선 하나님의 본질인 하나 되게 하시는 힘을 예수의 활동과 성령의 활동, 또 신약성서에 나오는 사도 바울의 말씀 안에서 확인해보려고 합니다. 그런 다음에 제 자신의 경험을 이야기하려 합니다.

예수의 취임사

예수는 대통령이나 왕과 같은 세상의 공적 자리를 차지한 적이 없습니다. 그런데도 우리는 그분의 삶을 '공생애'라고 말합니다. 공생애란 무엇입니까? 퍼블릭 라이프public life, 즉 공적인 활동을 하는, 공적 지위를 가진 분의 공익적 삶을 의미합니다. 평범한 시민의 삶에는 결코 공생애라는 표현을 쓰지 않습니다. 그런 의미에서 볼 때 예수는 분명 '더불어 함께 사는' 공익의 올바른 길을 우리에게 온몸으로 보여주신 분입니다. 비록 사회 정치적으로는 아무런 지위도 없었지만 그분의 삶 자체는 감히 인간으로는 도저히 따를 수 없는 가장 이상적인 공생애의 모습이었습니다.

그렇다면 예수는 언제, 어디에서, 어떤 생각을 출발점으로 해서 공생애를 시작하셨을까요? 또 그러한 평범치 않은 예수의 삶이 우리에게 던져주는 의미는 무엇일까요? 예수가 공생애를 시작하셨다면 거기에는 반드시 그 처음을 알리는 아주 기념비적인 취임식이 있었을 겁니다.

그 취임사에서 예수는 자신의 철학을 온 세상 사람들에게 알리고 새로운 비전을 제시했을 게 틀림없습니다. 한 나라의 대통령이 자신의 취임사에서 통치이념과 정치철학을 밝히듯이 말입니다. 이를테면, 1932년 취임식에서 루즈벨트 대통령은 미국의 자본주의가 총체적인 위기에 빠져 있을 때 그 불황을 극복하기 위한 대안으로 뉴딜정책을 발표했습니다. 그리고 케네디 대통령은 뉴프론티어 정신New Frontier Vision을 내세워 미국의 국민들에게 새로운 희망을 심어주었습니다.

이처럼 취임사에는 공적 활동을 시작하려는 사람의 기본 정신과 철학이 그대로 담겨 있습니다. 따라서 어떤 사람의 치적을 알려면 당연히 그의 취임사부터 분석하는 일이 첫 순서라고 하겠습니다. 그래서 예수의 취임사를 모르고서 예수를 믿는다고 하는 것은 한낱 공허한 이야기일 따름입니다. 예수의 활동, 즉 하나 되게 하시는 활동을 우리가 확인하려면 예수의 첫 설교인 나사렛 교회에서 하신 선포의 깊은 뜻을 제대로 읽어보아야 합니다.

> 주의 영이 내리셨다. 주께서 내게 기름을 부으셔서 가난한 사람들에게 기쁜 소식을 전하게 하셨다. 주께서 나를 보내셔서 포로 된 사람들에게 자유를, 눈먼 사람들에게 다시 보게 함을 선포하고 억눌린 사람을 풀어주고 주의 은혜의 해를 선포하게 하셨다. (누가복음 4:18~19)

이 말씀의 의미를 되새겨보기 전에 먼저 이 취임사의 청중이 누구였을까를 한번 생각해보기로 합시다. 아마도 이 말씀을 듣고 가장 좋아

했을 만한 사람들이 일차 청중이었을 겁니다. 성서에 의하면 그들은 모두 깨진 인간, 비뚤어진 인간, 외롭고 괴로운 변두리 사람들이었습니다. 바꿔 말해 탐욕이라는 인간의 장벽 때문에 억눌린 사람들, 포로 된 사람들, 가난한 사람들이었습니다. 예수는 이렇듯 구조적 악에 의해 억울한 고통을 당하는 사람들에게 복음을 증거하는 데 공적인 삶의 표적을 두셨습니다. 아무리 열심히 살아도 그에 마땅한 보상이 따라주지 않는 잘못된 구조적·역사적 장벽 때문에 아파하는 사람들에게 기쁨과 감동과 용기를 주고자 하신 겁니다. 이것은 크게 보면 부자와 가난한 사람의 장벽을 허물겠다는 뜻도 담겨 있습니다. 깨지고 흩어지고 아프고 괴롭고 외로운 사람들에게 온전하게 하나가 되게 하는 기쁜 소식을 전하고 정말로 새로운 질서와 새로운 공동체를 선포하겠다는 뜻입니다. 이것이 바로 예수의 프로그램이었으며 공적인 취임사의 내용이었습니다.

하나 되게 하려 오신 예수

그런데 이 예수의 말씀이 선포된 시기와 장소를 생각해보면 주님이 얼마나 뚜렷한 목적을 가지고 이 세상에 오셨는지를 새삼 깨닫게 됩니다. 마가복음의 기자는 예수가 언제부터 공생애를 시작했는가를 이렇게 기록하고 있습니다.

요한이 잡힌 뒤에, 예수께서 갈릴리에 오셔서, 하나님의 복음을 선포하셨다. '때가 찼다. 하나님의 나라가 가까이 왔다. 회개하여라. 복음을 믿어라.' (마가복음 1:14~15)

여기서 "요한이 잡힌 후 예수께서 갈릴리에 오셨다"라는 대목에 유념해야 합니다. 예수는 자신의 공적 활동을 아무렇게나, 또 아무데서나 시작하신 것이 아닙니다. 예수께서 갈릴리에 오신 것은 요한이 잡힌 직후였습니다. 그때에 예수는 비로소 당신의 말씀을 이 세상에 처음으로 선포하셨습니다.

왜 요한이 잡힌 후에 말씀을 선포하셨을까요? 그 이유는 요한이 잡혔다는 사건의 역사적·상징적 의미에서 찾아볼 수 있습니다. 요한이 잡혔다는 것은 세상이 캄캄해지기 시작했음을 뜻합니다. 지난 날 우리의 쓰라린 경험으로 말한다면 공안정국이 시작되었다는 것이지요. 요한이라는 인물이 상징하는, '바른말하고 옳은 소리하는 사람들'이 잡혀가게 된 것은, 세상은 평화롭지도 않고, 정의롭지도 않기에 어두워지기 시작했음을 뜻합니다.

그리고 말씀이 선포된 장소가 왜 하필 예루살렘이 아닌 갈릴리였을까요? 여기서도 갈릴리가 지니는 시대적·구조적 의미를 살펴볼 필요가 있습니다. 당시 갈릴리라는 곳은 밑바닥, 로마 식민지의 변방에 드리워진 흑암의 그늘에 사는 사람들이 집중적으로 모여 살던 비극의 땅이었습니다. 밝고 희망찬 곳이 아니라 어둡고 외로운 곳이었다는 얘기입니다.

이렇게 말씀이 선포된 시간과 장소만 보더라도 예수는 하나님의 창조질서에 의해서 판단할 때 가장 아름답지 못한, 절망적인 불의의 상황과 시대에서 공생애를 시작하셨음을 알 수 있습니다. 바로 그런 악조건 아래서 가장 아름다운 새 질서를 선포하시고 구축하려고 하셨습니다. 주위가 칠흑처럼 캄캄할 때 조그만 불씨 하나가 아주 밝게 느껴지듯이, 당시의 추하고 악한 세속 권력에 의해 역사 현실이 캄캄해진 상황에서 선포되는 복음의 빛은 그만큼 더 아름답게 빛났던 것이죠.

어둠에서 밝음을, 온갖 분열에서 온전하게 하나 되게 하심을 이루고자 하셨던 예수의 뜻은 그분의 활동에 잘 드러납니다. 그 가운데 한두 가지만 더 얘기해보려고 합니다. 성서에 보면 예수께서는 환자를 고치실 때 감기나 단순한 찰과상 같은 사소한 병을 고치셨다는 기록은 하나도 없습니다. 현대 의학으로도 고치기 힘든 심각한 병을 고쳐주셨습니다. 예를 들어 소아마비, 한센병, 시각 상실을 비롯하여 심지어는 죽은 자까지도 다시 살려내셨습니다. 이것은 지금의 눈으로 보아도 놀라운 일입니다. 예수가 이렇게 주로 중환자들을 낫게 해주신 까닭은 어디에 있을까요? 그것은 고질적인 중병을 앓고 있는 환자야말로 창조 질서의 아름다움이 가장 처참하게 깨져 있기 때문이었으리라 여겨집니다. 그들에게 나타났던 놀라운 치유의 효과는 바로 예수가 이 세상에 오신 뜻을 가장 분명하고 뚜렷하게 보여줍니다.

성서에 나오는 거라사 지방의 정신병 환자의 치유 사건을 한번 생각해봅시다. 지독하게 정신이 갈라지고 쪼개진 그 사람의 이름은 '군대'였습니다. 군대는 로마군단 레기온의 이름입니다. 즉, 수천 명으로 이루어진 로마군단의 이름이 바로 마귀의 이름이었던 겁니다. 이것은 로마의 무시무시한 폭력적 억압을 의미하기도 하지만, 제 생각으로는 로마군단의 숫자만큼 그 사람의 정신이 쪼개져 있었음을 뜻한다고 보입니다. 가령 로마군단의 숫자가 3천 명이라고 한다면, 그 마귀 들린 사람의 존재는 바로 3천 개로 쪼개졌다는 것입니다. 그렇게 많은 잡귀신이 한 사람의 정신 속에 들어가 앉았으니 어떠했겠습니까? 군대마귀가 힘을 발휘해서 그 사람이 차고 있던 쇠고랑을 끊어버렸으며 돌로 자기 몸을 쳐서 상하게 하기도 했고, 게다가 가족과 함께 살 수 없어서 아무도 없는 무덤가에서 홀로 지내야만 했습니다.

그런데 예수께서 그에게 치유의 기쁨을 안겨주셨습니다. 예수는 한마디 말씀으로써 그 사람에게 들어가 있던 모든 잡귀신들을 돼지에게 들어가게 하시고 그를 말짱하게 낫게 해주셨습니다. 말짱하다는 것은 쪼개진 정신들이 하나가 되고 육체와 정신이 온전하게 하나가 됨을 의미합니다. 예수께서는 마귀에 들려 갈라져버린 정신들을 하나로 온전하게 회복시켜주시면서, 복음과 구원의 힘이 어떤 것인지를 친히 깨우쳐주셨습니다. 이런 의미에서 볼 때 예수를 따른다고 하면서도 갈라지는 일에 앞장선다면 그는 예수의 제자가 아니라 마귀의 제자일 가능성이 높다고 하겠습니다.

하나님께서는 예수의 활동에서뿐만 아니라 제자들도 성령을 통해서 하나 되는 사건들을 많이 보여주셨습니다. 사도행전을 보면, 초대교회에 처음으로 성령이 내리는 장면이 나옵니다.

오순절이 되어서, 그들은 모두 한 곳에 모여 있었다. 그때에 갑자기 하늘에서 세찬 바람이 부는 듯한 소리가 나더니, 그들이 앉아 있는 온 집안을 가득 채웠다. 그리고 불길이 솟아오를 때 혓바닥처럼 갈라지는 것 같은 혀들이 그들에게 나타나더니, 각 사람 위에 내려앉았다. 그들은 모두 성령으로 충만하게 되어서, 성령이 시키시는 대로, 각각 방언으로 말하기 시작하였다.

예루살렘에는 경건한 유대 사람이 세계 각국에서 와서 살고 있었다. 그런데 이런 말소리가 나니, 많은 사람이 모여와서, 각각 자기네 지방 말로 제자들이 말하는 것을 듣고서, 어리둥절하였다. 그들은 놀라, 신기하게 여기면서 말하였다.

"보시오, 말하고 있는 이 사람들은 모두 갈릴리 사람이 아니오? 그런데 우리 모두가 저마다 태어난 지방의 말로 듣고 있으니, 어찌된 일이오? 우리는 바대 사람과 메대 사람과 엘람 사람이고, 메소포타미아와 유대와 갑바도기아와 본도와 아시아와 브루기아와 밤빌리아와 이집트와 구레네 근처 리비아의 여러 지역에 사는 사람이고, 또 나그네로 머물고 있는 로마 사람과 유대 사람과 유대교에 개종한 사람과 크레타 사람과 아라비아 사람인데, 우리는 저들이 하나님의 큰 일들을 방언으로 말하는 것을 듣고 있소."(사도행전 2:1~11)

위의 구절에서 보면, 오순절 날 여기저기 흩어져 있던 유대인들이 예루살렘에 모여 예배를 드릴 때 성령이 강한 바람처럼 불어닥쳤지요. 갈릴리 사람들이 방언을 하는데 그 방언을 여러 곳에서 모인 사람들이 각기 다 자기 고장의 말로 알아들을 수 있었던 것이지요. 이는 성령의 놀라운 힘이 역사하여 언어와 지리, 문화와 정치체제, 그리고 이 세상 사람들이 만들어 놓은 모든 장벽을 허물어뜨리고 하나로 서로 소통되게 하셨다는 뜻입니다. 다시 말해서 성령이 임하여 여러 개로 분열되어 있던 개체들을 하나로 상통하게 하셨습니다. 이것이 바로 성령의 효력입니다. 성령을 받은 사람들이라면 서로 소통해야만 합니다. 서로 소통하지 않고 자기 것만 고집하면서 갈라선다면 그것은 성령이 임하지 않은 증거입니다. 진실로 성령에는 모든 언어와 문화적 장벽을 허무는 힘

곧 성령 받은 이들이 다 하나로 알아듣게 하는 소통의 힘이 있습니다.

통해야 사는 이치

여기서 잠시 제 얘기를 하고 넘어가겠습니다. 지난날 저는 민주화 운동을 하다가 감옥에 갇힌 적이 있습니다. 그곳에서 '사람이란 도대체 어떤 존재인가?' 하는 것에 대해 새삼 성찰하게 되었습니다. 거기서 느꼈던 점은 사람이란 의사소통을 하지 않고는 견딜 수가 없는 사회적 존재라는 거였죠. 제가 감옥에 갔을 당시는 전두환 정권이 무지막지한 권력을 휘두를 때라 교도소마다 헌병까지 동원해 감시하고 있었습니다. 모르긴 해도 헌병이 교도소까지 들어왔던 것은 그때가 처음이 아닌가 싶습니다. 그럴 정도로 당시의 교도소 분위기는 무시무시하고 살벌하기까지 했습니다. 그러니 옆방 사람들과 통방을 한다는 것을 생각조차 하기 어려웠죠. 그야말로 생벙어리로 지내야만 했습니다.

하지만 면회 왔던 집사람한테 무슨 좋은 소식을 듣기라도 하면 그것을 다른 동지들과 함께 나누고 싶어서 견딜 수가 없었습니다. 옆방 친구와 바깥 사회에서는 그리 친하게 지내지 않았는데도 제가 들었던 소식을 그 친구에게 꼭 전해주고 싶은 생각이 가슴을 태웠습니다. 그렇지만 목소리를 조금이라도 크게 내면 교도관한테 금방 야단을 맞게 되니까 소리를 내어 말할 수도 없었죠. 결국 소리를 내지 않고 얘기를 전할 수 있는 방법을 찾아내게 되었습니다. 창살 앞에다 손가락으로 커다랗게 글씨를 쓰거나 소리를 내지 않고 입으로 크게 벙긋거리며 소통하는 것이었죠. 그때 제 방 앞에는 한화갑 씨, 그 옆에는 김옥두 씨가 갇혀 있었고 또 송건호 선생의 방이 좀 멀리에 있었습니다. 그래서 저는 외부로부터 어떤 소식을 듣게 되면 곧 그들과 소리 없는 대화를 나누곤 했죠. 그런데 문제가 있었습니다. 저는 소식을 전할 때면 상대방이 알아듣기 쉽도록 글씨를 손과 팔로 크게 쓰거나 천천히 입을 벌려 말을 했는데, 송 선생은 어찌나 글씨를 빠르고 작게 쓰는지 도통 무슨 말인지 알 수가 없었던 겁니다. 그럴 때면 무슨 얘기인지 알고 싶어서 미칠 것처럼 안달이 나곤 했습니다.

동물에게는 이렇듯 의사소통을 갈망하는 욕구가 절박하지 않습니다. 그러나 사람의 경우는 전혀 다릅니다. 사람은 의미 있는 상징을 상대방에게 전하고 싶어 하는 욕구가 절실합니다. 사람을 사회적 동물이라고 하는 것도 바로 그런 이유에서이죠. 저는 그것을 감옥에서 새삼스럽게 깨달을 수 있었던 것입니다. 내 곁에 아무도 없는 고독한 좁은 공간, 특히 다른 어느 누구에게도 말 한마디 건넬 수 없는 닫힌 상황에 처해 있었기 때문에 소통이 얼마나 소중한 것인가를 절감할 수가 있었습니다.

사람에게 커뮤니케이션, 욕구는 굉장히 중요합니다. 이런 커뮤니케이션의 욕구를 본질적으로 아름답게 보는 종교적 진리가 복음서에 나옵니다. "태초에 말씀이 있었다. 말씀이 하나님이었다"는 구절을 저는 요즘 새롭게 느끼고 있습니다. 말씀이 하나님이었다. 즉 하나님은 바로 커뮤니케이션의 신이라는 뜻입니다. 하나님은 처음부터 "아담아! 아담아!" 하고 말씀으로 불러 찾으셨는데, 이는 아담과 서로 소통하려 하셨음을 보여주시는 겁니다.

우리들 역시 일상생활을 해나가면서 다른 사람들과 서로 소통하고 싶은 간절한 욕망에 사로잡히곤 합니다. 간혹 어떤 사람과 사귀는 동안에 '저 사람은 나하고 말이 통하는구나' 하는 느낌을 받게 됩니다. 그것은 바로 '저 사람을 내가 알아. 그리고 이해해. 저 사람은 믿을 만해. 그래서 저 사람과 더불어 평화롭게 살 수 있어'라는 뜻입니다. 말이 통하는 사람과 함께 서로의 마음을 터놓고 얘기하는 일만큼 소중하고 아름다운 것은 없으리라 여겨집니다. 그러나 오늘날 한 지붕 밑에 살면서도 서로 말이 통하지 않는 사람들이 얼마나 많습니까? 아버지와 아들, 남편과 아내 사이에 이 같은 소통이 이루어지지 않아서 비극적인 일까지 일어나는 것을 우리는 주변에서 흔히 봅니다. 그것은 교회에서도 마찬가지입니다. 장로와 집사가 각자의 세력이나 이익을 위해 상대방을 헐뜯고 다투는 등의 모습을 보는데, 이는 서로의 의사가 하나로 소통되지 않아서입니다. 이렇게 말이 통하지 않는다는 것은 곧 성령의 효력이 상실되었다는 뜻입니다. 왜냐하면 성령이 초대교회에 임했을 때 일어났던 첫 역사가 바로 서로 말이 통하게 하는 소통의 사건이었기 때문입니다.

갈릴리 사람이 자기 말로 방언을 하는데 그것을 여러 지방에서 온 사람들이 각자 자기 고장의 말로 알아들을 수 있었습니다. 이것은 참으로 놀라운 일이며, '만민의 하나님'이 보여주신 감동의 소통이었지요. 그래서 하나님은 소통의 신이기에 부족적 신이 될 수 없는 분이지요.

사도행전 10장 34절 이후의 내용에서도 하나 되게 하시는 성령의 능력을 확인할 수 있습니다. 베드로가 이방인인 고넬료의 집에서 설교할 때 성령이 임하시는 장면이 나옵니다. 사실 베드로는 고넬료와 같은 이방인과는 만나는 일조차도 매우 불경스럽다고 생각했습니다. 그런데 그 이방인의 집 지붕 위에서 본 환상을 통해 "불경하게 생각하지 말아라" 하는 명령을 받게 됩니다. 더욱 놀라운 일은 고넬료의 집에서 설교를 하는 도중에 성령이 내린 사실이었습니다. 이방인에게 성령이 내리는 것을 보고 베드로는 깜짝 놀라 자기의 부족적 편견을 바꾸게 되었습니다. 그리하여 이방인에게도 세례를 주어야겠다고 다짐을 하게 되었죠. 이것이 곧 코페르니쿠스적 발상의 전환입니다. 그 전환으로 유대교라는 조그만 부족 종교가 기독교라는 만인의 종교로 변화하게 됩니다. 우리는 바로 여기서 조그만 부족 종교를 세계 종교로 만드는 놀라운 힘이 성령에 내재해 있음을 기억해야 합니다.

좀 전에 제가 가정이나 교회 안에서 말이 제대로 통하지 않는 사람들에 대해 얘기했지요. 통일원의 책임을 맡았던 제 경험으로 비추어 보면 남북 대화처럼 어려운 것이 없는 듯싶습니다. 북쪽 사람들과 의사소통을 한다는 것이 그렇게 어려울 줄은 미처 짐작하지 못했습니다. 헌데 놀랍게도 그보다 더 어려웠던 것은 남남 대화였습니다. 그중에서도 제일 저를 어렵게 했던 일은 냉전적 시각을 지닌 기독교인들과의 대화였습니다. 하나 되게 하시는 하나님의 힘을 가장 감동적으로 증거해야 할 크리스천들이 냉전의식과 반북의식을 강하게 지니고 있게 되면, 그들과 소통하기가 참으로 힘듭니다. 하나님의 깊은 뜻을 제대로 이해하지 못하는 그들의 모습을 보면서 저는 마음이 아팠습니다. 하나님께서는 이렇듯 갈라지고 깨진 것을 원치 않으십니다. 그것은 분명 하나님의 창조질서가 아닌 까닭입니다. 그러므로 우리 크리스천들은 그 누구보다도 갈라지고 깨지고 온전치 못한 것을 하나 되게 하는 일에 앞장서야 합니다. 그 일이 비록 힘들고 어려울지라도 그것을 우리의 사명으로 받아들여야 하는 것입니다.

　세 번째로 저는 사도 바울의 말씀 속에서 하나 되는 의미를 되새겨보려 합니다. 에베소서와 갈라디아서에도 나오는 얘기입니다만, 사도 바울은 "그리스도 안에서는 유대인과 헬라인, 주인과 종, 남자와 여자 사이에 어떠한 차별도 있어서는 안 된다"고 말합니다. 이는 모든 인간들 사이에는 그 어떤 장벽도 있어서는 안 되며, 또 있을 수도 없다는 주장입니다. 그러나 우리 사회에는 참으로 많은 장벽들이 존재하고 있습니다. 계급의 차이, 이데올로기의 차이, 세대와 지역의 차이 등으로 인해 사람들 사이에는 높고 견고한 장벽이 쌓이는 것입니다. 눈에는 보이지 않지만 우리들 마음속에 자리 잡고 있는 장벽들 때문에 사람들 사이에 다툼이 일어나고 미움과 갈등이 그칠 줄 모릅니다. 사람이 사람을 미워하고, 등을 돌리고 갈라서는 일처럼 엄청난 비극은 없을 겁니다. 그렇다면 이와 같은 장벽들을 허물 수 있는 논리는 과연 무엇일까요? 그것은 결코 '때문에'의 논리가 아닙니다. 사람 사이의 단단한 장벽을 허물 수 있는 큰 힘은 바로 '불구하고'라는 십자가의 논리이며, '불구하고' 사랑하는 하나님 사랑의 효력입니다. 우리 주변을 둘러보면 어디서든 쉽게 십자가를 발견하게 되는데, 그 십자가가 무엇을 뜻하는지에 대해 새삼 반성적으로 성찰해볼 필요가 있습니다. 한마디로 말해, 십자가는 분열에서 하나로 가게 하는 힘입니다.

　우선 십자가의 모양을 보면 동서남북이 다 그곳에 있습니다. 동과 서의 나뉨, 남과 북의 나뉨, 높은 사람과 낮은 사람의 나뉨을 뜻한다고 하겠습니다. 그런데 우리나라를 보십시오. 남쪽과 북쪽이 갈라져 있고, 또 동쪽과 서쪽으로도 갈라져 있습니다. 그러니 우리나라만큼 십자가의 사랑이 절실한 나라도 아마 드물 것입니다. 세계가 화합을 위해 노력하고 있는 이때에 우리만 남쪽이 북쪽을 보고, 서쪽이 동쪽을 보고 "이런 저런 이유 '때문에' 절대로 너하고는 합칠 수 없어"라고 주장한다면 평화와 공의는 설 자리가 없어집니다. 만약 '때문에'의 논리로만 따진다면 함무라비 법전에 나오는 것처럼 눈에는 눈, 이에는 이로 맞설 수밖에 없습니다. 상대방이 내 눈을 뽑으면 나도 상대의 눈을 뽑고, 내 이를 때리면 나도 상대방의 이를 때리면 된다는 것은 보복과 전쟁의 논리입니다. "너희들이 죄인임에도 '불구하고' 나는 너희들을 구원한다"는 주님의 마음처럼 "네가 나에게 이렇게 함에도 '불구하고' 내가 너를 용서하고 이해한다"는 '불구하고의 사랑'을 실천하려는 노력이 필요합니다.

제가 통일원을 맡아서 일을 할 때 이 '불구하고'의 논리를 실천했다고 자부하는 일이 있습니다. 바로 이인모 노인을 북한으로 보낸 것인데, 그것은 북한이 우리 정부에게 하는 바를 조목조목 따져서 대응한다면 결코 있을 수 없는 일이었습니다. 문민정부 이전에는 이인모 노인을 북쪽으로 보내기 위해 여러 가지 조건을 내세웠는데 결국 관철되지 않았던 것도 바로 그 때문이었을 겁니다. 그래서 저는 나름대로 판단하길, 새 정부의 도덕성을 보여주기 위해서는 '불구하고의 논리'로 대응해야겠다고 생각했습니다. 헌데 참으로 놀라운 일이 일어났습니다. 북쪽에서 귀순한 인민군 장교의 귀순 동기가 바로 이인모 노인의 귀환 때문이었다는 고백을 듣게 된 것입니다. 그 군인은 북한에 있을 때 이 노인이 돌아온 것을 보고는 깜짝 놀랐다고 합니다. 북한 같았으면 저런 사람은 쥐도 새도 모르게 없앴을 텐데 남한은 정말 다르다는 것을 느꼈답니다. 그래서 귀순을 결심하게 되었다는 겁니다. 그 얘기를 듣는 순간 '하나님의 역사는 이런 식으로도 일어나는구나' 하는 감동을 받았습니다.

모든 일에서 '불구하고의 논리'를 쓰지 않고 '때문에의 논리'를 쓴다면 아무것도 이루어지지 않습니다. 사랑하는 형제자매 여러분, 그런 의미에서 우리 한국 교회의 실상을 살펴봅시다. 한국 교회에서 최대 교파를 차지하는 것이 장로교입니다. 그런데 해방된 후 어떻게 되었습니까? 서로 다투다가 둘로 딱 갈라져서 예수교 장로교와 기독교 장로교가 되었습니다. 원래는 한 몸이었던 예수Jesus와 그리스도Christ가 서로 분열된 것입니다. 게다가 더욱 어처구니없는 일은 예수교 장로교가 다시 합동과 통합으로 갈라져버린 일입니다. 도대체 그 두 말이 서로 다른 말입니까? 합동이라는 말도 '하나 되자'는 의미이고, 통합이라는 말도 '하나 되자'는 뜻이 아닙니까? 그런데 오직 한 분이신 예수를 믿는 우리들이 "합동!" 하면서 분열하고 "통합!" 하면서 갈라지고 찢어지는 것이 올바른 일이겠습니까? 절대 그렇지 않습니다. 이것은 위선입니다. 차라리 나쁜 짓 하면서 내가 나쁜 짓 한다고 말하는 것은 정직한 일입니다. 그런대로 봐줄 만하다는 것입니다.

여러분, 우리는 이러한 우리의 위선적 모습을 똑바로 쳐다보며 부끄럽게 생각해야 합니다. 태초에 하나님이 이 세상과 인간을 창조하시고 "참으로 좋다!"고 찬탄하셨던 그때의 모습을 다시 회복해야만 합니다. 그 하나님의 찬탄을 들을 수 있는 한국 교회가 되도록 애써야 합니다. 그것이 우리가 마땅히 이루어야 할 일인 것입니다.

제3부

역설의 행복

예수따르미의 역설적 행복코드

우리는 늘 행복하길 바라며 삽니다. 그리고 나와 가까운 사람들이
행복하길 기원합니다. 그런데 행복의 조건은 무엇이며, 행복의 본질은
무엇일까요? 특히 예수따르미에게 행복은 무엇을 뜻하는 걸까요?

세계적 경제시사지 『이코노미스트Economist』는 어느 해 행복을
주제로 새해특집호를 꾸민 적이 있습니다. 자본주의가 사회를 풍요롭
고 자유롭게 하지만, 자본주의에 행복을 기대하지 말라고 했습니다. 경
제적 부가 행복을 보장해주지 못함은 오늘의 경제대국인 미국과 일본
국민들의 행복감이 다른 나라들에 견주어 더 크지 않다는 사실에서도
확인할 수 있습니다. 우리 주변에서도 돈이 오히려 독이 되어 가정을 파
탄시키는 사례들을 흔히 듣고 보게 되지요.

그러면 권력이 과연 행복을 보장해줄까요? 역사적으로 보아도, 막
강한 권력을 누렸던 사람들의 말로는 대체로 비참했습니다. 도망 다니
다 잡혀 교수형을 당하는 후세인의 모습을 보면서, 또한 그를 사형에 이

르게 한 강대국의 지도자의 모습을 보면서, 권력이 결코 행복을 보장하지 못함을 느낍니다. 우리나라의 경우를 보더라도 권력은 잠시 권력자를 행복하게 해주는 것 같지만 마침내 절대 권력일수록 절대로 불행해진다는 진리를 확인하게 됩니다.

그렇다면 명예와 명망이 행복을 가져다줄까요? 한때 이름을 날렸던 연예인들, 운동선수들이 반드시 더 행복했던 삶을 누린 것 같지는 않습니다. 명망이 높을수록 그만큼 교만해지기 쉽고 그만큼 아픈 대가를 치르게 됩니다. 명망가들의 말로가 또한 얼마나 쓸쓸하고 괴로운지를 어렵지 않게 주변에서 보고 듣게 됩니다.

결국 넉넉한 물질, 막강한 권력, 더 높은 명성, 그리고 무병장수無病長壽, 이 모두가 행복의 조건도 그 내용도 아니라면, 무엇이 참 행복일까요? 예수따르미들이 새삼 확인해야 할 행복의 조건은 어떤 것일까요? 바로 이 질문 앞에서 우리는 사도 바울을 쳐다볼 필요가 있습니다. 그의 구체적 삶과 그의 메시지 속에 소중한 행복코드가 담겨 있기 때문입니다.

바울의 역설적 행복

바울의 행복코드를 찾기 전에 먼저 그의 메시지 가운데 우리에게 행복의 진수를 알려주는 말씀이 무엇인지 주목할 필요가 있습니다. 그는 첫 서신에서 다음과 같이 권면했습니다. 이 권면이 바로 예수따르미의 행복을 뜻합니다.

항상 기뻐하라. 쉬지 말고 기도하라. 범사에 감사하라. (데살로니
가전서 5:16~18)

데살로니가 교우들에게 보낸 그의 편지는 신약성서 중 가장 오래
된 문건입니다. 이 편지에서 항상 기뻐하고 모든 일에 감사하는 삶이야
말로 그리스도 예수 안에서 하나님께서 우리에게 바라시는 행복임을 그
는 강조했지요. 그런데 항상 기뻐하고 감사한다는 것은 행복의 극치를
나타내기는 하지만, 그 높은 수준에 이르기가 여간 어려운 일이 아닙니
다. 돌아가신 부모님께서 가장 즐겨 강조하셨던 성서 말씀이 바로 이 바
울의 말씀이었기에, 나는 어려서부터 가정 예배를 통해 이 말씀을 자주
접했습니다. 지금도 선영에 묻혀 계신 부모님의 묘비에는 이 말씀이 가
훈처럼 새겨져 있습니다. 어릴 때부터 나는 '도대체 우리가 어떻게 항
상 기뻐하고 감사할 수 있나' 고민했었지요. 때때로 기뻐할 수 있지만
어떻게 항상 기뻐할 수 있으며, 특정한 경우 감사할 수 있지만 어떤 경
우에도 감사할 수 있다는 것은 불가능하다고 생각했지요. 어떻게 그런
무책임한 권고를 사도 바울이 할 수 있나 불평하기도 했지요. 그래서 우
리는 바울이 데살로니가 교우들에게 그렇게 대담하게 권면할 수 있었
던 그의 독특한 삶의 경험이 무엇이었는지 제대로 살펴볼 필요가 있습
니다.

첫째 바울이 겪었던 갖가지 객관적 역경부터 먼저 알아야 합니다.
처절한 역경 속에서도 그가 강렬하게 체험했던 행복감에 주목해야 합
니다. 그의 삶은 위기와 곤경의 연속으로 점철된 독특한 삶이었지요. 한
마디로 객관적으로 보면 불운한 삶의 연속이었습니다. 그는 스스로 그

것을 수고로 넘치는 삶이라고 표현했습니다. 어느 누구보다 더 많이 고생했지요. 특히 그를 항상 괴롭혔던 유대인 크리스천들을 염두에 두면서 그는 그들보다 더 많은 옥고를 치렀으며, 매도 수없이 맞았으며, 여러 번 죽을 고비를 넘겼다고 고백했습니다(고린도후서 11:23~29).

그것은 그가 로마 시민권을 소지하고 있었다는 사실에 비추어보면 정말 억울한 고통이기도 하지요. 그는 유대인의 율법(신명기 25:1~3)에 따른 형벌인 태장을 맞을 이유가 없었습니다. 그것을 당당히 거부할 권리가 있었지요. 그는 로마 시민권자이기 때문입니다. 그런데 한 번에 39번씩 죽도록 맞게 되는 태장형벌을 세 번이나 맞았으니 적어도 세 번은 태장 맞아 죽을 뻔했었지요.

언젠가 싱가포르 적십자 회의에 참석했을 때 들은 이야기입니다. 여러 해 전 미국 청년이 비행을 저질러 그곳에서 아직도 유효한 태장형을 받았다고 합니다. 그것은 공개적으로 시행되기에 육체적 고통에 더하여 말할 수 없는 수치심을 불러일으킵니다. 그 청년은 귀국한 뒤 수치심과 심리적 압박을 이겨내지 못해 결국 자살했다고 합니다(이것이 그렇게 무서운 형벌이긴 하지만 그렇다고 그것이 공개적 십자가 처형의 그 육체적 고통과 심리적 고통에 비교할 수 있겠습니까).

바울은 태장 외에도 돌로 맞아 죽을 뻔했습니다. 이것도 유대식 형벌인데도 말입니다. 게다가 가는 곳마다 그를 기다렸다가 끈질기게 따라다니면서 그를 비방하고 괴롭혔던 율법주의 신자들이 있었으니, 바로 이것이 그가 말한 "동족의 위험"이었습니다. 여기에다 불면으로 밤을 지새우는 고통이 그를 항상 따라 다녔지요. 불면의 고통은 인간 고통 중 가장 아픈 것입니다. 그래서 고문 중에 가장 견디기 힘든 것에 잠재우지 않는 고문이 들어갑니다. 당해 보지 않은 사람은 그 고통을 잘 모르지요. 고문이 아니더라도 불면증이 있는 사람이라면, 바울의 이 고통을 쉽게 이해할 수 있을 것입니다. 불면의 밤을 수없이 많이 보내는 고통에 더해 바울은 주리고 목마르며 춥고 헐벗음에서 오는 또 다른 원초적 인간 고통을 겪었지요. 이 같은 악조건에서 손발이 부르트도록 손수 노동하면서 선교활동을 했습니다. 세상의 눈으로 보면 이 같은 삶이야말로 쓰레기 같은 삶이었고 인간 찌꺼기 같은 삶이라 해도 지나침이 없지요(고린도전서 4:13).

한마디로 바울이 겪은 역경은 바로 불행과 불운의 구체적 사례들입니다. 우리의 상식적 행복은 이 같은 역경 속에서 결코 나올 수 없습니다. 세상의 눈으로 보면 바울의 삶 그 자체가 불행 그 자체요, 불운의 극치입니다. 그런데 그는 이 같은 역경의 한가운데서 놀라운 고백을 합니다. 남에게 자기를 높이는 자랑을 해서는 안 되지만(이 점을 우리는 항상 명심해야 합니다) 부득불 자랑해야 한다면 그 역경들 속에 처해 있는 자기의 약함을 그는 자랑한다고 했습니다. 때로 태장을 맞고 때론 돌의 공격을 받아 목숨이 경각에 이르게 되어 형편없이 약해진 자기의 처지, 바로 그 약함을 그는 자랑하겠다고 했습니다. 춥고 배고프고 목말라 애타는 자기의 연약함에서 그는 오히려 행복과 긍지를 느꼈습니다. 그 역경 속에서 그는 오히려 기뻐할 수 있었고 또한 감사할 수 있었기 때문입니다. 그렇다면 무엇이 그로 하여금 그 연약함의 극치에서 희열과 감사를 느끼게 했을까요?

그것은 그가 그렇게 약해졌을 때 예수 그리스도를 더욱 실감나게 만날 수 있기 때문이지요. 예수를 벤치마크하는 기쁨, 예수의 고난에 동참하는 특권을 그는 체험했기 때문이지요. 예수의 삶 자체가 '말구유'에서부터 '골고다 언덕 위의 십자가 처형'에 이르기까지 처절한 연약함의 연속이었기에 그러한 예수 삶에 바울이 동참할 수 있다는 깨달음이 그에게 너무나 벅찬 감동을 안겨준 것입니다. 그러기에 바울의 행복은 역경 속의 연약함에서 잉태되고, 더 아픈 역경의 연속 속에서 마침내 활짝 핀 아름다운 꽃이요 풍성한 열매였습니다. 그래서 어쩔 수 없이 꼭 자랑해야 한다면 역경과 연약함을 자랑한다고 고백했습니다.

저도 감옥에 갇혀 곤경에 처해본 적이 있습니다. 그때 이야기 한 토막을 해보고 싶습니다. 1980년 여름 서대문 교도소 2층 감방에 갇혀 있을 때였습니다. 아침 10시경 젊은 교도관이 갑자기 내 감방 문을 열고 후다닥 쳐들어왔습니다. 나보고 자리에서 일어나서 비켜서라고 했습니다. 나는 놀라 어리둥절했지요. 그가 내 자리에 앉더니, 나보고 2층 교도소 출입문을 쳐다보며 누가 오는지를 살펴달라고 했습니다. 그를 위해 망을 봐달라는 부탁이었지요. 나는 이 젊은 교도관에게 왜 이 같은 엉뚱한 짓을 하는지 물었습니다. 그의 대답은 이러했지요.

"교수님 자리에 한번 앉아 보고 싶어요. 그 자리에 앉으면 행복해질 것 같아서요."

교도관이 죄수의 자리를 탐하다니. 죄수의 자리에 앉으면 행복해질 것 같다니. 잠시 혼란에 빠졌으나, 왜 그가 그렇게 말하는지 대번에 알 수 있었습니다. 평소에 감옥 창살로 나를 쳐다보며, "무엇이 그리 좋아서 노래를 흥얼거리세요?"라고 힐난조로 묻곤 했지요. 나는 매일 아침 일어나면, 성서를 읽은 뒤 찬송가 책을 펼쳐 노래를 조용하게 부르곤 했습니다. 그러고 난 다음 전문 서적이나 소설을 읽었지요. 그러한 내 모습이 그 교도관에게는 행복한 상태로 비친 것 같습니다. 내가 그를 볼 때마다 미소를 지으면 "무엇이 그렇게 좋아 웃으세요?" 하고 핀잔을 주듯 얘기했습니다. 하기야 나도 속으로는 답답해 죽을 지경이었기에 예수 그리스도 안에서 희망과 믿음을 놓지 않으려고 몸부림 치고 있었으니까요. 그런 내 모습이 그에게는 오히려 높은 수준의 행복으로 비쳤고, 그것을 그가 부러워했던 것입니다. 내 연약함이 그에게는 강렬한 소망과 행복의 징후로 다가간 듯했습니다.

둘째로 바울은 심각한 질병을 앓고 있었습니다. 이것도 그에게는 행복의 조건이었습니다. 그는 감사했습니다(고린도후서 12:7~8). 그의 지병이 무엇인지 정확하게 밝혀진 바는 없습니다. 다만 그 지병으로 그의 고통이 심했던 것은 확실합니다. 바울이 "몸속의 가시"로 표현할 만큼 그 고통은 날카로웠던 것 같습니다. 그래서 남들보다 인내심이 강했던 바울도 그 가시같이 예리한 아픔을 견디지 못해 세 번이나 간절히 주님께 낫게 해달라고 기도했었지요. 그런데 놀라운 일이 벌어졌습니다. 주께서 영의 음성을 통해 그의 간구를 거부하셨습니다. 그 이유는 이러합니다.

내 은혜가 네게 족하다. 내 능력은 약한 데서 완전하게 된다. (고린도후서 12:9)

이 같은 매정한 거절에 대한 바울의 반응은 더욱 놀랍습니다. 주님의 거부를 그는 정말 성숙하게 받아들였지요. 지병으로 고생하는 그 연약함 속에서 주님의 강하심을 체험하는 역설적 기쁨, 그의 몸속 가시가 찌르는 통증에서도 오히려 강렬하게 하나님의 사랑을 체험하는 희열을 맛보게 되었습니다. 게다가 이 같은 통증이 없으면 그가 교만해질 수 있음을 새삼 깊이 깨닫고 오히려 하나님의 넘치는 은혜를 감사하게 되었습니다. 그래서 그는 지병의 아픔 한가운데서 넘치는 하나님의 은혜를 온몸으로 온 마음으로 확인하게된 것입니다. 그것이 바로 그의 행복이었습니다. 그의 놀랍게 성숙한 믿음, 그의 역설적 기쁨을 그는 이렇게 요약했습니다.

> 그러므로 나는 그리스도를 위하여 병약함과 모욕과 궁핍과 박해와 곤란을 겪는 것을 기뻐합니다. 내가 약할 그때에, 오히려 내가 강하기 때문입니다. (고린도후서 12:10)

예수따르미의 역설, 그 역설의 기쁨, 바로 그것이 예수따르미의 행복이지요. 1970년대 후반 한국 교회가 군사 정부로부터 심한 박해를 받고 있을 때 한국을 방문했던 세계교회협의회 지도자들은 바로 앞서 말한 바울의 메시지로 우리 한국 교회를 위로했습니다. 그때 우리는 모두 행복했습니다. 그때 느낀 기쁨을 나는 지금도 생생하게 기억하고 있습니다. 우리는 육체적으로 연약할 수도, 질병으로 고생할 수도 있습니다. 그럼에도 불구하고, 우리는 그 연약함 속에 움직이시는 하나님의 강한 은혜를 체험해야 합니다.

셋째로 가장 뚜렷한 바울의 행복코드는 다음과 같은 그의 고백에서 잘 나타납니다.

나에게는, 사는 것이 그리스도이시니, 죽는 것도 유익합니다. (빌립보서 1:21)

이 말은 공동번역 성서는 이렇게 표현합니다.

나에게는 그리스도가 생의 전부입니다. 그리고 죽는 것도 나에게는 이득이 됩니다.

이 같은 고백은 그의 특별한 처지에서 나온 것입니다. 그는 죽음을 기다리는 사형수로 갇혀 있으면서 빌립보 교회에 보낸 편지에서 그렇게 선언했습니다. 죽을 뻔한 온갖 역경을 수없이 거치고 이제는 지병으로 몸속의 가시를 품고 살 수밖에 없는 고통에 더하여, 사형을 기다리는 죄수의 괴로운 처지와 답답한 마음을 한번 헤아려보시기 바랍니다. 이런 상태보다 더 처절하게 불행한 일이 어디 있겠습니까. 이런 악조건 속에서도 그는 같은 편지에서 두 번씩이나 기뻐하라고 교인들을 격려했습니다.

주님 안에서 항상 기뻐하십시오. 다시 말합니다. 기뻐하십시오. (빌립보서 4:4)

이 같은 위로와 격려는 감옥 밖에 있는 자유로운 빌립보 교인들이 바울에게 해야 했던 것인데. 오히려 죄수 바울이 자유로운 교인들을 그렇게 격려했지요. 도무지 기뻐할 객관적 조건이 아무것도 없는데도, 그가 이 같은 위로를 할 수 있는 힘은 도대체 어디서 나왔을까요? 그 힘은 '죽는 것도 나에게는 이득이 된다'는 그의 확신에서 나온 것임에 틀림 없습니다. 그렇다면 왜 죽음이 그에겐 그렇게 이득이 된다고 믿었을까요? 행복의 궁극적 코드가 바로 여기에 있습니다.

죽음이 가져다주는 행복

그는 감옥에서 심각한 선택의 고민에 빠져 있음을 고백합니다. 죽음과 삶 사이에 끼어 어느 것을 선택해야 할지 모르겠다고 했습니다(빌립보서 1:22). 도대체 세상에 이런 고민이 어떻게 가능한가요! 우리는 어느 것을 택해야 할지를 너무나 잘 알고 있습니다. 우리에겐 죽음은 무조건 피해야 할 최악의 상황입니다. 죽음은 죽어라 하고 피해야 할 극악의 상태이지요. 그래서 인간은 불로장생을 꿈꾸며 진시황제처럼 불로초를 항상 찾고 갈망하게 되지요. 우리는 결코 죽음과 삶을 놓고 어느 것을 택해야 할지 고민하지 않습니다. 왜냐하면 무조건 삶을 선택하기 때문이지요. 그러나 바울에게는 이것이 심각한 고민거리였습니다. 죽어 그리스도를 직접 만나는 기쁨이 이루 말할 수 없이 벅차지만, 동시에 살아 교회를 위해, 그리고 복음을 위해 해야 할 일 또한 많기에 사는 것도 가치 있는 일이었으니 그에게는 생과 사가 선택의 심각한 고민이 되지 않을 수 없었지요. 얼마나 행복한 고민입니까.

그런데 정말 흥미로운 것은 바울이 죽음이 주는 기쁨을 아주 구체적인 것, 실용적인 것, 실질적인 것으로 표현했다는 점입니다. 죽음이 이득이 된다고 했는데 여기서 이득은 장사를 통해 얻는 경제적 소득과 같이 구체적인 것입니다. 죽음의 기쁨을 추상적인 것, 감상적인 것, 형이상학적인 것, 또는 종교적인 것으로 묘사하지 않고 몸으로 쉽게 느낄 수 있는 실리적인 이득으로 표현했다는 것입니다. 죽음의 이득은 그에게 결코 형이상학적인 관념이나 환상적 환희가 아니었습니다. 그렇다면 그가 두려움 없이 죽음을 선택할 수 있게 하는 현실적 토대가 무엇이었을까요? 그것은 그가 영적으로 체험한 바로 예수의 죽음과 부활의 실제reality였습니다. 그는 우리처럼 역사적 예수를 만나 본 적이 없습니다. 비록 예수와 동시대를 살았으나 예수와 직접 얼굴을 마주보며 이야기한 적이 없습니다. 그러나 살아 있는 동안 그의 귀에 쟁쟁히 울리는 예수의 음성을 항상 들었습니다.

> 사울아, 사울아. 네가 왜 나를 핍박하느냐?(사도행전 22:7)

> 내 은혜가 네게 족하다. 내 능력은 약한 데서 완전하게 된다.(고린도후서 12:8)

이것은 단순한 환청이 아니었습니다. 바울에게는 너무나 생생한 소리였고 현실적인 부름의 소리였습니다. 이 음성으로 그는 세계사를 바꿔놓은 엄청난 결단을 내렸습니다. 그의 서신들이 불러일으킨 그 엄청난 역사적 충격(이를테면 종교개혁)을 조용히 헤아려보면, 어느 누구도 그 소리를 한낱 환청으로 격하시킬 수 없을 것입니다.

인간과 역사를 바꿀 수 있는 엄청난 실체적 힘이 그의 예수 체험, 예수 부활 체험에서 나왔습니다. 그래서 그는 죽음을 즐겁게 선택하고 수용한 것입니다. 그에게는 죽음이 공포와 절망의 극점이 아니었습니다. 가장 비참한 단절도 아니었습니다. 오히려 환희와 감사의 연속적 흐름이었습니다. 그러나 이런 연속성의 경험을 통해 바울이 체험한 행복은 이 육신의 몸을 지니고 있는 한 어디까지나 부분적이고 미완성의 것임을 잊지 말아야 합니다. 완전하고 온전한 행복은 영의 몸으로 체험할 수 있는 것임을 바울은 확신했습니다.

다시 말해 육신으로 바울이 살아 있을 때 들었던 예수의 이 음성은 어디까지나 부분적인, 어느 정도 간접적인, 또한 희미하게 보이는 그러한 예수의 실체에서 나온 음성이었습니다. 그러나 바울은 죽어서 영의 몸으로 주님을 만날 때, 비로소 주님을 얼굴과 얼굴로 서로 마주보며 만나게 되는 벅찬 행복감, 주님의 모습 전체를 똑바로 바라볼 수 있는 벅찬 희열, 그리고 주님의 사랑의 온전함을 총체적으로 체험하게 되는 벅찬 소통의 기쁨을 누리게 될 것이라고 고백했습니다. 그래서 죽음이 그에겐 엄청난 행복이요, 사랑의 은총이라 하겠습니다. 그래서 그는 이렇게 고백했습니다.

> 지금은 우리가 거울로 영상을 보듯이 희미하게 보지마는, 그때에는 얼굴과 얼굴을 마주하여 볼 것입니다. 지금은 내가 부분밖에 알지 못하지마는, 그때에는 하나님께서 나를 아신 것과 같이, 내가 온전히 알게 될 것입니다. (고린도전서 13:12)

마치 멀리 떨어져 있기에 안타깝게 그리워했던 애인을 직접 만나, 그의 얼굴과 전체 모습을 뚜렷하게 서로 눈을 마주치며 찬찬히 살펴보게 되는 바로 그 행복을 바울은 그리스도 예수의 사랑이 보장해주는 행복으로 표현했습니다. 그래서 죽음이 모든 것의 비참한 끝장이 아니라 오히려 신나는 새로운 영적 삶의 시작으로 믿었습니다. 그것이 그의 행복의 뿌리라 하겠습니다.

죽음마저 이렇게 총체적 환희를 안겨다주는 행복의 새로운 기회로 믿게 되면, 살아 있는 동안 어떤 조건에서든지 끊임없이 기뻐하고 감사할 수 있게 될 것입니다. 참된 행복은 바로 여기에서 활짝 꽃피게 될 것입니다. 마치 예수의 사랑이 '불구하고'의 사랑이듯, 그리스도 예수 안에서의 행복도 '불구하고'의 기쁨이요, '불구하고'의 감사입니다. 역경에 처해 있음에도 불구하고 기뻐하고 감사하며, 고질적 질병으로 시달림에도 불구하고 감사하며 기뻐하게 됩니다. 그때 세상의 모든 악조건들은 역설적으로 행복의 조건들이 되고 말지요. 한걸음 더 나아가 죽음에도 불구하고 감사하고 기뻐할 수 있게 됩니다. 이보다 더 높은 수준의 행복이 어디 있겠습니까. 이보다 더 벅찬 특권이 어디 있겠습니까.

자기 비움, 남 채움

　지금 우리가 겪고 있는 자본주의 시장의 끝없는 탐욕은 미래에 대한 낙관을 무너뜨리고 있습니다. 시장에 대한 신뢰가 무너지면서 인간은 단순한 물질적 안정과 풍요만 아니라 미래에 대한 희망마저 잃게 되지 않을까 불안해합니다. 시장을 마땅히 올곧게 관리해야 할 정부도 신뢰를 잃고 있습니다. 시장의 탐욕을 생산력의 원천으로 우러러 보면서, 시장을 통제하지 않는 정부, 곧 작은 정부일수록 민주적인 정부라고 믿었던 낙관론도 심각하게 흔들리고 있습니다.

　얼마 전만 하더라도 자본주의 시장과 민주적 정부의 결합은 역사 발전의 정점에 이르렀다고 자축했지요. 그 정점으로 인류를 인도했기에, 이제 더 역사 발전은 없다고 장엄하게 선포했던 '역사 종언' 낙관론은 이제 허무하게 헛말처럼 인식되고 그 효력은 끝나는 것 같습니다. 아마도 현대인들은 일찍이 이와 같은 근본적이고 총체적인 불안을 겪어 보지 못한 것 같습니다.

바로 이런 카이로스적 위기에서 우리가 절박하게 목말라하는 것이 바로 사랑에 기초한 참된 새 희망입니다. 시장이, 국가가 이 같은 새 희망을 담보하고 있지 못한 바로 오늘의 위기 상황에서 사랑의 가치를 무엇보다 소중히 여기는 종교가 참된 희망의 빛을 환히 비춰준다면 얼마나 신나겠습니까. 종교 가운데도 기독교가 그와 같은 새 질서의 비전을 감동적으로 실효성 있게 보여준다면 얼마나 반가운 소식이 되겠습니까. 헌데 종교제도, 또는 제도종교 역시 시장과 국가처럼 그 탐욕에서 자유로울 수 없음을 깨닫게 될 때 우리는 더욱 우울해지고 더욱 처참하게 절망하게 됩니다.

'오래 참음'으로 이뤄지는 사랑의 선순환

바로 이런 때 갈릴리 예수가 새삼 그리워집니다. 갈릴리 예수께서는 날로 포악스러워지던 로마제국의 식민지에서 사셨습니다. 변방 식민지의 땅 팔레스타인에서 억압과 수탈, 차별과 소외의 구조 속에서 신음했던 민중들에게 사랑과 공의, 용서와 평화의 새 질서를 온몸으로 제시했습니다. 예수의 사랑 공동체는 당시 로마제국의 그 벌거벗은 힘의 지배와 예루살렘 성전 세력의 독선적 권력에 대한 종말론적 대안공동체였습니다. 그렇기에 예수운동의 동력이었던 사랑의 힘을 우리는 다시 타는 목마름으로 갈망하고 있습니다.

예수의 사랑은 단순한 개인 윤리적 덕목이 아닙니다. 그것은 새로운 역사, 새로운 질서를 만들어내는 역동적 힘입니다. 그리고 그 질서의 내용이며, 그 질서의 목적이기도 합니다. 그의 종말론적 공동체는 결코 초자연적·관념적 이상이 아니라 현실적 대안 공동체였습니다.

여기서 우리가 주목해야 할 것은 예수의 사랑 실천은 역사적 예수의 정체성만이 아니라, 그의 하나님다움, 곧 그의 신성神性을 드러낸다는 진리입니다. 예수에게 하나님은 다정다감한 사랑의 아빠Abba였지요. 그에게 하나님은 사랑의 힘이었습니다. 바로 그 사랑의 실천이야말로 역사적 예수의 정체성을 구체적으로 드러내는 일이 되지요. 그렇기에 역사의 예수를 탐구하고 실존적으로 그를 만나려는 노력은 바로 그 사랑의 하나님을 체험코자 하는 신앙적·신학적 헌신이라 하겠습니다. 참인간 예수 속에서 우리는 역동적으로 참하나님, 곧 아빠 하나님을 체험할 수 있고 만나게 되는 것이지요.

사도 바울은 우리처럼 갈릴리 예수를 직접 만나본 적이 없습니다. 그런 뜻에서 그는 21세기를 사는 오늘 우리와 다를 바 없습니다. 2천 년의 시차는 있지만, 바울과 우리는 직접 육신의 예수를 만나지 못했다는 점에서 마찬가지입니다. 바울은 역사의 예수를 구태여 알려고 하지 않았던 것으로 알려져 있지요. 그는 부활의 그리스도의 능력으로 새롭게 태어난 존재였기에 역사의 예수에 무관심했다는 것이지요. 그래서 우리는 사도 바울이 역사의 예수의 삶, 특히 그 사랑 실천의 삶을 무시했다고 생각하기 쉽습니다. 그런데 그것은 심각한 오해라고 저는 생각합니다.

바울의 삶 그 자체가 예수의 사랑 실천을 온갖 어려운 악조건에서도 충실하게 따랐던 삶이었음을 우리는 잊어서는 안 됩니다. 우리는 바울 서신에서 갈릴리 예수 삶의 흔적, 그 말씀의 울림, 그리고 그 예수의 체취를 느낄 수 있어야 합니다. 오늘은 바울의 사랑 예찬에서 역사의 예수의 그 음성을 새삼 듣고 싶습니다. 바로 오늘 세계 경제공황에서 떨고 있는 우리는 그 음성을 희망의 나팔소리로 들을 수 있어야 합니다.

특히 저는 사랑이 갖는 인내의 힘에 주목하고자 합니다. 고린도전서 13장 4절에서 바울은 **"사랑은 오래 참고"**라고 했습니다. 이 짧은 메시지는 오늘 우리 상황에 희망의 빛을 던져줍니다. 사랑은 인내를 동반해야 비로소 그 힘이 유지됩니다. 인내 없는 사랑은 대번에 증오로 돌변합니다. 불같이 뜨겁던 사랑도 인내 없이는 한순간에 얼음장같이 차갑게 변질됩니다. 하기야 희망도 마찬가지지요. 인내 없는 희망은 바로 절망으로 떨어지게 되니까요. 여기서 우리는 사랑과 인내의 관계를 좀 더 깊이 성찰하고 이해할 필요가 있습니다.

사랑은 바람직한 새로운 관계를 형성하는 힘입니다. 사랑은 관계이며, 그 관계를 지속시키는 힘입니다. 사랑은 자기 비움으로 그 힘을 드러냅니다. '자기 비움'은 물 흐르듯 '남 채움'으로 이어집니다. 그 흐름은 남 채움에서 정지되지 않습니다. 시간이 걸리더라도 자기 채움으로 되돌아옵니다. 여기서 아주 새로운 멋진 관계가 형성되는 아름다운 선순환 과정을 뚜렷하게 볼 수 있지요. 사랑은 항상 이 같은 선순환을 작동시켜, 관계를 더욱 아름답게 만들어줍니다. 그러나 우리는 자기 비움에서 남 채움으로 나아가는 과정이 대번에 쉽게 이뤄지지 않는다는 사실에 주목해야 합니다.

자기 비움이 고통스러운 일인 만큼, 결코 쉽지 않을 뿐만 아니라, 그것이 남 채움까지 가는 데 시간이 걸립니다. 그런데, 남 채움에서 자기 채움으로 한 바퀴 되돌아오는 데는 시간이 더 걸릴 수 있습니다. 더구나 이것은 내 의지와 관계없이 남이 스스로 해내는 결단이기에 재촉

한다고 해서 빨리 이뤄질 성격의 흐름이 아닙니다. 마치 김장김치가 땅에서 익는 데 시간이 걸리듯, 기다림이 필요합니다. 그래서 사랑의 선순환에는 언제나 인내의 힘이 필요한 법이지요.

우리는 이러한 선순환이 대체로 악순환보다 느리게 진행된다는 진리를 깨닫게 됩니다. 선순환과는 정반대로 악순환은 '남 비워냄'에서 시작됩니다. '자기 채움'을 거쳐 '더욱 더 남 비워냄'에 이르게 됩니다. 이 과정에서 불신, 증오, 독선, 탐욕, 폭력, 죽임, 죽음이 터져 나오게 되지요. 그런데 이 같은 악순환은 선순환에 견주어 전광석화처럼 빠르게 이뤄집니다.

그 순환의 속도가 빠른 만큼 인간 고통은 커지고 공포는 확산됩니다. 2001년 9월 11일 뉴욕, 세계에서 가장 큰 두 건물이 순식간에 허물어지는 그 허망한 광경을 보며 우리는 악순환의 속도가 얼마나 빠른지를 실감했습니다. 부시 대통령의 '충격과 공포'의 이라크 공격 역시 전광석화처럼 개시되었지요. 바그다드 하늘을 최신 무기로 무섭게 뒤흔들었습니다. 저는 그 충격 속에서 악순환의 속력을 실감했지요.

그 뒤로 우리는 이스라엘과 가자 지역의 하마스 세력 간의 무력 충돌에서 증오의 속도가 얼마나 빠른지, 또 빠른 만큼 억울한 죽음이 얼마나 처참한지를 또다시 확인했습니다. 원래 증오의 속도는 사랑의 속도보다 빠른 법. 그러나 사랑이 그 인내로 인해 느린 만큼 그 감동의 파장은 더 커지는 법이지요. 인고忍苦 뒤에 함께 느끼는 사랑의 감동과 기쁨은 우리의 가슴을 떨리게 하고, 뜨거운 사랑의 눈물을 흘리게 하지요.

인내를 동반하는 사랑은 항상 우리에게 힘을 불어넣어줍니다. 이것은 임파워링empowering의 사랑이지요. 선순환은 항상 힘을 불어넣어주는 과정입니다. 허나 악순환은 항상 남의 힘을 빼앗아가는 과정이지요. 우리의 비극은 이 두 순환의 달리기 시합에서 항상 선순환이 패배한다는 데 있습니다. 증오의 속도는 사랑의 속도보다 빠르고, 파괴의 속도는 세움의 속도보다 훨씬 빠릅니다. 그렇기에 사랑의 세력은 증오의 세력처럼 빼앗는 힘으로 이기려 해서도 안 되고 또 그렇게 이길 수도 없으며, 이겨서도 안 됩니다. 다만 사랑은 멋지고 우아하게 패배할 수 있는 힘을 그 인내 속에 품고 있어 패배해도 결코 영원히 지는 것이 아니어서, 그 패배가 역설적으로 마침내 기쁨을 선사합니다. 뿐만 아니라 사랑의 패배는 궁극적으로 함께 이길 수 있는 영원한 비결, 그 감동적인 비결을 드러내 보여줍니다. 예수의 골고다가 마침내 '긴 사흘 후' 부활로 이어지는 진리가 바로 그것입니다.

선순환 과정에서 '자기 채워짐'이 갖는 보다 깊은 뜻을 성찰해봅시다. '남 채움'이 가져다주는 '자기 채워짐'에서 자기는 참으로 자랑스럽고, 사랑스러운 자기입니다. 자기를 비워 남을 채워줌으로써 자기에게 찾아오는 자아실현을 이뤄낸 멋진 자아입니다. 이 같은 자아는 얼마든지 자랑해도 좋습니다. 그것은 결코 이기적인 자기자랑이 아닙니다. 오히려 스스로 소중히 여겨야 할 멋진 자아입니다. 그렇기에 이 같은 자존심은 빛나는 덕목이 됩니다. 이웃을 자기 몸처럼 사랑할 수 있는 멋진 자아를 참으로 소중히 여기고 아껴야 합니다. 결코 자고自高로 나아가지 않을 자신이기에 힘껏 자기 자랑을 해야 합니다. 이런 자존심을 갖고 값지게 살아가야 합니다.

그중에 제일은……

역사의 예수께서 "하나님나라가 너희 가운데 이미 있다"고 선포했을 때 그 하나님나라는 바로 채워지는 남과 채워지는 나 사이에 뜨겁게 작동하는 새로운 관계를 뜻합니다. 곧 새로운 사랑의 관계, 사랑의 질서를 뜻합니다. 갈릴리 예수께서 선포하시고 친히 이룩하시려 했던 하나님나라는 철저하게 타계적인 초자연적인 질서가 아니었습니다. 역사의 예수가 무상의 치유행위에서, 그리고 열린 밥상공동체에서 이미 모범을 보여주셨던 바로 그 새 질서의 감동이었습니다.

죄의 족쇄에 묶여 억울하게 질병을 앓고 있던 씨알들을 그 족쇄에서 풀어주면서 보여주었던 온전해진 환자의 모습이 바로 그 하늘나라의 모습이었지요. 온갖 차별과 억압을 받았던 잡것들을 열린 잔치 공동체로 초청해주었던 예수의 그 실천에서 우리는 이미 와 있는 하나님나라의 실재를 확실하게 뜨겁게 느낄 수 있지요. 비록 그것이 완벽한 최후의 아름다운 모습은 아니라 하더라도 말입니다. 결국 누룩처럼 조용히, 그러나 실효성 있게 번지면서 나와 남의 관계를 사랑의 관계로 변화시키는 힘이 바로 하나님나라의 힘이라 하겠습니다.

인내는 바로 이 누룩의 힘이기도 하지요. 사랑은 오래 참는 그 인내의 힘으로 아름다운 감동의 선순환을 작동시키지요. 그래서 멋진 새 질서가 나타납니다.

여기서 우리는 왜 사랑이 으뜸이라고 사도 바울이 강조했는지 새삼 그 뜻을 이해할 수 있습니다. 사랑은 믿음과 소망과 항상 같이 있어야 합니다. 그런데 이 셋 중에 사랑이 제일이라고 한다면, 제2, 제3은 무엇인가 하고 묻게 됩니다. 이 질문은 언뜻 그럴듯해 보이지만 실은 틀린 질문입니다. 사랑은 금메달이요 믿음은 은메달이며, 소망은 동메달이라고 생각해서는 결코 안 됩니다. 왜 그렇습니까?

사랑 없는 믿음은 아무것도 아니기 때문입니다. 비록 그 믿음이 산을 옮길 만한 엄청난 괴력을 지녔다 하더라도 사랑 없는 믿음은 아무것도 아닙니다. 더 정확히 말한다면 그것은 무섭고 해로운 악마적 괴력이 될 수 있습니다. 사랑 없는 확신이 얼마나 위험하고 소름 끼치는 것인지는 20세기 두 전체주의 괴물에서 확인할 수 있습니다. 히틀러의 확신과 스탈린의 확신이 마침내 수천만 명의 목숨을 그 확신의 제물로 삼았던 것을 잊지 말아야 합니다. 마찬가지로 사랑 없는 소망도 인류에게 지극히 해로운 것임을 우리는 역사에서 분명히 배울 수 있습니다. 계급 없는 사회에 대한 거짓 희망이 폭력 혁명의 종말론적 희망으로 둔갑될 때 억울한 인간의 피는 쉼 없이 흘러내렸습니다. 우생학적 우수성을 지녔다고 확신된 아리안종의 절대적 지배에 대한 희망은 수백만 유대인을 참살했던 잔인한 거짓 희망이었습니다. 사랑 없는 거짓 희망은 비극을 생산하는 괴력이기도 합니다.

사랑만이 제일입니다. 사랑만이 믿음을 믿음답게 만들어주며, 사랑만이 소망을 소망답게 빛나게 해줍니다. 그렇기에 사도 바울은 이렇게 예찬했습니다.

사랑은 모든 것을 덮어주며, 모든 것을 믿으며, 모든 것을 바라며, 모든 것을 견딥니다. (고린도전서 13:7)

사랑 속에 믿음과 소망의 모든 것이 다 녹아 있습니다. 용서와 관

186

용과 인내도 그 속에 다 한 가족처럼 다정하게 모여 있습니다. 그리하여 사랑의 인내 속에서, 하나님의 지배가 우아하게 작동하기 시작하지요.

　이제 다시 오늘의 엄혹한 현실을 생각해봅니다. 뉴욕 월가의 금융 위기가 전 세계의 경제적 공황으로 치닫는 상황을 경험하면서 우리는 시장과 정부를 신뢰하기 어렵다는 사실을 온몸으로 느꼈습니다. 그것은 끝없는 탐욕과 독선이 '남 비움'을 더욱 무자비하게 해내면서 '자기 채움'을 거침없이 탐욕스럽게 이룩해내고 있기 때문입니다.

　이제 인간 역사를 낙관만 할 수 없게 되었습니다. 이런 때이기에 역사의 예수를 타는 목마름으로 그리워하고 새로운 눈으로 쳐다보아야 합니다. 갈릴리 예수의 삶, 그의 말씀과 행적, 그의 고난과 죽음에서 모든 시대의 탐욕과 독선의 권력에 대한 근본적 대안을 우리는 찾을 수 있다고 믿습니다. 예수의 삶이 오래 참으시는 사랑의 하나님을 진솔하게 감동적으로 드러내 보여주기 때문이지요. 갈릴리에서 골고다까지의 여정에 나타난 그분의 비전과 실천은 우아한 패배를 선택하심으로써 우리 모두 함께 멋지게 이기는 새 길을 우리에게 밝게 비춰주고 있습니다. 골고다의 패배가 감동적인 것은 그것 속에 사랑의 인내가 있어 그것이 마침내 부활로 폭발했기 때문입니다.

　사랑을 지속시키는 힘은 결코 그 달콤함에서 나오지 않습니다. 그것은 인고에서 나옵니다. 그리고 아무리 믿음이 깊고 뜨거워도 사랑이 없으면 요란한 꽹과리에 지나지 않습니다. 아무리 희망이 반짝 빛나는 것처럼 보일지라도 사랑이 없으면, 그것은 더 심각한 절망의 전주곡일 따름이지요. 그래서 모든 가치가 시들해져도 사랑만이 영원한 가치로 남습니다. 사랑은 영원과 시간의 경계를 자유롭게 넘나드는 생명의 배입니다. 주님께서는 바로 그 배를 타셨기에 골고다의 그 참혹한 형장에서도 증오와 폭력의 세력을 향해 용서의 마음을 펼쳐 보여주셨지요. 바로 그 사랑의 배를 탔기에 죽는 것도 유익하다는 사도 바울의 고백이 나올 수 있습니다.

우리도 이 사랑의 배를 타고 시간 속에서 영원을 체험하는 영적 공동체, 새로운 역사를 만들어가는 변혁의 공동체로, 그리고 사랑의 공동체로 나아갈 수 있기 바랍니다. 기다리고 인내하는 사랑의 힘으로 서로 채워주는 선순환의 공동체를 세워갈 수 있기를 바랍니다. 이 진리를 갈릴리 예수께서 친히 가르쳐 주셨고, 몸소 실천하셨으며, 사도 바울도 그 발자취를 충실히 따라갔습니다. 우리도 그 뒤를 따라가야 합니다. "사랑은 오래 참고……"를 우리 모두 우리 삶 속에서 육화肉化해냅시다.

첫째의 꼴찌하기

21세기에 들어선 지도 십수 년이 지난 지금, 우리 삶이 과연 20세기의 삶보다 더 나은 삶인지를 되돌아봅니다. 역사의 뒤안길로 사라진 20세기는 결코 반복되어서는 안 될 정도로 너무나 끔찍스러운 비극의 세기였습니다. 우리가 20세기를 생각하면 몇 가지 강렬한 이미지가 자연스럽게 떠오릅니다. 히로시마와 나가사키에 떨어진 버섯구름의 공포, 나치의 아우슈비츠의 참혹한 학살 장면, 스탈린 치하의 강제수용소 굴락의 을씨년스러운 모습, 이 모든 영상은 인류 역사의 진보에 대해 근원적 회의를 불러일으킵니다. 살상 규모의 극대화, 그 잔인성의 극심화가 그 같은 회의를 부추기지요.

우리 민족사의 20세기를 되돌아보아도 그 비극적 이미지는 더욱 아프게 우리 가슴에 와 닿습니다. 일제 36년간의 식민통치의 아픔, 그후 타율적 분단의 고통, 냉전체제 유지에 따른 민족 고통과 가족 고통, 권위주의 통치로 인한 인권 유린의 아픔 등 쓰라린 과거가 오늘에도 숨 쉬고 살아 있는 듯합니다.

한마디로 20세기에는 전쟁과 여러 가지 혁명들이 분출하다시피 했으나 그것들이 인류에게 진보를 담보해주지 못했습니다. 볼셰비키 혁명, 나치 혁명, 제3세계의 쿠데타, 이 모든 것이 권력의 악순환만을 거칠게 강화시켜준 것 같습니다. 전쟁은 또 다른 전쟁을 낳았고 혁명은 또 다른 유혈혁명을 낳았습니다. 과연 이 같은 악순환이 21세기에도 반복되어야 할까요?

그때, 예수가 품었던 꿈

여기서 2천 년 전, 막강한 단극체제로 등장했던 팍스 로마나(로마 제국) 체제하에서 가난하고 보잘 것 없는 로마 식민지 팔레스타인의 청년 예수의 꿈과 의지는 무엇이었으며, 그가 원래 지니고 있었던 그 열망the original impulse of Jesus에서 비롯된 대안적 공동체의 성격은 어떠한 것이었는지를 깊이 살펴보는 것이야말로 참으로 의미 있고 적절한 일이라 하겠습니다. 그것은 21세기와 더불어 단극 지배체제로 등장한 팍스 아메리카나가 인류를 불안케 하고 있는 이때, 예수의 그 원초적 열망이 정말 기쁜 소식이 될 수 있다고 믿기 때문입니다. 악순환의 고리를 깨뜨릴 수 있는 복음이라고 믿기 때문입니다. 정말 우리 주님 예수께서 제시하셨던 하나님나라의 모습과 그 주요 특징은 무엇이었을까요?

예수께서 원래 품고 있던, 그리고 끈질기게 설파했던 비전은 하나님나라의 비전이었습니다. 그 참모습의 일단을 샅샅이 정확하게 밝히는 것은 중요합니다. 그러나 그전에 우리는 왜 그것이 그토록 필요한지를 기독교라는 종교의 입장에서 깨달아야 합니다. 21세기는 비극의 20세기를 결코 반복해서는 안 된다는 세계사적 관점 이외에 기독교 역사의 관점에서도 예수의 원래적 꿈을 제대로 알아야 할 까닭이 있습니다. 그것은 박해받던 초대 기독교가 로마의 권력에 편입되어 지배체제의 중심부로 나아가게 되면서 예수의 원래 꿈은 기독교제도 안에서 훼손되거나 사라지기 시작했기 때문입니다.

콘스탄틴 대제의 관용령 이후 교회가 새로운 종교 권력 중심으로 자리 잡게 되었고 따라서 '기독교 왕국Christendom'이 강고하게 세워졌습니다. 그러나 예수의 '하나님나라'는 무너지기 시작했습니다. 세상에 우뚝 서게 된 기독교 왕국이라는 현실이 하나님 지배라는 예수의 원래 꿈을 허물기 시작했다는 사실이 참으로 안타깝고 통탄스러운 역설이요, 비극이라 하지 않을 수 없습니다. 게다가 예수의 이름으로 온갖 잔인하고 위선적인 반인륜적 범죄가 저질러졌음을 상기할 때 저는 부끄러워질 뿐 아니라 전율하게도 됩니다. 그러기에 우리가 기독교 왕국의 신민인 기독교 신자에서 충실한 예수따르미로 거듭나기 위해서는, 그리고 21세기를 평화와 정의의 세기로 세워나가기 위해서도 이 시점에서 예수의 원초적 비전과 열망을 깊이 이해해야 합니다.

예수의 하나님나라 또는 하나님 지배 꿈을 이해하려면 예수 당시 지배체제의 실상을 알아볼 필요가 있습니다. 그 실상을 배경으로 예수의 원초적 의지와 비전을 이해하게 되면 좀 더 뚜렷하고 정확한 예수 이해에 이를 수 있습니다. 당시 로마 지배 체제나 팔레스타인 지배 체제 모두 약자를 억압하는 계급 구조에 기초했습니다. 억압적 가치관을 주입시키는 가부장적 지배도 강고했습니다. 법체계도 강자의 특권을 옹호했습니다. 특히 팔레스타인에서는 인종우월주의와 선민사상을 중시했고, 종교적 순결규례를 엄수해야만 했습니다. 종교적 의식인 희생제는 엄격하게 시행되었습니다.

이 같은 당시 지배체제를 배경 삼아 보면, 예수의 하나님 지배는 놀라우리만치 기존 체제를 확 뒤집어엎는 것이었습니다. 한마디로 꼴찌가 첫째가 되고, 첫째가 꼴찌로 떨어지는 새 상황이 펼쳐지기 때문이지요. 폭력과 배타에 기초한 지배체제가 비폭력과 전적 포용all-inclusive의 새로운 체제로 뒤바뀌게 되는 것이지요.

예수께서 가장 힘주어 강조하신 계명, 곧 영생에 이르는 길이 되기도 하는 계명은 바로 사랑 실천이었습니다. 여기서 사랑이란 하나님 사랑과 이웃 사랑인데, 그것도 보이지 않는 하나님 사랑보다 보이는 이웃 사랑을 통한 하나님 사랑 실천을 강조했습니다. 착한 사마리아 사람의 행적이 바로 구원에 이르는 바른 길이었습니다. 밥상공동체를 통한 계급 타파도 바로 열린 사랑의 실천 행위였습니다. 특히 예수의 말씀과 행동 중에 그의 원래 비전을 가장 잘 표현해주는 것은 마가복음 9장 35절에 나오는, 첫째가 되고자 하는 사람은 먼저 남을 섬기는 자가 되라는 말씀입니다. 첫째가 되려면, 즐거운 꼴찌가 먼저 되어야 합니다. 그리고 첫째가 되어도 계속 꼴찌가 되려고 노력해야 합니다. 사랑이란 위계질서가 엄연히 버티고 있는 상황에서는 바로 꼴찌 되는 선택, 그것도 즐겁게 꼴찌 되는 결단이라 하겠습니다. 이것이 바로 아름다운 평등을 가능케 하는 감동의 힘이지요.

여기서 우리는 첫째의 꼴찌 되기와 꼴찌 하기가 갖는 신학적이고 역사적인 의미에 주목해야 합니다. 또한 그 본질적 의미와 그 실천적·사회 윤리적 의미를 함께 깨달아야 합니다.

첫째가 즐거운 꼴찌 되는 힘

신학적으로 보면, 예수가 세상에 오신 것 자체가 첫째의 꼴찌 되기 사건이라 하겠습니다. 성육신은 전지전능하시고 무소부재無所不在하시어 저 높고 높은 곳, 저 거룩한 곳에 계신다고 믿었던 절대자 하나님이 낮고 천한 인간의 구체적 모습으로 육화肉化하신 사건입니다.

바로 이 같은 성육신 사건은 절대적 외재신外在神이 스스로 그 절대권력을 비워서 사람 속으로, 역사 속으로, 세상 속으로 찾아오신 것입니다. 이것이 바로 예수의 하나님의 참본성입니다. 그것은 곧 사랑입니다. 예수 자신도 역사 현실에서 당신의 아빠 하나님과 같이 자기 자신을 비워 종의 모습을 보여주셨고, 십자가의 고행길로 찾아오셨으며 가장 비참하고 가장 비천한 죽음을 선택하셨습니다. 그것은 가장 비참하게 죽을 수밖에 없는 가장 비천한 인간들의 모든 억울한 아픔을 당신 자신의 아픔으로 동고同苦하시는 사랑의 본질입니다. 그러기에 성육신은 하나님 사랑의 자기표현이라 하겠습니다.

사랑이 자기 비움일 터인데, 가장 모범적으로 사랑을 실천하신 분은 다름 아닌 하나님 자신이요, 그 하나님은 역사적 예수의 삶에서 구체화된 것입니다. 즉, 성육신은 자기 비움을 신학적으로 표현한 것입니다. 그런데 로마 황제의 신 또는 대제사장의 하나님은 성육신을 거부합니다. 절대적인 외재신으로 인간 위에서 계속 군림하면서도 인간을 통치하고 심판하지요. 그러기에 그들 신도 성육신되어야 하고 육화되어야 합니다. 이 같은 육화는 자기 비움의 실현으로 나타나야 합니다. 이것이 바로 첫째가 꼴찌가 되는 실천의 깊은 신학적 뜻이기도 합니다. 만일 예수 당시의 로마 황제가 성육신의 신학적 의미를 제대로 깨닫고, 그것을 자기 비움으로 실천했다면 그들이 줄줄이 암살당하는 비극뿐만 아니라, 로마 체제의 부패와 멸망에서도 벗어날 수 있었을 것입니다. 예수 당시 예루살렘의 대제사장과 사두게파들도 성육신의 뜻을 제대로 깨달아 실천했다면, 예수의 성전 숙청 사건을 오히려 고마워했을 것입니다.

첫째가 꼴찌 되는 사건은 닫힌 구조 속에서 첫째로 영원히 남아 있고 싶어 하며, 무리해서라고 그 자리를 반드시 지켜내려고 하는 사람들에게는 치욕과 참패의 사건으로 인식될 것입니다. 또한 치졸하고 우매한 선택이라 생각할 것입니다. 그러기에 그들은 예수의 꼴찌 되기와 꼴찌 하기를 전혀 이해할 수 없었습니다. 예수의 고난과 고뇌, 그의 고통과 죽음을 도무지 이해할 수 없었습니다.

여기서 우리는 즐거운 꼴찌 하기가 갖는 윤리적 뜻을 깨닫고 또한 그것을 소중히 여겨야 합니다. 그것은 겸손의 미덕을 인식하는 일이자 인내의 아름다움을 인식하는 일이기도 합니다. 그래서 사도 바울은 사랑의 덕목에서 오래 참는 것과 온유함을 강조했습니다. 오래 참는 일은 소망 없이는 어렵습니다. 소망을 품은 사람은 그것이 이뤄질 때까지 오래 참을 수 있습니다. 가치 있는 희망이 없을 때는 참지 못해 스스로 목숨을 끊는 어리석은 선택을 하게 되지요. 값진 소망은 강인한 믿음을 통해 나타납니다. 그래서 히브리서 저자는 믿음은 바라는 것(소망)의 실상이라고 표현했습니다. 그러니 오래 참음과 값진 소망과 강인한 믿음은 한 묶음으로 연결됩니다. 이것은 바로 사랑이 있기에 가능한 것입니다. 자기 비움의 아픔, 곧 사랑의 아픔은 참음[忍], 믿음[信], 소망[望]을 모두 껴안게 되지요. 그래서 바울이 믿음, 소망, 사랑 모두 중요하지만, 그중에서도 사랑이 제일이라고 선언한 것입니다.

첫째의 꼴찌 하기, 곧 예수의 사랑에는 또 깊은 인식론적 특징이 담겨 있습니다. 겸손과 인내의 가치를 소중하게 여기는 것과 연관되기도 합니다만, 내가 지금 알고 깨닫고 있는 것이 결코 전체적인 진리 파악이거나 완전한 진실 이해가 아니라는 겸손한 인식의 고백이기도 합니다. 내가 지금 알고 있는 것은 부분적인 것일 뿐이요, 그것도 결코 완벽한 것이 아니라 불완전한 것, 희미한 것이라는 인식론적 겸허함, 그것이 꼴찌 됨의 특징입니다. 예수 당시 거울은 지금의 거울처럼 그렇게 또렷하게 실물의 모습을 나타내지 못했습니다. 희미하게만 반영했습니다. 그래서 자기인식의 불완전함, 희미함을 거울에 비유하여 솔직히 인식하고 고백했던 것입니다.

그렇다면 예수따르미야말로 바로 즐거운 꼴찌 하기를 주저하지 않는 사람들이 되어야 할 것이고, 나아가 자기인식의 절대화를 거부해야 할 것입니다. 확실성의 문화culture of certitude가 갖는 억압적 위험성을 항상 경계해야 할 것입니다. 이런 뜻에서 기독교 근본주의의 힘은 결코 사랑의 힘, 첫째가 즐겁게 꼴찌가 되는 힘이라 할 수 없습니다. 근본주의 신앙인들은 자기 확신이 너무 강한 나머지 많은 사람들에게 엄청난 고통을 안겨다 줍니다. 지난 1700년의 기독교 역사에서 제도 기독교가 저지른 온갖 끔찍스러운 죄악은 바로 이 같은 확실성의 문화에서 배태된 잘못이라 하겠습니다. 십자군의 반인륜적 죄악도 바로 그러한 확신 문화에서 비롯되었다 하겠습니다.

기독교는 4세기 초까지 로마의 지배권력 밑에서 박해 받는 종교였습니다. 가장 비참한 꼴찌의 자리에서 고통을 받았습니다. 원형극장에서 사자 밥이 될 만큼 비참하게 죽임을 당했으나, 그 고난을 즐겁게 견뎠습니다. 로마 체제의 첫째들은 이 같은 초대교회 신자들이 보여주는 꼴찌의 의연함을 도무지 이해할 수 없었습니다. 성탄절 때마다 TV에서 방영해주는 영화 〈쿠오바디스〉에서도 네로 황제는 죽임을 당하면서도 절제 있게, 품위 있게, 찬송을 부르는 초대 예수따르미 꼴찌들의 행동을 도무지 이해하지 못해 분노하기까지 합니다.

그런데 이 꼴찌들이 4세기 초 지배 종교가 되면서 첫째로 올라가게 되었습니다. 이때부터 기독교는 첫째의 종교, 지배 종교가 되었습니다. 하나의 교회, 곧 보편교회Catholic Church는 보편적으로, 한결같이 이견자들을 억압하고 통제했습니다. 그들은 오로지 하나의 예수, 곧 교리로 정착된 예수상만을 숭상하기로 작정했고, 이 예수상은 첫째들의 우상으로 우러러 모셔지게 되었습니다. 갈릴리의 예수, 실물 예수, 역사의 예수는 뒷전으로 물러나게 되었습니다. 아니, 오히려 갈릴리의 예수는 기독교 왕국 안에서 사라지거나 왕따 당하게 되었습니다. 그것이 오늘에까지 이르게 되었습니다. 우리를 슬프게 하고 또 부끄럽게 하는 것은 4세기 초에 꼴찌에서 첫째로 올라간 보편교회가 꼴찌에 대해 피비린내 나는 숙청과 탄압을 보편적으로 끈질기게 실행해왔다는 비극적 사실입니다. 결국 교회가 예수의 이름으로 사랑의 예수를 핍박해왔다 해도 지나침이 없겠습니다.

선으로 악의 지배를 떨치기 위하여

예수의 선포가 기쁜 소식이 되는 까닭은 그것이 꼴찌에게 첫째가 될 수 있다는 희망을 보여주기 때문입니다. 또 그 희망이 현실로 될 수 있기 때문입니다. 그런데 정말 그것이 기쁜 소식, 곧 복음이 되는 까닭은 단순히 바뀌는 자리 옮김에 있는 것이 아닙니다. 그것이 복음이 되는 가장 중요한 이유는 악순환의 고리를 영원히 과감하게 깨뜨릴 것이라는 소망과 믿음에 있는 것입니다. 꼴찌가 첫째가 되어, 그전의 첫째들이 했던 나쁜 지배를 반복하는 것이 아니라 그전의 첫째들과는 질적으로 다르게 스스로 즐겁게 꼴찌가 되려는 결단을 끊임없이 내린다는 것, 그래서 악의 지배가 다시 계속되지 않게 한다는 것, 그것이 바로 가장 기쁜 소식입니다. 지난 1700년의 기독교 역사는 대체로 바로 이 같은 복음의 부재를 의미하기에 지금도 우리는 부끄럽고 우울해집니다.

예수께서 첫째가 되기 원한다면 남을 섬기는 종, 곧 꼴찌가 되라고 하신 것은 바로 이 세상의 억압적 지배를 종식시키라는 명령이기도 합니다. 마치 포악한 시어머니 밑에서 지독하게 시집살이 했던 며느리가 시어머니가 되면 자기 시어머니의 잘못을 반복하듯 인류 역사는 혁명, 반혁명을 거쳐 첫째들은 끊임없이 교체되었으나, 첫째들의 권력 횡포는 중단되지 않았습니다.

예수는 바로 이 같은 악의 권력의 종식, 즉 권력 악순환의 종식을 위해서, 적어도 예수따르미들은 첫째가 되면 즐거이 꼴찌가 될 줄 알아야 한다고 권면하신 것입니다. 권면하셨을 뿐만 아니라 당신 자신이 몸소 실천하셨습니다. 제자들의 발을 직접 씻어 주셨고 수모, 비난, 채찍, 배반, 죽음을 의연하게 몸소 받아들였습니다. 부당한 죽음의 권력에 즐거이 죽어주신 것입니다. 십자가에 달리는 가장 비참한 꼴찌 되기를 주저하지 않았습니다. 바로 이 십자가의 죽음으로 악의 권력, 사망의 지배를 종식시키려 하셨습니다. 이것이 바로 선으로 악을 이겨내는 기쁜 소식입니다. 선으로 악을 이기시기 위해, 죽음의 권세 앞에서 스스로 우아하게 죽어주신 것입니다.

여기서 우리가 적어도 우리 스스로를 예수따르미로 주장한다면, 악의 권세를 악으로 이기려는 유혹에서 벗어나야 할 것입니다. 칼로 칼을 이기려는 유혹, 혁명을 또 다른 유혈 혁명으로 극복하려는 유혹에서 벗어나야 합니다. 왜냐하면, 그 유혹은 악순환을 강화시켜주는 마력을 지니고 있기 때문입니다. 지난날 기독교 신자들이, 교회들이 이 유혹에 빠져 역사를 계속 악순환의 암흑 속으로 몰고 갔기 때문입니다. 예수의 십자가는 십자군의 십자가가 결코 아닙니다. 십자군의 십자가는 악순환의 고리를 더욱 강화킬 뿐이지요. 그러기에 11세기의 십자군으로 오늘까지 기독교 문명과 무슬림 문명은 충돌하고 있는 것이 아니겠습니까. 그 일차 책임은 기독교에 있다고 해도 지나침이 없습니다.

우리는 지금까지도 로마제국 같은 나라가 지난날 보편적 기독교가 저질렀던 잘못을 반복할 것 같은 불안감 속에 살고 있습니다. 이미 11세기 십자군의 폭력으로 마음 상하셨던 예수의 영은 미국의 신보수주의와 기독교 우파의 승리주의 정책으로 마음 아파하실 것 같습니다.

저는 몇 해 전 중증 장애인들이 사는 우성원又聖院을 방문했습니다. 적십자사 자원봉사대원들과 함께 갔었는데, 그때 원장님이 이렇게 증언하셨습니다. 원생들은 대체로 세상에서 따돌림 당하는 장애인들인데 이들이 체육대회 때 달리기 시합을 시켜보면, 흥미로운 일이 생긴다고 했습니다. 빨리 앞으로 달려가던 장애인이 갑자기 뒤를 돌아 뒤에 처져 있는 친구를 보면서 더 달리지 않고 제자리에 서서 기다린다고 합니다. 함께 같이 뛰려고 말입니다. 혼자 일등하지 않고 함께 일등하려고 말입니다. 그야말로 이 꼴찌들은 다른 꼴찌의 아픔을 자기의 아픔으로 여기고, 함께 첫째 되는 기쁨을 누린다고 했습니다. 이것이야말로, 동고동락同苦同樂이 아니겠습니까. 이 꼴찌들은 함께 아파하며 함께 달리는 동고주同苦走들이요, 이들이 진짜 예수따르미라 하겠습니다. 예수가 골고다로 향하신 것은 바로 동고주同苦走하신 동고주同苦主이시기 때문이지요. 이 같은 모습은 천박한 기독교 출세문화에 젖어 있는 우리를 부끄럽게 해주었습니다.

　진정한 예수따르미가 되기를 소망하는 우리는 스스로 꼴찌 되기를 자원하는 공동체를 만들어가야 합니다. 첫째가 즐거운 꼴찌가 되고, 꼴찌가 겸손한 첫째가 되는 기적 아닌 기적이 항상 현실로 분출되게 해야 합니다. 그렇게 함께하는 길 위에, 우리 주님 예수는 동고주로 즐거이 찾아오시어 영원한 동락의 길벗이 되어주실 것입니다.

원수가 나를 사랑하다니

　반세기 전부터, 6월은 우리 민족에게는 쓰라린 상처를 깨우쳐주는 아픔의 달입니다. 6.25의 죽음과 죽임을 몸소 체험했던 사람들에게는 더더욱 괴로운 회상의 달입니다. 저 자신도 낙동강을 건너지 못한 채 구미 어느 언덕 위에서 미군 폭격기가 계곡 마을을 집중 폭격하는 장면을 직접 보았습니다. 고향집으로 가는 길에 폭격을 맞아 급하게 길가 집 부엌으로 뛰어들어 아궁이 옆에 엎드렸던 기억도 납니다.

　할아버님 계신 추풍령 골짜기에서 밤나무에 올라갔다가 폭격을 맞아 나무에서 떨어진 일도 생생하게 기억하고 있습니다. 외사촌 자형이 폭격으로 사랑하는 아내와 두 자식이 불구덩이에서 타 죽는 것을 직접 보고, 우리 집에 뛰어와서 부모님 앞에 눈물을 펑펑 쏟아 부으며 가슴 치던 장면도 또렷하게 남아 있습니다.

슬프게 아로새겨진 복수의 결의

그간 6.25의 기억은 불행한 분단 시대를 더욱 고착시키는 방식으로 동원되어왔습니다. 〈6.25의 노래〉 노랫말을 보면 동족을 원수로 낙인찍어 철저한 복수를 맹세하는 섬뜩한 결의로 가득 차 있습니다.

아아 잊으랴 어찌 우리 이 날을
조국을 원수들이 짓밟아 오던 날을
맨 주먹 붉은 피로 원수를 막아내어
발을 굴러 땅을 치며 의분에 떤 날을
이제야 갚으리 그날의 원수를
쫓기는 적의 무리 쫓고 또 쫓아
원수의 하나까지 쳐서 무찔러
이제야 빛내리 이 나라 이 겨레

이 노랫말 2절에는 "하늘의 힘을 빌려 모조리 쳐부수어 흘러온 다친 피에 원한을 풀으니, 이제야 갚으리 그날의 원수를……"이라는 더 끔찍스러운 복수의 원한이 표출되고 있습니다. 이 노래를 지난 반세기 동안 줄기차게 부르면서 우리의 냉전 근본주의 신앙은 공고해졌습니다. 이 신앙으로 빛나는 나라를 세우겠다고 다짐해왔습니다. 기독교 근본주의 신도들은 더욱 열광적으로 십자군이 되어 '맷도적 오랑캐'를 박멸하는 일에 앞장서겠다고 다짐해왔습니다.

이러한 한반도 상황에서 예수따르미들은 진솔하고 경건하게 예수의 가르침과 그의 삶에서 우리 자신을 되돌아보아야 합니다. 왜냐하면 동족을 증오하고 죽이고 원한의 복수로 이를 가는 자세와 삶이 결코 예수의 가르침과 삶이 될 수 없기 때문입니다.

> 나는 너희에게 말한다. 너희 원수를 사랑하고, 너희를 박해하는 사람을 위하여 기도하여라. 그래야만 너희가 하늘에 계신 너희 아버지의 자녀가 될 것이다. (마태복음 5:44~45)

> 네 원수가 주리거든 먹을 것을 주고, 그가 목말라 하거든 마실 것을 주어라. (로마서 12:20)

예수와 사도 바울은 그리스도따르미들에게 스스로 복수하지 말고 하나님의 진노에 맡기라고 당부하신 것입니다. 예수도 사도들도 쫓기는 적을 쫓고 또 쫓아 원수의 하나까지 모조리 무찔러 원한을 풀라고 권고하시지 않았습니다. 그런데 무슨 연고로 한국 기독교 신자들, 특히 잘 믿는다고 스스로 자랑하는 근본주의 신자들은 이 6.25의 노래를 확신의 정열을 가지고 힘차게 불러왔을까요? 그들을 진정 예수따르미라 할 수 있을까요? 우리 자신들은 어떠합니까?

지금이야말로 정말 깊은 자기성찰과 자기반성을 해보아야 할 때입니다. 왜냐하면 우리는 어떤 대가를 치르더라도 전쟁을 피해야 하고 한반도에 평화를 펼쳐야 하기 때문입니다. 이러한 반성을 위해 우리는 예수께서 힘주어 가르치셨던 복음의 핵심, 곧 하나님나라(하나님 지배)의 본질을 새삼 깨달아야 할 것입니다. 예수의 하나님나라는 추상적 기독교 교리가 지배하는 나라가 아닙니다. 더군다나 그것은 로마 제국처럼 막강한 군사력으로 지배하는 왕국도 아닙니다. 예수가 말씀하신 경구와 비유 등에 뚜렷하게 나타나는 하나님나라에는 증오, 추격, 박멸, 복수, 원한 풀이, 전쟁, 승리주의의 소리를 들을 수 없습니다. 그곳은 관용, 껴안음, 세움, 칭찬, 겸손, 용서, 평화, 동고同苦의 가치가 꽃피는 사랑의 동산입니다. 한마디로 사랑이 하나님나라의 초석이요 기둥이요 가구요 지붕이며, 무엇보다 그 집안의 주인입니다.

그곳에도 사람이 살고 있다

그렇다면 과연 우리가 우리의 원수로 인식된 사람들까지 사랑해낼 수 있을까요? 비록 사랑의 참힘이야말로 로마제국의 군사력보다 더 강하다는 진실과 그것이 원수까지 사랑해내는 바로 그 힘에서 나온다는 사실을 인정한다 해도, 과연 우리가 그것을 실천해낼 수 있을까요? 다시 말해, 사랑의 참힘이 원수사랑에 이르게 될 때 폭발적으로 나타난다는 것을 머리로는 시인하지만, 실제로 우리가 어떻게 그 높은 수준에 이를 수 있겠습니까?

우리도 우리의 수준 낮은 사랑으로는 하나님나라를 세울 수 없다는 것쯤은 잘 알고 있습니다. 내 자식을 사랑하는 그런 사랑만으로는 어림없다는 것을 알고 있지요. 이성異性 간의 사랑으로는 더욱 어림없음을 잘 알고 있지요. 동물들은 인간보다 그러한 사랑을 더 잘해내니까요. 또한 인간은 자기 새끼 사랑에서 자기를 비워내는 아름다운 모습을 보여주지만, 그것만으로 하나님나라를 이룩할 수 없지요. 혈연, 지연, 학연에 따른 사랑으로는 결코 하나님나라를 세울 수 없습니다. 예수의 삶 자체가 이 같은 세속적인 연줄과는 전혀 관련 없음을 우리는 너무나 잘 알고 있지 않습니까. 선지자가 자기 고향에서 배척받듯이 당신도 고향 사람들에 의해 죽을 뻔하지 않았습니까.

이런 세속적 연줄과는 전혀 상관없이 하나님 뜻에 합당한 삶을 사는 사람, 곧 자기를 비워 남을 좋은 것으로 채워주는 사람, 그래서 날로 새롭게 나아가는 자기와 남의 모습을 기쁘게 발견하는 사람이 하나님의 지배에 속하는 사람이라 하겠습니다. 심지어 자기를 박해해온 원수까지도 포용할 수 있는 사람이라야 정말 하나님나라의 주인이 되는 것이지요. 문제는 이 높은 수준의 사랑을 어떻게 해낼 수 있느냐 하는 것입니다. 이에 대해 예수의 산 위의 말씀에서 우리는 한 가닥 실마리를 발견하게 됩니다.

> **어찌하여 너는 남의 눈 속에 있는 티는 보면서, 네 눈 속에 있는 들보는 깨닫지 못하느냐? 네 눈 속에는 들보가 있는데, 어떻게 남에게 말하기를 '네 눈에서 티를 빼내줄 테니 가만히 있거라' 할 수 있겠느냐? 위선자야, 먼저 네 눈에서 들보를 빼내어라. 그래야 네 눈이 잘 보여서, 남의 눈 속에 있는 티를 빼 줄 수 있을 것이다.** (마태복음 7:3~5)

인간에게는 자신과 남을 평가함에 있어 일정한 장애가 있음을 주님께서는 이미 잘 알고 계셨습니다. 자기와 남을 정확하고 진실되게 인식하는 데 장애가 되는 것은, 다름 아닌 자기가 남보다 낫다고 하는 의식과 무의식의 교만, 바로 그것입니다. 이 교만, 더 나아가 독선이 인식과 판단을 왜곡시키는 주원인이지요. 그런데 이 같은 교만이 클수록, 자기 인식과 판단, 눈 속에 더 큰 장애물(또는 편견의 색안경)이 있다는 것을 모르게 됩니다. 바로 이 점을 예수께서 적절하게 지적하셨습니다.

이 말씀에서 우리는 원수와의 소통에 이르는 이정표를 발견하게 됩니다. 만일 우리가 우리 눈 속에 장애물(티)이 있음을 겸손하게 인정하고, 한걸음 더 나아가 우리 눈의 티가 다른 사람의 그것보다 더 큰 것임을 진솔하게 인정하게 된다면, 그때 비로소 다른 사람과 소통의 가능성이 열리게 됩니다. 이 다른 사람이 원수라고 생각해봅시다. 그 원수에게도 많은 결점이 있지만, 그래도 그것이 내 결점에 견주어 덜 심각한 것이라는 깨달음은, 원수에 대해 닫힌 마음의 문을 여는 열쇠가 됩니다. 이것은 나아가 원수에게도 장점이 있음을 인식하는 일로 이어질 수 있습니다.

그런데 실제로 우리는 우리의 원수에 대해 복수의 칼을 갈면서 여차하면 그를 박살내려 합니다. 그 까닭은 우리 눈에 들보가 꽉 차 있기 때문입니다. 바로 그 들보로 인해 원수의 장점을 우리의 눈으로는 도무지 볼 수 없게 되는 것이지요. 대들보가 눈 속에 박혀 있으면 도덕적 색맹이 되거나, 증오의 색안경 하나만을 끼고 세상을 보게 되지요. 그런데 원수의 장점과 매력을 솔직히 인식하고 그것을 느끼는 순간부터 나와 원수 간에는 변화가 생기게 되지요.

언젠가 어느 작가가 북한을 다녀와서 "그곳에도 사람이 살고 있다"는 감동의 글을 쓴 일이 있었습니다. 북한 주민은 모두 뿔을 달고 있는 붉은 악마(마귀)라고 오랫동안 확신했던 사람들에게 그곳에 순박한 인간미 넘치는 존재들이 살아 숨 쉬고 있다는 증언은 신선한 충격으로 다가왔습니다. 그 느낌으로 비로소 원수와의 소통이 가능해지는 것입니다. 그리고 자기 속에 있는 들보가 줄어들면서 원수의 아름다움을 비로소 볼 수 있게 됩니다. 즉, 내 눈의 티가 원수의 티보다 더 큰 것임을 깨닫게 되면서 내 속의 아름다운 것이 원수의 아름다운 것과 교감하게 되는 것입니다. 그리고 나아가 그 아름다움을 서로 키워주게 됩니다.

노무현 전 대통령 시절, 부시 대통령이 노 대통령과 첫 만남 직후 "그 사람 편하게 얘기할 수 있는 사람이더만easy man to talk to"이라고 말했다는데, 정말 원수의 매력을 보게 되는 사람은 부시 수준보다는 한 단계 더 높은 수준, 곧 "그 사람 정말 함께 얘기 나누고 싶은 좋은 분이네요good man to talk with"라고 고백할 수 있을 것입니다. 하기야 부시는 자기 눈 속에 있는 티나 들보를 먼저 깨닫고 한 말은 결코 아닐 것입니다.

이렇게 될 때 원수는 나에게 아름다운 반면교사가 될 수 있습니다. 그의 좋은 점은 좋은 점대로 배우고, 그의 나쁜 점은 나쁜 점대로 보면서 그것을 결코 하지 않겠다는 깨달음에 이르게 되지요. 나와 원수가 서로 역지사지하게 되면서, 둘을 갈라놓았던 그 엄청난 차이와 증오의 벽이 점차 낮아지고 마침내 허물어질 수 있게 되지요.

그러나 그렇다 하더라도, 즉 내 눈 속에 있는 것이 들보요, 원수 눈에 있는 것이 티라는 것을 인정한다 하더라도, 원수를 사랑하게 되는 수준에 이르기까지는 너무나 힘든 일입니다. 특히 독선적 종교신자에게는 그러하며, 더더욱 기독교 근본주의자들에게는 그러합니다. 바로 여기에 오늘 본문은 저희들에게 놀라운 하나님나라 세우기 비결을 밝혀주고 있습니다. 우리가 우리의 완악함으로 원수를 사랑하지 못할 때, 뜻밖에도 원수가 우리를 먼저 사랑할 수 있음을 보여주고 있습니다.

나를 사랑해준 원수

우리가 철저한 종교적 율법주의에 매어 있거나 근본주의 신앙에 갇혀 있을 때 우리는 도무지 원수를 사랑할 수 없습니다. 사랑해서는 안 된다고 확신합니다. 그것은 그러한 존재의 근거가 원수에 대한 피 끓는 증오에 기초하고 있기 때문이지요. 이렇게 원수에 대해 마음 문을 단단히 잠가두고 있는 상태에서 예수께서는 우리의 완악한 마음 문을 열어주시기 위하여, 원수가 오히려 우리를 먼저 사랑한다는 진리, 전혀 예상 밖의 진리를 깨우쳐주셨습니다. 여기서 예수가 강조하신 하나님 지배의 경탄할 만한 특징을 보게 됩니다.

선한 사마리아인의 비유는 많은 비판적인 성서학자들조차도(예수 세미나 학자들) 예수께서 친히 말씀하신 비유로 평가하고 있습니다. 이 비유는 기존의 신앙 틀, 유대인의 율법주의적 신앙 틀을 깜짝 뒤집어놓는 예수의 '혁명적 발상'을 잘 보여주고 있습니다. 여리고 언덕에 쓰러져 있는 무명의 한 유대인의 처지에서 이 비유의 교훈을 접근해보기로 하겠습니다.

한 유대인이 예루살렘에서 여리고로 내려가다가 강도 떼를 만나 가진 것 모두 빼앗기고 심하게 얻어맞아 쓰러져 신음하고 있었습니다. 정말 누가 와서 돌보아주지 않으면 죽을 수밖에 없는 실로 딱한 처지였습니다. 그의 평생에 이토록 절박하게 하나님의 도움이 필요했던 적은 일찍이 없었습니다. 그래서 죽어가면서 자기를 살려줄 구원자를 보내

달라고 애절하게 하나님께 간구했을 것입니다. 그의 시선으로 이 일을
그려보자면 이렇습니다.

*

마침내 내 앞에 한 사람이 다가오고 있었습니다. 의식이 가물가물
한 가운데서도, 다가오는 사람이 틀림없이 사제(목사)였음을 확인할 수
있었습니다. 나는 '이제 살았구나. 저분이야말로 하나님의 사랑으로 나
를 구해주겠구나'라고 감사하면서 그를 기다렸습니다. 그 성직자는 가
까이 와서 피투성이가 된 내 비참한 몰골을 물끄러미 바라보았습니다.
그런데 그는 따뜻한 구원의 손길을 뻗치기는커녕, 헛기침 한 번 하고 잽
싸게 도망가버렸습니다. 나는 큰 충격을 받았습니다. 어찌하여 선민의
대표자인 성직자가 불쌍한 동족 선민을 이렇게 버릴 수 있는가 배신감
에 몸이 떨렸습니다. 나는 의식이 가물가물한 채로 허탈감과 절망감을
시리도록 아프게 느끼며 몸을 떨었습니다.

이때 또 한 사람이 다가왔습니다. 그는 앞으로 성직자가 될, 하급
제관인 레위인이었습니다. 나는 '저분이야말로 나를 살려주시겠지. 앞
으로 선민 이스라엘의 지도자가 될 사람이니까' 하는 기대로 '하나님,
제발 저 레위인만은 저를 이 죽음의 구렁텅이에서 건져내게 하소서'라
고 더욱 절박하게 기도했습니다. 그러나 그도 가까이 와서 보더니 구원
의 손길을 뻗기는커녕, "피는 불결한 거야. 시체는 더 불결한 것이니 만
져서는 안 되지……" 하면서 얼굴을 찌푸리며 사제보다 더 빠른 걸음으
로 멀리 달아나버렸습니다. 사람이 죽었는지 살았는지 확인도 해보지
않은 채 죽었다고 쉽게 판단 내리고, 유대 율법주의에 따라 피와 시체

에 대한 금기사항을 철저히 준수하겠다는 교리적 신앙의 일념으로 아직 숨이 붙어 있는 나를 외면하고 가버렸지요. 선민 유대인의 율법이란 사람을 살리는 힘을 지니지 못했음을 새삼 통감하면서 이 불쌍한 유대인은 절망의 나락으로 떨어지고 있었습니다. 그리고 또 한 번 배신감으로 떨었습니다.

그때 멀리 또 한 사람이 다가오고 있었습니다. 몽롱해진 의식으로 살펴보니, 그는 사마리아인이었습니다. 아니, 이렇게 절박한 때, 내 목숨이 경각에 달린 바로 이 위기의 순간에 하필이면 저 불결한 잡종인간, 사마리아인이 나타나다니, 하나님, 이럴 수가 있습니까. 하필이면 이때, 우리 선민 유대인에게는 원수가 되는 저 잡놈 사마리아인이 나타나게 하시다니. 하나님, 너무 하십니다. 저 더러운 사마리아인은 나를 보고 유대인인 줄 알게 되면 확실하게 나를 죽여놓고 갈 것입니다. 확인사살 당할 저를 불쌍히 여겨주십사,라고 나는 하나님께 애소했습니다. 이제 죽어가면서도 더 겁을 먹고 있었습니다. 그런데, 정말 이상한 일이 벌어졌습니다. 이 사마리아인의 동작 하나하나가 유대율법주의의 관례를 뒤집는 일이요, 경악과 경탄을 자아낼 일이었습니다.

먼저 그도 유대인 사제와 하급 사제처럼 나를 살펴보았습니다. 피 흘리며 다 죽어가는 벌거벗은 내 비참한 모습을 살펴보았습니다. 좀 더 자세히 보는 것 같았습니다. 보는 것까지는 다른 두 사람과 별 다른 것이 없었습니다. 그런데 그다음 행동이 앞의 두 사람들과는 전혀 달랐습니다. 나는 의식이 희미해지면서도 원수 사마리아인의 몸짓 하나하나에 주목했습니다. 그리고 정말 놀랐습니다. 봉변당한 유대인인 내 처지에서 볼 때 다섯 가지의 감동적 충격을 지적하지 않을 수 없습니다.

첫째 충격은 이러했습니다. 내 원수는 성직자들과는 달리 나를 불쌍히 여겼습니다. 내 아픔을 자기의 아픔처럼 느꼈습니다. 동고의 표정으로 나에게 더 가까이 다가왔습니다. 내가 얼마나 억울하게 고통을 당하고 있는지를 그는 느끼고 있었습니다. 진심으로 나와 함께 아파했습니다. 그리고 시체처럼 보이는 나를 감히 만졌습니다. 유대인 성직자들과는 전혀 다른 표정이요 행동이었습니다. 역지사지를 넘어 역지감지했지요.

둘째로, 그는 나에게 바짝 다가와서 소중하게 간직하고 있던 그의 올리브기름을 내 상처에 발라주었습니다. 그뿐입니까. 소중한 포도주를 또한 내 상처에 붓고 붕대로 싸매주었습니다. 원래 음식으로 먹고 마시는 올리브기름과 포도주를 이 위급한 상황에서 융통성 있게, 그리고 아낌없이 활용하여 내 상처를 치유하기 시작했습니다. 저 불결하고 재수없다고 믿었던 내 원수가 말입니다. 나는 너무 놀랐습니다. 유대인 하나님은 침묵하고 있는데 사마리아인의 하나님은 응답하고 있는 듯 했습니다. 그래서 나의 기존 신앙이 크게 흔들리기 시작했습니다.

그런데 말입니다. 점입가경이라더니, 원수 사마리아인은 나를 일으켜 자기 짐승에 태워주지 않겠습니까. 이것이 세 번째 나에게 준 충격이었습니다. 이미 자기 소유인 값진 기름과 포도주를 아낌없이 나를 위해 사용했는데, 즉 스스로를 비워 나에게 좋은 것으로 이미 채워주기 시작했는데, 이번에는 나를 자기의 나귀에 태워주기까지 했습니다. 그리고 여관으로 데려갔습니다. 이 세 번째 그의 행동은 자기 소유의 비움 이상이었습니다. 그것은 자기 계획의 변경이었습니다. 단지 소유물 몇 가지만 내어준 것에 끝나지 않고, 한걸음 더 나아가 자기 원래의 여행 계획 또는 삶의 계획 자체를 나 같은 불쌍한 유대인을 위해 변경시켰습니다. 내 고통을 덜어주기 위해 동고주同苦走하느라고 자기 계획을 수정한 것이지요. 그에게는 달림의 속도가 중요한 것이 아니라 달림의 질이 더 중요했습니다. 그래서 보다 전문적 치유를 할 수 있고 쉴 수 있는 장소인 여관으로 나를 데려갔습니다. 현대식으로 말하자면 그때 여관은 호텔과 병원의 기능을 해낼 수 있는 곳이었습니다. 나는 감격에 겨워 뭐라 표현할 수 없이 다만 입술만 달싹거렸습니다.

그런데 더 놀랍게도 내 원수는 여관집 주인을 불러내어 돈을 선뜻 내주면서 나를 돌보아달라고 부탁하는 것이 아닙니까. 도대체 세상 어디에 이럴 수가 있겠습니까. 그는 동족도 아니요. 친척도 아니요, 같은 회당 신자도 아닌데 말입니다. 그는 오히려 우리 선민 유대인들에게는 원수인데 말입니다. 더더구나 사랑과 정의를 그토록 외쳐온 유대 성직자들은 나를 헌신짝처럼 외면했는데도 말입니다. 이것이 나의 네 번째 놀람이었습니다. 자기 혼자 힘으로 나를 완전히 낫게 할 수 없다고 판단하고 그 치료비가 많이 들 것을 감안해서 먼저 비용 일부를 선뜻 내어놓고 주인에게 나를 치유해주길 부탁했습니다.

그뿐입니까. 다섯 번째로 나는 정말 놀랐습니다. 그는 나를 여관 주인에게 맡겨놓고 떠나면서, 앞으로 치료비가 더 들 터이니 그것은 돌아올 때 갚겠다고 말했습니다. 내 원수는 추가 비용 모두를 갚아주겠다고 다짐하면서 철저하게 나를 낫게 해주도록 부탁했습니다. 이미 선수금을 받은 여관 주인은 사마리아인을 신임하지 않을 수 없었지요. 어디 내 혈육이라고 해서 이렇게 철저한 사랑의 치유를 해주겠습니까? 어디 내 부모나 형제라고 해서 이 사마리아인만 하겠습니까? 아니, 내 회당의 회당장이, 내 교회 목사와 전도사가, 내 성당의 주임 신부가 저 사마리아인처럼 해주겠습니까? 정말 내 원수는 나에게 그야말로 총체적 사랑을 실천해 보였습니다. 세상에 이런 일이 생길 수 있습니까!

예수는 이 비유를 통해 이 같이 놀라운 새로운 인간관계가 바로 하나님 나라의 본질임을 증언하신 것입니다. 유대인과 사마리아인 간의 원수 관계가 사랑의 관계로 변화되는 놀라운 과정을 자세히 밝혀 보여주셨습니다. 그것도 유대 중심주의를 깨버리는 방식으로 말입니다. 유대인이 그의 원수를 사랑하는 얘기가 아니고, 반대로 유대인의 원수인 사마리아인이 먼저 유대인을 사랑하는 얘기였습니다. 여기서 우리는 예수의 새로운 발상paradigm shift를 다시 한 번 크게 느끼게 됩니다. 그리고 하나님나라의 감동적이고 참신한 모습을 보게 됩니다.

이 유대인 희생자가 변화되는 과정을 다시 한 번 주목해봅시다. 처음 사마리아인을 보았을 때 경계심과 불안감, 특히 확인사살 당할 것이라는 공포감에 떨었는데, 사마리아인의 보살핌을 받아 감동을 받게 되면서 변화하기 시작했습니다. 다섯 번씩이나 깜짝 깜짝 놀라면서 그 유대인은 완고한 유대교적 근본주의 신앙과 삶을 뼈저리게 되돌아보고 부끄러워했을 것입니다. 거기에는 기존 제도화된 유대 근본주의가 준 부정적 충격도 한몫 했습니다. 계속 여관에 머물러 치유를 받으면서 더욱 독선적 선민의식을 부끄럽게 회상하며 눈물로 회개했을 것입니다.

그리고 그의 눈 속에 깊이 박혀 있던 유대주의적 편견의 대들보가 사라져버리는 것을 느끼는 놀라운 거듭남의 체험을 했을 것입니다. 이제 원수 사마리아인은 새로운 이웃으로 돋보였습니다. 그리하여 마침내 그는 더 높고 더 선한 수준에서 자기가 다시 태어나는 기쁨과 함께 전혀 새로운 평화의 사회관계가 움터 나온 것을 감격스럽게 체험했을 것입니다. 이것이 바로 주님이 보여주고 싶어 했던 새 하늘과 새 땅의 평화스러운 모습입니다.

*

나는 지난 6월 초 여수의 한 작은 교회 집회에 다녀왔습니다. 그중 하루를 내어 순천과 벌교를 둘러보면서 손양원 목사님의 순교 현장, 순교비, 순교기념관에 들렀습니다. 예수께서 문둥이 환자를 고치실 때 만져서는 절대 안 되는 문둥이를 꼭 만지시며 치유하셨듯이 손 목사님도 한센병 환자 요양소를 운영하시면서 환자의 가장 더러운 발바닥 고름을 직접 입으로 빨아준 적이 있다고 합니다. 그 환자가 당황해 그러지 마시라고 거부하는 모습을 그린 그림을 보면서 나는 '아, 여기 한국 예수님이 계셨구나!' '아, 여기 한국의 사마리아인이 계셨구나' 하고 감탄했습니다.

6.25 때 손 목사님의 두 아들이 공산주의자에 의해 총살당했습니다. 이때 그는 사모님과 함께 일곱 가지를 감사했습니다. 그중 다음 몇 가지는 사랑의 힘 아니고서는 도무지 이해할 수 없는 감동적인 기도였습니다.

"죄인 혈통에서 순교 자식이 나온 것에 감사합니다."

"3남 3녀 중 가장 아름다운 두 아들을 바치게 된 것에 감사합니다."

"큰아이는 미국으로 유학을 갈 준비를 했는데, 그 아이가 미국보다 더 좋은 곳에 간 것을 하나님께 감사드립니다."

"아들들을 죽인 원수를 회개시켜 아들로 삼을 수 있는 사랑을 주신 하나님께 감사드립니다."

그 뒤 손양원 목사님은 한국전쟁 당시 몸을 움직일 수 없는 환자들을 돌보느라 피난하지 않고, 1950년 9월 북한군에 의해 순교하셨습니다. 손 목사님은 실천하는 한국의 사마리아인이었습니다. 나는 손 목사님께서 총살당하신 바로 그 현장에서, 감사 기도를 드렸습니다. 62년 전 손양원 목사님을 우리에게 보내주시어 사랑의 힘이 증오와 승리주의자의 원자폭탄보다 더 큰 힘을 발휘함을 친히 보여주셨음에 감사했습니다. 그리고 원수를 사랑함으로써 원수를 영원히 사라지게 한 손 목사님의 사랑 실천이야말로 바로 예수의 삶 자체요, 한국의 크리스천들이 마땅히 따라가야 할 삶이라고 생각했습니다.

뜻없이 달리는 신앙을 넘어

제 신앙생활은 여러 차례의 새로운 다짐에도 불구하고 별반 나아지지 못했음을 먼저 고백합니다. 개신교인들은 일주일에 한 번 교회에 나가 그간의 어리석음과 잘못한 일, 부족함을 고백하는 신앙생활을 합니다. 예수 그리스도를 통한 하나님의 은총으로 용서를 받았다고 믿고 또다시 바로 그전 주의 삶과 별로 달라진 것 없는 세속적인 삶을 삽니다. 그러기에 쳇바퀴 돌 듯하는 제자리걸음의 신앙생활을 하는 셈이지요. 그러니까 우리는 평생 그렇게 살아온 셈입니다. 새로운 주일, 새 달, 새해를 맞이하면서 늘상 같은 다짐만을 반복하면서 말입니다.

왜 이렇게 되었을까요? 여러 가지 이유들이 있겠습니다만, 우리들의 통상적 신앙이 근본적으로 잘못된 우리의 교리적 인식에 근거하고 있기 때문인지 아닌지를 한 번 깊이 반성해볼 필요가 있겠습니다.

구원 확신의 함정

저는 개신교도들이 그토록 자랑스럽게 여기고 있는 '은총만으로' 와 '믿음만으로' 구원 얻는다는 교리에 대한 우리의 안일한 인식을 구도자적 노력, 또는 구도자적 실천의 문제와 연결시켜 성찰해보고 싶습니다. 한 주 내내 세상에서 다른 사람들과 마찬가지로 탐욕, 독선, 이기심, 경쟁, 출세, 안일의 삶을 추구하다가 일주일에 하루 교회에 나와 십자가 보혈의 은총으로 죄 사함 받게 된다는 믿음, 바로 그것이 신앙이 제자리걸음을 하게 하는 한 가지 이유가 아닌지를 성찰하고 싶습니다. 이때 십자가의 피 공로는 어떤 뜻에서 값싼 신앙생활, 곧 쳇바퀴 돌 듯 제자리걸음하는 신앙생활을 평안하게 합리화 해주는 것 같다고 느껴지기 때문입니다.

과연 십자가의 피 공로로 구원받았다는 확신만으로, 예수따르미들에게 저절로 성숙한 신앙의 삶이 보장되는 것일까요? 한국 개신교인들의 신앙은 대체로 독실하고 뜨거운 것으로 알려지고 있습니다. 바로 이런 특성 때문에 한국 교회가 세계에서 가장 급속하게 성장하게 되었다고 합니다. 그런데 한국 기독교인들은 그 신앙이 영적인 뜨거움을 지니고 있는 반면, 그들의 구체적 삶은 세상의 빛이나 세상의 소금 역할을 제대로 해내지 못한 것도 사실인 것 같습니다.

대형교회일수록 교회 운영은 불투명하고 비민주적일 가능성이 더 큰 것 같습니다. 방언, 치유, 축사(귀신 쫓는 일)에는 열성인데 사랑 실천 (자기 비움)과 평화 구현에는 왜 그렇게 차가운지요. 정말 안타깝습니다. 바로 이런 현상, 곧 신앙과 삶 사이의 분리 때문에 한국 기독교는 새로운 위기 국면으로 들어가고 있는 것 같습니다. 최근에 와서는 교회의 양적 성장도 주춤하거나 후퇴하고 있지 않습니까. 오히려 불교의 명상과 수행이 진리에 굶주린 많은 사람들에게 더 적절하고 절박한 매력으로 여겨지는 것 또한 깊이 성찰해볼 가치가 있다고 생각됩니다.

달라이라마나 틱낫한 스님의 삶과 메시지가 전 세계에서 호응을 얻는 이유는 그것이 열려 있는 감동적인 메시지이면서 삶과 신앙을 함께 향상시켜주기 때문이 아니겠습니까. 한국 기독교도 바짝 차려서 신앙과 삶을 하나로 엮어주는 문제 곧 질적 성장의 문제를 진지하게 고민해야 할 때라고 생각합니다.

사도 바울이 말한 예수따르미의 삶

초기 예수따르미들 가운데 가장 출중한 인물은 바로 사도 바울일 것입니다. 그는 제도 기독교를 창시한 장본인이기도 합니다. 그의 삶과 말씀은 오늘 우리에게 적절한 지침을 제공하고 있습니다. 먼저 그의 삶의 궤적을 잠시 살펴볼 필요가 있습니다.

바울의 초기 삶은 예수따르미 죽이기의 삶이었습니다. 그는 열혈 바리새인으로서 율법 준수만이 구원을 보장해준다고 확신했습니다. 그러기에 안식일 준수를 비롯한 율법 지킴을 가볍게 여기거나 거부한다고 여겨지는 예수의 추종자들을 핍박하는 일에 그는 누구보다도 앞장섰습니다. 초대교회 청년 집사 스테반을 처형하는 일에도 적극 가담했고, 초대교회 신도들을 체포, 구금하는 일에도 열성이었습니다.

그런데 어느 날 그는 다메섹 지역의 예수따르미들을 체포하러 가는 도중에 거꾸러지고 말았습니다. 그는 오히려 예수에 의해 체포되고

말았습니다. 그리고 그는 새 사람으로 거듭나게 되었습니다. 그의 유대
주의적 세계관은 박살나고 말았습니다. 그의 사고방식은 근본적인 변
화를 겪게 되었습니다. 그의 성공 가치관도 완전히 전복되었습니다. 그
간 그가 율법주의자로서 소중하게 여겼던 가치들은 이제 '배설물'로 여
기게 되었습니다(빌립보서 3:7~8).

그는 생각만 180도 변화한 것이 아닙니다. 그의 행동도 완전히 달
라졌습니다. 그가 그토록 경멸하고 증오했던 예수를 이제는 구세주로,
메시아로 높이 받들게 되었고 예수의 부활을 도무지 이해할 수 없었던
희랍·로마 세계 속에서 그 부활의 깊은 뜻을 용기 있게 해석하고 증언
하는 일에 앞장섰습니다. 그래서 당시 지식인들이나 권세자들은 그의
그러한 행동을 미친 짓으로 여겼습니다(사도행전 26: 24). 게다가 그의
새로운 행동과 실천으로 그는 말할 수 없이 고통스러운 삶을 겪었습니
다. 그 자신의 증언에 따르면 그 고통은 정말 보통 사람으로서는 견디
기 어려운 것이었습니다(고린도후서 11: 23~27). 그가 겪은 고난을 열
거하면 이렇습니다.

① 여러 번 옥에 갇힘
② 사십에 하나 감한 매를 다섯 번 맞았음(세 번 태장 맞고 한 번 돌
　로 맞았음)
③ 파선 당해 하루 밤낮을 사선死線에서 헤매었음
④ 강물의 위험과 강도의 위험, 동족의 위험과 이방인의 위험, 도
　시의 위험, 바다의 위험, 거짓 형제의 위험을 겪음
⑤ 여러 번 굶주림을 견딤

이 같은 사도 바울의 고난은 한마디로 그의 새로운 신앙의 결단에서 비롯된 것입니다. 한 번 예수의 은총에 사로잡힌 뒤, 그의 삶은 완전히 달라졌습니다. 그리고 그 변화는 구체적인 삶의 변화로 이어지면서 한 단계 한 단계 향상하는 삶으로 나아가게 되었습니다. 사도 바울에게는 제자리걸음의 삶은 있을 수 없었습니다. 그곳에는 뚜렷한 목표를 향해 달음질하는 전진의 삶이 있었을 뿐이었습니다. 바로 여기에서 우리는 사도 바울의 고난에 찬 구도자적 삶, 곧 수행의 삶의 모습을 똑똑히 볼 수 있습니다. 오늘의 본문이 바로 이 모습을 우리에게 잘 전달해주고 있습니다.

사도 바울은 자기의 삶, 곧 모든 예수따르미의 삶을 "푯대를 향해 열심히 달리는 자의 삶"으로 비유했습니다. 그러기에 우리의 부끄러운 쳇바퀴의 삶을 이제 청산하려면 그의 이 메시지에서 값진 교훈을 얻어야 할 것입니다.

첫째, 그는 달리는 자로서 자기의 부족함을 솔직히 먼저 시인했습니다. "내가 이미 얻었다 함도 아니요, 온전히 이루었다 함도 아니라"라고 고백한 것입니다. 자기는 아직도 멀었다고 생각했고 결단코 완전한 수준에 이르지 못했다고 시인했습니다. 구도자적 신앙생활에 이미 골인한 것처럼 교만 떠는 것은 금물입니다. 그는 다메섹 도상에서 "예수께 잡힌 바 된 것" 때문에 이제는 구원을 얻었으니, 저절로 평안하게 쉽게 삶을 살아갈 수 있다고 생각하지 않았습니다. 오히려 예수에 의해 영적으로 체포된 그 은총을 이제는 자기가 주체적으로 육화肉化하려고 달려가는 삶을 살려고 애썼습니다.

그러나 나는 하나님의 은혜로 오늘의 내가 되었습니다.

나에게 베풀어주신 하나님의 은혜는 헛되지 않았습니다.

나는 사도들 가운데 어느 누구보다도 더 열심히 일하였습니다.

그러나 이렇게 한 것은 내가 아니라, 나와 함께하신 하나님의 은혜입니다. (고린도전서 15: 10)

자기의 존재 근거 자체가 하나님의 은혜라고 증언했습니다. 자기가 잘난 것이 아니라 예수 그리스도의 십자가 은혜로 새 사람이 된 것이라는 뜻이지요. 그러나 그는 자기가 여전히 부족한 존재라고 고백했습니다. 자기의 미완성, 불완전성을 용기 있게 자인했지요. 그런데 이 고백을 그가 빌립보 교우들에게 쓴 편지에서 특별히 강조하게 된 것은 그럴 만한 까닭이 있던 것 같습니다. 당시 빌립보 교우 중에는 이제 예수 그리스도의 은혜로 구원을 얻게 되었으니 자신감을 가지고 무엇이든지 할 수 있다는 자만심에 빠진 신자들이 있었던 것 같습니다. 자기가 남들보다 낫다고 믿어 허영이나 다툼에 빠진 자들이 있었던 것 같습니다(빌립보서 2:1~4). 그래서 사도 바울은 그 유명한 '예수 마음의 노랫말'을 특별히 적어 보낸 것 같습니다(빌립보서 2:5~11).

구도자의 주체적인 달리기

예수따르미의 삶이 마땅히 경주자의 삶이라고 할 때, 달리는 자가 가장 명심해야 할 것은 교만에 빠지지 않는 일입니다. 사도 바울처럼 겸손해야 하고, 예수처럼 비우는 삶을 살아야 합니다. 지적 교만도 예수따르미에게 심각한 문제이지만, 영적 교만은 정말 더욱 심각한 문제입니다. 종교적 교만과 독선은 구도자가 결코 빠져서는 안 될 첫 번째 함정입니다.

'한 번 사로잡힌 체험', 곧 예수의 보혈로 구원받게 된 은총의 체험을 신주단지같이 그저 모셔두기만 해서는 결코 안 됩니다. 그것을 기억하고 기념하는 것으로 끝나서도 안 됩니다. "언제 구원받았는지 아시오?"라고 남에게 묻고 자기는 그날을 너무나 똑똑하게 기억한다고 자만하는 일은 정말 금물입니다. 이것은 영적 교만일 수 있기 때문입니다.

돈독한 가톨릭 신자였던 미국인 현각스님은 한국의 선불교 수도자가 되었습니다. 그는 "진리가 너희를 자유롭게 할 것이다"라는 예수 말씀을 따라 지금도 달려가는 삶, 곧 구도자의 삶을 살고 있습니다. 그가 한번은 전철을 탔는데 어떤 엄마 품에 안긴 아기가 귀엽게 웃으면서 승복을 만지작거렸다고 합니다. 현각도 천진난만하게 웃는 아기에게 미소 지으며 바라보고 있었는데, 아기 엄마가 갑자기 아기 팔을 확 낚아채면서 "떼끼! 안돼. 이 아저씨는 사탄이야. 나쁜 사람이야"라고 내뱉고 자기 자리를 털고 다른 자리로 옮겨 앉았답니다. 이때 현각은 너무 놀라 가슴이 쿵쾅거렸다고 했습니다. 그는 속으로 이렇게 되뇌었다고 합니다. '정작 기독교의 종주국이라 할 미국에는 이런 사람들이 거의 없는데……'

이 글을 읽고 저는 정말 부끄러웠습니다. 한국 개신교인들의 상당수가 이 아주머니 수준의 신앙에 머물러 있지 않을까요. 푯대를 향해 달리기를 게을리 하면서도 자기만이 은총으로 구원받았기에 그렇지 못한 사람들, 특히 다른 종교인들을 경멸하는 교만한 맹신자들이 바로 우리 자신들이 아닌가 하고 부끄러웠습니다.

둘째로, 달리는 자는 주체적 신앙을 세워야 합니다. 은혜를 자기의 것으로 만들어야 합니다. 첫 번째 은혜는 공짜로 받은 소중한 선물임에 틀림없습니다. 하지만 한 번 예수에 의해 체포당했던 체험apprehended을 자기 것으로 만들기 위해 그것을 자기가 잡아야apprehend 합니다. 이것이 바로 구도자의 자세이자 신앙의 달리기의 올바른 주체적 모습입니다. 사도 바울이 다른 사도들보다 더 많이 수고하고, 더 많이 고생하고, 더 많이 헌신했던 모습은 바로 이 같은 구도자의 노력과 삶에서 우러나온 것이지요. 그에게는 '은총'과 '노력'이 모순이 되지 않고 균형을 이루었다 하겠습니다.

"오직 내가 그리스도 예수께 사로잡힌 바 된 그것을 잡으려고 쫓아가노라" 하는 사도 바울의 고백은 그가 구도자로서 신앙의 달리기에 열과 성을 다하고 있음을 보여주는 것입니다. 여기서 달림은 실천적 신앙, 곧 주체적 신앙과 삶을 하나로 엮어내는 일을 위한 끊임없는 주체적 몸부림이라 하겠습니다.

셋째로, 바울 사도는 달리는 일의 성공 비결을 명확하게 제시하고 있습니다. 먼저 뒤의 것을 잊어버리라고 권고합니다. 이것은 과거에 매이지 말라는 뜻이기도 합니다. 지난날 찬란했던 경험에 계속 취해 있어서는 안 됩니다. 지난날의 영광스러운 기억에서 헤어나지 못하면 앞으로 달려갈 수 없습니다. 그리고 그런 사람은 앞으로도 계속 실패할 수밖에 없습니다. 그런가 하면, 또 지난날의 쓰라렸던 실패의 기억에서 벗어나지 못하는 사람도 구도자로서 성공할 수 없습니다. 지난날의 원한에 함몰되어 오늘도 그 원한에 사로잡혀 있게 되면, 영적 전진은 어렵습니다. 오히려 과거의 영광이나 수치가 모두 오늘의 겸손을 낳고, 나아가 내일의 희망으로 이어진다면, 푯대를 향한 달리기는 더 큰 힘을 얻게 될 것입니다. 뒤의 것을 잊어버리라는 사도 바울의 권고는 반드시 시간 차원에서 말한 것으로 국한시킬 필요는 없겠습니다. 헛된 일에 미련 두지 말 것을 당부한 말씀으로도 볼 수 있습니다. 예수께서 **"쟁기를 잡고 자꾸 뒤를 돌아보는 사람은 하나님나라에 들어 갈 자격이 없다"**(누가복음 9:62)고 하신 것도 같은 뜻의 말씀입니다. 돈, 명예, 권력도 얻고, 거기에 더하여 천당도 가려는 신자들은 뒤를 쳐다보는 사람들이 아니겠습니까.

그러나 쓰라린 과거든지 영광의 과거든지 간에, 미래 희망의 불빛을 밝혀주는 것일 때, 과거는 반드시 기억해야 할 소중한 경험이 됩니다. 뒤를 돌아보아 오늘 이 시간에 그것을 감사할 터라면 지난날을 뒤돌아볼수록 더 좋을 것입니다. 감사는 겸손의 짝이므로, 지난날을 감사한다면, 푯대를 향해 더욱 올곧고 겸손하게 달리게 될 것입니다. 정말 보람 있게 달리는 일에 성공하려면 목표를 확실하게 쳐다보면서 달려가야 합니다. 이것이야말로 뒤의 것을 망각하는 일보다 더 중요한 것 같습니다. 영화〈포레스트 검프〉의 주인공처럼 뜻 없이 달리는 일은 구도자에게는 어울리지 않습니다. 구도자는 왜 달리는지를, 달리기의 의미가 무엇인지를 잘 알고 끈기 있게 달려야 합니다.

여기서 우리는 달리기에 있어 빨리 달릴수록 좋은 것이 아님을 분명히 깨달아야 합니다. 세속적 달리기 또는 운동경기에서 달리기는 속주速走가 제일 중요합니다. 속주는 올림픽의 원칙이기도 합니다. 그런데 구도자에게는 속주가 오히려 심각한 장애나 유혹이 된다는 진실을 잊어서는 안 됩니다. 대체로 속도 제일주의는 승리 제일주의와 자기 제일주의로 이어집니다. '나 홀로 일등'의 비결은 대체로 속도에 있습니다. 남들을 모두 제치고 자기만이 제일 먼저 골인해야 영광의 월계관을 홀로 딸 수 있다고 믿습니다. 이 같은 신앙은 값싼 출세주의를 잉태하게 됩니다. 이것을 지나치게 강조하다 보면, 편법주의에 빠지기 쉽습니다.

"어떤 수단을 사용하더라도 목표를 신속하게 달성하면 된다"는 편법주의는 온갖 개인적 일탈과 구조적·역사적 범죄의 원인이 되기도 합니다. 지난날 군사 쿠데타나, 경제성장 제일주의가 빚어낸 온갖 비극도 따지고 보면 이 같은 속도 숭배와 결코 무관하지 않습니다. 이른바 '빨리빨리 주의'는 우리 한국 사람들과 한국 사회를 병들게 하고 있는 듯합니다. 저도 마찬가지로 어느 정도는 이 병에 걸려 있습니다. 예수 그리스도를 푯대 삼아 달려가는 경주자에게는 이 같은 속도 숭배는 오히려 유혹이 될 뿐입니다. 구도자로서 달리는 자는 달리는 길 곳곳에서 탈락되어 신음하는 사람들을 만나게 되면 그들을 돌보면서 앞으로 나아가야 합니다. 이런 경우 속주는 무시해야 할 사항이지요.

예수의 비유 가운데 가장 감동적인 '착한 사마리아 사람'의 비유 또한 이 같은 구도자의 참모습을 깨우쳐주는 이야기입니다. 종교 지도자들은 그 '돈독한' 신앙에도 불구하고 길가에 쓰러져 죽어가는 인간을 보고 함께 아파하기는커녕 고개를 돌리고 피해 갔습니다. 빨리 목적지에 도착하려고 그러했겠지요. 그런데 잡종인간, 경건한 유대인들이 도무지 상종해서는 안 될 상것으로 여기던 사마리아인은 그의 여행 계획을 연기해가면서까지 불쌍한 사람을 정성껏 돌보았습니다. 그만큼 그의 달리기는 늦어지게 되었지요. 그러나 바로 이 사마리아인이 구원과 영생에 이르게 된다는 것을 예수께서 우리들에게 깨우쳐주셨습니다. 그러기에 결코 빠른 속도가 자랑이 될 수 없지요. 오히려 구원에 장애가 되지요. 사실 달리면서도 남을 나보다 더 낮게 여긴다면 특히 예수를 바라보며 달릴 때 그러하다면, 과연 우리가 예수따르미로서 남들보다 중단 없이 앞서 뛸 수만 있겠습니까. 예수따르미의 달리기가 세속경주와 본질적으로 다른 것은 그것이 속주나 독주의 논리를 따르는 것이 아니라, 다른 사람들에게 길벗이 되어 함께 뛰는 정신, 또는 함께 아파하며 희망과 용기를 주면서 뛰는 동고주의와 동행주의 정신을 따르는 것입니다. 바로 이 동고동행주가 예수따르미의 경주 모형, 곧 모범적 경주의 아름다운 모습이 아니겠습니까.

특히 푯대를 보지 못하고 세속적 가치를 향해 수단과 방법을 가리지 않고 빨리 달려가기만 하는 사람을 붙잡고 동고주의 깊은 뜻을 알려주는 일이 중요합니다. 한때 열일곱 명의 생명을 탈취해갔던 살인마 김대두가 사형 당하기 전에 한 말을 저는 기억합니다. 그는 경찰에 쫓기면서 허기진 배를 안고 어느 날 밤 남산 꼭대기에서 반짝이는 서울 시가지를 내려다보면서 "왜 내 불빛은 없습니까?"라고 처절하게 절규했습니다. 그 많은 형광등 십자가들이 김대두의 눈에 띄었을 터인데도, 그를 올곧은 삶으로 이끌어준 달리기 선수 예수따르미들은 없었던 것 같습니다. 저는 녹음된 그의 육성을 듣고 저 스스로 깊은 자괴심에 빠졌습니다. 그 많은 교회 십자가들이 서울의 밤을 밝혀주고 있었음에도 그것이 푯대 예수를 밝혀주는 것이 아니었다는 사실이 참으로 안타까웠습니다.

예수는 구도자에게 목표이면서 그 목표에 이르는 올곧은 길, 곧 진리의 길이기도 합니다. 뿐만 아니라, 그 길을 힘겹게 우리가 달려가다가 도중에 기진하여 쓰러질 때 바로 우리 곁에 계셔서 우리의 손을 잡고 동고주同苦走하시는 우리의 길벗입니다.

비록 우리가 언제 어디서 구원받았는지는 정확하게 기억하지 못한다 하더라도 우리의 실력으로가 아니라, 예수의 십자가 은총으로 값없이 구원받았다고 확신을 가져야 합니다. 그러나 결코 거기서 머물러서는 안 됩니다. 거기에 멈추게 되면 마치 어미 제비가 물어다주는 먹이를 입만 벌리고 받아먹는 제비새끼 같은 수준에 우리 신앙이 머물러 있게 될 것입니다. 그렇게 되면 우리의 믿음은 자라지 않습니다.

예수따르미의 믿음은 계속 자라야 합니다. 그 자람은 선한 사마리아 사람 같은 구도자의 주체적 달리기에서만 가능합니다. 그 달림에서 우리 예수따르미들은 결코 속주의 유혹에 빠져서는 안 됩니다. 하나님의 부르심의 상賞은 속주자速走者에게 주어지는 것이 결코 아닙니다. 그것은 천천히 그러나 성실하게 달릴 수밖에 없는 동고주자에게 허락하시는 또 하나의 하나님 선물임을 기억해야 합니다. 저는 만보기를 차고 하루의 운동량을 측정하고 있습니다. 이제는 영적 만보기를 달고 '천천히 그러나 사랑으로' 착실하게 달리는 내 모습을 체크해보고 싶습니다.

항상, 쉬지 말고, 범사에

    명절이 되면 고향 동산에 누워 계신 부모님 생각이 간절해집니다. 불효자로 살았다는 자책감이 뼈저릴수록 부모님이 그리워집니다. 고향 동산 묘비에는 "항상 기뻐하라, 쉬지 말고 기도하라, 범사에 감사하라"는 말씀이 새겨져 있습니다. 이 말씀은 저희 집 가훈이기도 합니다.

    그런데 "과연 내가 이 말씀의 뜻을 제대로 깨닫고 있는가?", "정말 내가 이 말씀대로 살아왔던가?" 하는 물음들이 요즘 저를 사로잡고 있습니다. 제 삶을 되돌아보면, 절박한 실존적 위기 상황에서 제가 간절히 기도했던 것들이 그대로 이뤄진 적은 별로 없었던 것 같습니다. 오히려 기도 내용과는 다른 '엉뚱한' 결과가 나온 것이 한두 번이 아니었습니다. 그래서 당시에는 그 결과에 실망해 괴롭고 외로웠던 적이 많았습니다.

    그러나 지금 다시 그때를 회상해보면, 제 기도가 너무 자기중심적이었음을 깨닫게 됩니다. 그리고 그 '실망스러웠던' 당시의 결과는 시간의 흐름에 따라 더 좋은 것으로 나타났음을 깨닫게 됩니다. 나에게 진정 필요한 것이 무엇인지를 이미 다 알고 준비해두시는 하나님께 새삼 감사드리게 됩니다.

예비하시는 하나님

여기서 제 경험을 잠시 말씀드리겠습니다. 1976년 2월 말. 저는 서울대학교 교수직에서 쫓겨났습니다. 어릴 때부터 그토록 성취하고 싶었던 직분이어서 그 자리를 떠나게 되는 것은 정신적·사회적 삶의 끝장으로 여겨졌을 뿐 아니라, 별다른 재능이 없는 저에게는 경제적·육체적 삶의 비참, 그 자체로 여겨졌습니다. 저는 하루아침에 정치적 황야와 들판으로 쫓겨나 야인의 삶을 살게 되었습니다. 민주화와 인권, 조국의 평화와 사회정의를 갈망했던 저는 이 같은 현실 앞에 망연자실했고, 잠시 하나님의 '무력함'에 곤혹스러워했습니다. 그러나 회고해보면 저에게 들판의 삶은 새로운 도전의 삶이요 새로운 은총의 삶이었습니다. 서울대학교 교수로서 전혀 체험할 수 없었던 뜨거운 동지애와 공동체의 흐뭇함을 나라 안팎에서 느낄 수 있었습니다.

저에게 들판은 황량하기만 한 사막만이 아니었습니다. 오히려 따뜻한 생명샘물이 언제나 터져 나오는 비옥한 영혼의 땅이었습니다. 그곳은 관악산 밑의 교실과 다르게, 살아 있는 지식과 지혜가 싹트고 자라는 산 교실의 한마당이었습니다. 바로 그 황야에서 민중신학과 민중사회학이 싹틀 수 있었습니다. 절박한 상황 속에서 치열한 삶이 컨텍스트context만 아니라 텍스트text가 될 수 있음도 그때 깨달았습니다.

또 정말 괴로웠던 때는 제 소망과 관계없이, 1980년 5월 신군부에 의해 또다시 학원에서 추방당했을 때였습니다. 그해 3월 1일 4년 만에 복직이 된 저는 하루하루를 신혼여행의 달콤한 시간 같은 보람을 온몸으로 느끼며 관악산 밑에서 가르치는 삶을 살았습니다. 정국이 불안했으나, 설마 신군부가 우리들의 간절한 민주화 소망을 그렇게 무참하게 짓밟아버리리라고는 생각하지 않았습니다. 하나님께서 정의와 평화로 이 민족을 올곧게 인도해주시리라 기도하고 믿었기에 신나는 나날을 보내고 있었는데, 불과 석 달도 되지 않은 5월 중순에 그 꿈과 현실은 산산조각 나고 말았습니다.

저는 동지들과 함께 남산 지하 2층에 갇히게 되었습니다. 신군부의 쿠데타가 생긴 것입니다. 지하 2층에서 거의 두 달간 저는 사투를 하다시피 했습니다. 그런데 바로 그 지하 2층, 공포와 저주의 공간에 이미 와 계신 하나님을 체험하는 은총을 맛보기도 했습니다. 이때의 경험은 저에게 소중하고 값진 것입니다. 되돌아보면, 안일한 서울대 교수의 삶에서는 도저히 얻을 수 없었던 너무나 값진 체험을 허락하신 하나님께 감사드릴 뿐입니다.

1981년에는 미국으로 망명의 길을 떠났습니다. 1년이 지난 뒤 여권과 비자의 시효가 끝나고 말았습니다. 불법체류자로 있으면서 조국의 민주화와 통일을 위한 운동에 나섰지요. 그때 저는 법적으로 당당하게 미국에 체류할 수 있기를 바랐기에 절박하게 기도했으나 그것도 허사로 돌아갔습니다. 또 미국교회협의회에서 사회정의 담당 전임직이 공석이 되어, 그 자리에 갈 수 있도록 간절히 기도했으나 그 자리도 흑인 여성에게 돌아가고 말았습니다. 저는 절망했습니다. 조국에 돌아가기 어려운 형편인데 미국 이민국에서 추방 청문회를 곧 연다는 통고까지 받게 되었습니다. 제 간절한 기도들은 모두 수포로 돌아갔고 절망의 골짜기를 헤맸습니다.

그때 뉴욕의 유니온 신학교에서 뜻밖에 신학 공부를 할 수 있는 기회를 주었습니다. 여기에는 이승만 목사님의 수고가 있었습니다. 정말 '엉뚱한' 기회가 생긴 것이지요, 3년 과정을 1년 반 만에 마칠 수 있게 해주겠다는 파격적인 제의를 받고 신학생이 되었습니다. 이때는 제 삶에 있어 가장 아름답고 신선한 삶을 경험한 은총의 때였습니다. 제자들 같은 젊은 사람들, 특히 한국 학생들과 함께 자유케 하시는 하나님의 진리와 지혜를 배울 수 있게 된 것을 지금도 감사하게 생각합니다.

그런데 또 뜻밖에 1984년 8월 15일에 복권이 되고 복직의 길이 또다시 열리게 되었습니다. 한 학기만 들으면 신학 과정을 모두 마치게 되는데 갑자기 귀국할 수 있게 되었고, 학교에 복직하게 되었습니다. 하나님께서는 당신의 깊은 뜻에 따라 나를 훈련시키는구나, 하는 생각을 떨쳐버릴 수 없었습니다.

그 뒤의 일을 더 자세히 말씀드리지는 않겠습니다. 다만 1993년 2월에 원래는 대통령 비서실장을 맡으라는 제의가 있었는데 갑자기 바뀌어 뜻밖에 통일부총리직을 맡게 되었습니다. 하나님의 평화를 한반도에 뿌리내리려는 꿈을 안고 기도했습니다. 이인모 노인을 북송한 것도 그러한 기도의 연장선상에서 일어난 일이었습니다. 하지만 그때 북한의 핵문제가 불거져 저는 평화의 사도 노릇을 제대로 할 수 없었고, 오히려 냉전 근본주의자들의 총공세를 받았습니다. 그래서 70년대 재야 시절보다 더 외롭고 괴로운 나날을 정부 한 가운데서 보내게 되었습니다. 그때 이렇게 절규했습니다. 정말 처절했습니다.

"주님, 당신의 뜻이 무엇입니까? 왜 한반도에 냉전 구조를 해체시켜주지 아니하십니까? 어찌 그 증오와 불신과 독선의 냉전구조는 더욱 기승을 부리게 됩니까?"

아직도 제 기도는 응답 받지 못한 것 같습니다. 그러나 '엉뚱한' 방식으로 더 나은 결과를 예비해두고 계신 하나님에 대한 믿음은 지금도 변하지 않고 있습니다. 바로 이 같은 저의 삶 속에서 기도의 의미는 무엇인지 되새겨보고 싶습니다.

'도대체 기도는 무엇인가? 그 궁극적 의미는 무엇인가? 기도는 어떻게 하는가? 기도에도 성숙의 단계가 있는가? 기도의 효험은 무엇이며, 그것이 예수따르미의 삶과는 어떻게 연관되는가?'에 대해서 말입니다.

기도한다는 것

이러한 물음들을 가슴에 깊이 안으면서 "항상 기뻐하라, 쉬지 말고 기도하라, 범사에 감사하라"는 말씀에 대한 깨달음을 나누고 싶습니다.

먼저 사도 바울이 말한 순서에 대한 것입니다. 그는 환희, 기도, 감사 순으로 하나님의 뜻을 표현했습니다. 이것은 중요도에 따른 순서는 아닌 것 같습니다. 또 인과의 순서도 아닌 듯합니다. 만일 여기서 중요도와 인과를 존중한다면, 오히려 기도가 먼저 와야 할 것입니다. 저는 사도 바울이 기도를 중간에 놓은 까닭은, 기도가 그만큼 중요하기 때문에 기도를 통해 감사와 기쁨을 체험하는 삶을 촉구한 것으로 봅니다. 마치 새의 몸통이 튼튼해야 양 날개가 힘을 쓸 수 있듯이, 기도의 몸통이 튼튼해야 환희와 감사의 두 날개가 힘차게 날 수 있습니다. 독수리 몸통(기도)에 붙어 힘껏 공중으로 날게 하는 감사와 환희의 날개를 상상해보십시오(결코 타조나 닭 날개는 아닌 듯합니다).

또 한 가지, 본문에서 새삼 주목하고 싶은 표현은 세 가지 부사에 관한 것입니다. '항상', '쉬지 말고', '범사에'라는 표현 말입니다. 이 세 가지 표현은 사실 한 가지를 다르게 강조하는 것 아니겠습니까? 공간과 시간 변화에 관계없이, 흔들림 없이 일관성 있게 실행하라는 뜻 말입니다. 우리 삶의 기복이 심하고, 외부 환경이 아무리 급격하게 변화한다 하더라도, 기도는 끊임없이 이어져야 합니다. 마치 호흡이 끊임없이 이어질 때 비로소 삶이 연장되듯이. 생명과 숨 쉼이 분리될 수 없듯이, 기도와 삶은 예수따르미에게서 결코 떨어질 수 없습니다.

이 같이 숨 쉬듯 기도를 생활화할 때, 감사와 환희는 자연히 따라오는 것입니다. 하나님께서 그리스도 예수 안에서 우리들에게 원하시는 바는, 바로 이 같은 환희의 삶, 감사의 삶이 아니겠습니까? 하나님께서는 우리들이 우울해하고 속상해하고 외로워하고 분해하고 괴로워하고 좌절하고 절망하는 삶을 살기를 결코 원하시지 않으십니다. 왜냐하면 하나님은 스스로 비워 사랑과 평화의 기쁨으로 남을 채워주시는 분이시기 때문입니다. 우리가 올바른 기도를 드리기 위해서는 이 같은 하나님의 본질을 올곧게 깨달아야 하는 까닭이 바로 여기에 있습니다.

그러면 기도의 의미와 과정, 그리고 그 효험에 대해 함께 생각해보기로 합시다. 먼저 기도의 과정 또는 흐름 단계에 주목해봅시다. 크게 두 과정이 있습니다.

첫째, 은밀한 내적 대화의 과정입니다. 기도는 하나님과 은밀하고 조용하게 하는 심층대화입니다. 관객 앞에서 쇼하듯 하는 기도는 처음부터 잘못된 것입니다. 마치 골방에 숨어 계신 하나님께만 고해성사하듯 은밀하게 하는 기도가 바람직한 기도입니다. 이 첫째 과정도 몇 가지로 다시 나눠볼 수 있겠습니다.

먼저 우리 존재 속에 이미 깊이 오시어 우리와의 대화를 기다리고 계신 하나님을 우리는 알아차려야 합니다. 하나님은 저 구름 너머, 우리를 감찰하고 계시는 분이 아니라, 은밀히 우리 속에 숨어 들어와 계심을 깨달아야 합니다. 하나님을 밖에서만 찾는 일을 중단해야 합니다. 마치 탕자가 하루 빨리 돌아오기를 간절히 기다리는 어버이처럼, 하나님께서는 이미 우리 안에 오시어 우리와 대화하고 싶어 하십니다. 결코 무서운 심판주 하나님도 아니시고, 목에 힘주는 만군의 총사령관도 아니시며, 복채 받고 복을 파는 기복신祈福神도 아니십니다. 예수께서 아빠라고 불렀던 바로 그 사랑의 어버이십니다. 내밀하게 우리 존재 깊은 곳에서 우리와 대화하시기를 원하는 하나님의 존재를 먼저 깨달아야 합니다.

내적 대화는 대화 상대자의 입장에 서야만 제대로 이뤄집니다. 그러기에 하나님의 입장에서 자기를 성찰하는 일이 곧 기도라 하겠습니다. 곧 하나님과 역지사지하는 것이 기도입니다. 하나님 입장에 서려면, 제일 먼저 자기 입장을 떠나야 합니다. 이것은 곧 자기 뜻을 버려야 함을 뜻합니다. 그러므로 기도는 자기 입장을 하나님 앞에 관철하는 행위가 결코 아닙니다. 자기 '아젠다agenda'를 하나님께 강요하는 것이 결코 아닙니다. 오히려 자기를 비우고 떠나는 일입니다. 기도를 통해 자기를 채우려 한다면, 그것은 하나님과의 대화가 아니라 대결입니다.

기도를 통해 우리는 하나님의 입장에서 자기의 모습을 정확하게 성찰해보아야 합니다. 그러면 자기의 부끄러운 모습들이 드러나게 될 것입니다. 비정했던 삶, 권력, 명예, 그리고 부 따위를 탐해 부끄럽게 살아왔던 내 지금의 모습을 똑똑히 보게 될 것입니다. 그러기에 하나님과의 내적 대화는 불가피하게 겸손한 회개metanoia의 체험으로 이어지게 마련입니다. 이것이 바리새인들의 외식했던 기도와 다른 점입니다. 그들은 하나님께서 영적 거울로 작동하심을 깨닫지 못했습니다. 오히려 하나님을 빙자하여 자기들의 '의로움'을 자랑하려 했습니다.

둘째로, 이러한 내적 대화는 하나님을 거울로 삼아 자기의 부끄러운 모습을 깨닫고, 이 모습을 고쳐가려는 삶으로 이어지는 과정입니다. 대화가 실천으로 나아가야 합니다. 사람들이 거울을 보는 까닭은 남의 입장에서 자기를 비판적으로 보기 위함이요, 나아가 거울에 비친 자기의 결함을 고쳐서 남을 흐뭇하게 느끼도록 자기를 바꾸는 것입니다. 화장makeup은 자기 모습을 보충하고 고쳐 아름답게 바꾸는 행위입니다.

자기 모습을 바꾸되 상대방이 그 변화된 모습을 보고 빙그레 미소 지으며 좋아할 것으로 여길 때까지 화장을 계속합니다. 일단 화장을 마칠 즈음에는 상대방의 미소를 예상하여 자기가 싱긋 웃게 됩니다. 이것이 화장의 사회적 과정입니다. 기도는 하나님 거울을 통해 나타난 내 부족함을 끊임없이 고쳐보려는 '영적 화장'입니다. 그러기에 하나님이 미소 지을 때까지 쉬지 않고 자기 고침, 자기 비움, 자기 갱신의 삶을 살아가는 것, 그것이 바로 기도입니다.

영적 화장이라는 자기 갱신의 삶을 산다는 것은 스스로 비우시는 사랑의 하나님kenosis을 닮아가는 삶이기도 합니다. 이것이 결코 쉬운 일은 아닙니다. 그러기에 하나님 거울에 비친 자기의 부끄러운 모습을 지우고, 하나님을 미소 짓게 할 수 있는 아름다운 모습, 떳떳한 삶을 갖추기 위해 몸부림도 하고, 마음부림도 하는 삶이기도 합니다. 기도는 하나님을 닮기 위한 아름다운 수행의 삶이자 예수따르미의 명상 실천이기도 합니다.

이러한 몸부림과 마음부림을 거치면서 우리는 하나님뿐만 아니라 다른 존재들과도 새로운 관계를 맺게 됩니다. 그러면서 하나님 중심의 삶, 타존재 중심의 삶이 이뤄지기 시작합니다. 여기 타존재 속에는 자연과 환경도 포함됩니다. 이 새로운 관계는 죽음도 끊어낼 수 없는 감동적이고 아름다우면서도 끈질기게 오래가는 관계이기도 합니다.

세계적인 베스트셀러인 『모리와 함께 한 화요일Tuesdays with Morrie』의 주인공 모리 슈바르츠 교수가 말한 바로 그 관계입니다. "죽음은 한 생명을 끝낼 수 있으나, 관계는 끊을 수 없습니다Death ends a life, not a relationship." 바로 이 관계는 서로 비워 상대방을 좋은 것으로 서로 채워주지 않고서는 견딜 수 없는 사랑의 관계를 말합니다.

하나님을 사랑하고, 이웃을 사랑하고, 자연을 사랑하는 삶, 바로 그것이 기도입니다. 그것도 끊임없이, 쉬지 않고 사랑하는 삶입니다. 베트남의 성자 수도승 틱낫한Thich Nhat Hanh은 숨 쉼을 자각할 때 참 삶을 느끼게 된다고 했습니다. 그렇습니다. 숨 쉬듯 기도하는 삶이야말로 값진 참삶을 살게 하는 힘입니다. 숨 쉴 때마다 숨 쉴 수 있는 나의 삶을 새삼 감사하는 것이 바로 기도입니다.

그래서 셋째 과정에서 우리는 기도의 놀라운 효험을 맛보게 됩니다. 그것은 바로 감사와 환희의 끊임없는 체험입니다. 뜻 깊은 기쁨은 항상 감사에서 우러나옵니다. 먼저 기쁨에도 두 가지 수준이 있습니다. 낮은 수준에서는 자기가 남들보다 잘 되었다고 기뻐합니다. 내가 내 반에서 1등 했다고, 우리 축구팀이 이겼다고, 내 자식이 일류대학에 입학했다고 기뻐하는 그 기쁨입니다. 이것은 자기중심적 환희지요. 그런데 더 높은 수준은 타자 중심적 기쁨입니다. 남에게 도움 주는 일로 인해 기뻐하고, 남들이 자기로 인해 기뻐하는 것을 보고 기뻐합니다. 자기는 고통스럽더라도 그 고통으로 남이 행복하게 될 때, 비로소 기뻐하는 그 기쁨입니다. 당신도 허기져 있지만, "얘야, 나는 많이 먹었다. 너나 많이 먹어라"라고 하는 모정입니다. 자기중심적 환희는 아름다운 관계를 형성하지 못합니다. 타자중심적 환희에서 비로소 죽음도 끝장내지 못하는 아름다운 관계가 형성될 수 있습니다.

예수의 기도도 이타적인 사랑에서 나왔습니다. 예수께서 체포되기 직전, 그 처절하게 절박했던 순간 드린 겟세마네 기도를 보십시오. 거기에서 하나님께 간곡하게 드린 기도는 "내 뜻대로 마옵시고, 아빠 Abba의 뜻대로 되기를 원합니다"라는 처절한 이타적 기도, 자기 비움의 기도였습니다. 그리고 마침내 그 기도 안에서 사랑의 완성을 이룩하셨습니다. 내 욕심을 버리는 기도는 사랑의 선순환을 가능하게 하는 시작점입니다.

숨 쉬듯 감사하는 삶

숨 쉬듯 쉬지 않고 타자들을 위해 기도한다는 것은 남을 위해 감사하는 것과 같습니다. 감사는 남을 높이고 자기를 낮출 때 나오는 기쁨의 표현이기도 합니다. 진정으로 감사하는 사람은 저절로 상대방에게 몸과 마음을 낮추게 됩니다. 감사받는 사람도 따라서 몸을 낮추지요. 그러기에 참된 감사는 상대방에 대해 서로 낮춤으로써 비로소 서로 사람이 되게 합니다. 한자로 사람을 人으로 표시하는 까닭이 여기에 있는 듯합니다. '人'은 두 사람이 감사하다고 서로 인사人事하는 모습, 곧 사람됨의 짓을 하는 모양을 형상화한 것 아니겠습니까.

그런데 감사에도 자기중심적 감사가 있습니다. 자기에게 남들이 잘해주기 때문에 감사하는 것 말입니다. 그런데 이 수준의 감사는 일시적일 뿐이지요. 남들이 잘해주지 않거나 나와 아무 관계가 없다고 생각하면 감사할 일이 생기지 않지요. 사도 바울께서 범사에 감사하라는 뜻은 그러한 것이 아닙니다. 남들이 나에게 잘해주지 않더라도, 바로 그 쓰라린 경험을 통해 자기 삶을 남을 위해 고쳐가는 기쁨을 느끼면서 감사할 수 있을 때, 바로 그때 참다운 감사의 마음이 생겨납니다. 바로 그러한 감사는 어떠한 처지에서도 감사할 수 있는 수준 높은 환희를 보장해줍니다. 범사에 감사한다는 뜻이 바로 그런 것이지요. 그러니까 '때문에의 감사'가 아니라 '불구하고의 감사'가 참 기쁨을 선사하지요. 그것이 사람으로 하여금 아름다운 관계를 형성하게 하는 힘이기도 합니다. 그런 뜻에서 이렇게 고백할 수 있겠습니다. "우리는 서로 감사한다. 고로 존재한다We thank one another, therefore we are."

여기서 감사와 환희를 더욱 확실하게 보장해주는 깨달음에 대해 말씀드리고 싶습니다. 일상적으로 우리가 너무나 당연하다고 여기고 있는 것에 대한 경이로운 새 인식이 필요합니다. 우리는 일상생활 속에서 당연시되는 것에 대해서는 감사하지 않습니다. 눈으로 매일 파란 하늘을 보아도, 꽃을 보아도, 구름과 달을 보아도 당연한 것으로 덤덤하게 넘어갑니다.

저는 몇 해 전 여름 작은 수술을 한 뒤 이틀 간 대소변을 보지 못하는 곤혹스러운 고통을 겪은 적이 있습니다. 병원 응급실에 가서 몇 시간 지난 뒤 비로소 신진대사가 이뤄졌습니다. 그때 저는 당연한 것에 대해 새삼 감사하게 되었습니다. 그것도 절박하게 감사했습니다. 하기야 유신시절에도 칠흑같이 캄캄한 독방에 갇혀 지낸 쓰라린 경험을 통해 자유롭게 다닐 수 있는 자유를 새삼 소중하게 여기기도 했습니다.

삶을 살아가다 보면 기쁨만 있거나 슬픔만 있는 것이 아닙니다. 전도서가 증언하듯 날 때가 있으면 죽을 때도 있습니다. 심을 때가 있으면 거둘 때도 있고 찾을 때도 있으면 잃을 때도 있습니다. 울 때가 있으면 웃을 때도 있는 것이 인생입니다. 우리는 살아가며 하나님의 뜻에 따라 일상의 일들을 아름다운 것으로 받아들이는 자세를 갖추어야 합니다.

제 손녀 이야기를 하겠습니다. 그 아이가 세 살쯤 되었을 때, 아버지가 스코틀랜드에서 신학 공부하고 있었습니다. 저와 집사람이 5월에 그 아이들을 보러 갔는데 그때 유채꽃이 참 아름다웠습니다. 스코틀랜드에서 자동차를 타고 아일랜드까지 가봤는데 제 손을 잡고 길을 걷던 손녀가 유채꽃을 보고 매우 아름다웠는지 "와우!" 감탄했습니다. 손녀는 바닷물 출렁이는 것을 보고도 "와우!", 새 장난감을 보고도 "와우!", 뭐든지 새로운 것을 보면 정말 순수하게 "와우!" 하고 감탄했습니다. 그래서 그 아이와 같이 다니면 '와우' 소리를 많이 들었어요.

손녀를 보면서 "너희들이 하늘나라에 가려면 어린아이 같지 않으면 안 된다"라는 예수님 말씀이 떠올랐습니다. 예수께서 말씀하신 '어

238

린아이 같은 행동'은 새로운 것을 보면 감탄하고 감사하고 감동하면서 의미 있게 사는 모습을 말씀하신 것이었음을 손녀를 통해서 깨달았습니다. 예수께서도 저 들에 핀 백합화를 보고, "와우!" 하시지 않았을까 생각합니다. 그 백합화는 단지 풀이 아니라 하나님의 아름다움을 드러낸 영광이기 때문입니다. 저는 하늘을 나는 새를 보면 하나님께서 잘 먹이시는 그 사랑이 놀라워 "와우!" 합니다. 이처럼 예수의 마음에 '와우'의 감수성이 넘치는 것을 새삼 깨달았습니다.

저는 요즘 하나님의 나라가 온다면 우리 그리스도인들부터 삶에서 '와우'의 감탄을 되찾아야 한다고 생각합니다. 여러분, '와우'를 되찾으세요. 매일 아침 하늘을 쳐다보며, 그 볼 수 있음에 감사하고, 바다와 강, 풀과 꽃, 새와 다람쥐를 보며 그 볼 수 있음에 감사할 줄 알아야 합니다. 그리고 내가 숨 쉬고 있음을 자각하여 그 숨 쉼에 대해서도 '와우'라고 조용히 감사해야 합니다. 범사에 감사한다는 것은 이 같은 일상적 당연함을 경탄의 마음으로 새롭게 보고 감사할 때 비로소 생기는 기쁨의 표현이라 하겠습니다.

당연한 일에 감사할 수 있는 영적 감수성은 당연하지 않은 일, 엉뚱한 일, 이례적인 일에는 더욱 감사하게 하는 힘이기도 합니다. 이 힘 또한 숨 쉬듯 끊임없이 기도하는 삶에서 잉태되어 자라게 됩니다. 왜냐하면 외로우나 괴로우나 기쁘나 슬프나 숨은 계속 쉬어야 하기 때문이지요.

슈바르츠 교수의 말이 다시 쟁쟁하게 제 귀에 울려옵니다. 해변에 가면, 파도가 끊임없이 몰려오다가 해변에 부딪치는 순간 잔잔한 물로 부서지고 맙니다. 파도의 생명은 너무나 짧습니다. 잠시 있다가 물거품처럼 사라지고 맙니다. 첫 번째 파도가 그렇게 허무하게 부서져 없어지고 마는 것을 보고 두 번째 파도가 뒤에서 걱정되어 절망하고 불안해합니다. 이때 겁에 질린 두 번째 파도에게 다음과 같은 메시지는 새로운 깨달음을 안겨다 줍니다. "절망하지 마. 너는 이제 파도가 아니야. 너는 바다의 일부분이야."

이것은 기도를 통해 얻을 수 있는 하나님의 음성이기도 합니다. 그렇습니다. 우리의 삶은 파도처럼 순간적이고 기복이 심합니다. 우리는 풀의 꽃과 같이 한순간 살다가 사라지게 됩니다. 장독대 위의 먼지가 바람에 흩날리는 것과 같이 덧없는 삶이기도 합니다. 허나 우리는 계속 파도가 아니라 처음부터 바다의 한 부분이었지요. 우리는 풀의 꽃이 아니라 하나님의 영광이요, 우리는 먼지가 아니라 하나님의 대지입니다. 우리는 파도처럼 살지만, 하나님 안에서 그의 자녀로 바다같이 넓고 깊은 당신의 큰 사랑의 바다에서 영원히 거하게 될 바닷물 같은 존재입니다.

그래서 바울은 죽음도 유익한 체험이라 고백했지요. 파도가 바다로 돌아가는 값진 체험이지요. 다만 우리의 짧은 삶 속에서 바다같이 넓은 하나님의 사랑을 순간순간 체험하며 살아야 합니다. 그 사랑에서 묻어 나오는 하나님의 미소를 보면서 살아야 합니다. 그러기 위해서는 하나님 거울 앞에 명상하듯 항상 조용히 앉아야 합니다. 그 거울 앞에서 자신의 일그러진 모습, 부끄러운 모습을 볼 수 있어야 합니다. 자기성찰의 메타노이아를 해야 합니다. 그래야만 그 비뚤어진 모습을 바로잡는 영적 화장spiritual makeup을 숨 쉬듯, 쉬지 않고 해낼 수 있습니다. 잔잔하게 웃으시는 하나님의 모습을 확인할 때까지 우리는 거울 앞에서 떠나서는 안 됩니다.

미소 지으시는 하나님의 자비로운 모습을 영적 눈으로 확인하게 되면 저희들도 은밀하게 '씨익' 웃을 수 있을 것입니다. 그 순간까지 쉬지 않고 기도하는 삶을 살아야 합니다. 그때 하나님께서는 저희들에게 범사에 감사할 수 있는 넉넉한 마음을 허락해주시고, 언제나 어떤 처지에서나 기뻐할 수 있는 바다 같은 넓고 깊은 마음을 선물로 주실 것입니다. 왜냐하면 그 선물 주시지 않고 배길 수 없는 사랑의 힘이 바로 하나님의 본질이기 때문입니다.

제4부

참바보가 되는
교회

물동이를 버린 사마리아 여인

예수 사건은 무진장의 진리를 담고 있는 말씀의 광맥입니다. 캐면 캘수록 더 진귀한 진리가 드러나는 놀라움을 체험하게 됩니다. 예수 사건은 사건이기에 거기에는 놀라운 파격성과 이례성이 있습니다. 지금 이야기하려는, 예수께서 사마리아 여인을 만난 사건도 그러합니다.

사마리아 여인을 만난 예수

예수께서 사마리아 지역으로 가신 것 자체가 하나의 사건이었습니다. 왜 사건입니까? 유대인들에게 이 땅은 불결한 땅, 금기의 땅이었습니다. 유대인과 사마리아인들 간의 인종 분규는 수백 년간 이어졌고, 예수 당시에도 첨예했습니다. 사마리아인들은 유대인들에 의해 이방인들보다 더 더러운 잡종, 혼혈인이라고 차별을 받았습니다. 거기다가 두 지역 간의 갈등은 종교적 갈등이기도 했습니다. 예루살렘 성전 대 게리심산 성전 간의 종교적 분쟁이기에 그것도 심각했습니다. 세상에서 종교 분규가 가장 풀기 어려운 까다로운 분규이기 때문입니다.

이러한 곳에 작심하고 가신 예수께서는 제자들을 먹을 것을 구하러 사마리아 마을로 보냈습니다. 이것 또한 반관례적反慣例的 사건이 아닐 수 없습니다. 그뿐입니까? 제자들을 마을로 보내놓고서 예수님은 홀로 사마리아인을 만났습니다. 이것은 정말로 금지된 일입니다. 게다가 사마리아인은 여인이었습니다. 유대인 남자가 같은 유대인 여성도 공공장소에서는 만나 대화할 수 없었던 당시 관례에 비추어보면, 예수가 사마리아 여인을 공공장소인 우물가에서 만나 대화했다는 것은 분명, 요즘 식으로 말하자면 스캔들을 캐는 주간잡지의 표지 스토리가 될 만큼 깜짝 놀랄 만한 사건이었습니다. 그것도 여섯 명의 남자와 성관계를 맺었던 부정한 사마리아 여성과 얘기했다는 것은 빅 뉴스감이 아닐 수 없습니다.

이 같은 예수 사건에서 우리는 깊고 오묘한 교훈을 배우게 됩니다. 그 가운데서 오늘 저는 예수의 교육 방법, 보다 깊고 높은 진리 각성의 차원으로 대화 상대자를 인도해주시는 예수의 대화법에 주목하고 싶습니다. 학생 스스로 진리를 발견하도록 인도하시는 위대한 교사 예수를 소개하고 싶습니다. 암기식, 주입교육에 찌든 우리의 교육 현실을 보면서, 스승 없는 삭막한 우리의 학교 현실을 안타까워하기에 감동적인 교육 방법, 곧 학습자 스스로 진리를 발견하도록 도와주는 방법heuristic method을 사용하시는 스승 예수를 만나고 싶습니다. 그러면 예수와 사마리아 여인 간의 대화 과정과 대화 주제를 따라가 봅시다.

메시아가 오시면……

첫째 단계에서 먼저 목이 말랐던 피곤한 인간 예수를 만나봅시다. 그는 참하나님이면서 동시에 참인간입니다. 사람이기에 목이 말랐습니다. 그래서 우물로 물을 길러 온 사마리아 여인에게 물 좀 달라고 말을 걸었습니다. 이는 굉장한 용기가 필요한 일이었습니다. 갈증을 축이려는 인간 기본 욕구를 만족시키기 위해 엄청난 모험을 해야 했습니다. 온갖 비방을 들을 각오를 해야 했습니다. 당시에는 사마리아인과 빵을 함께 먹는 것도 종교적으로 불결한 행위로 인식되었고, 사마리아인이 눕고 앉고 타는 것은 모두 불결하다고 믿었습니다. 재수 옴 옮는다는 뜻이지요. 그럼에도 불구하고 예수님은 사마리아 여인에게 물을 좀 달라고 청했습니다.

여인의 반응은 어떠했습니까? 그녀는 당시 관례에 충실했습니다. "어떻게 감히 유대 남자가 사마리아 여인에게 말을 거는가?"라는 식으로 불쾌하게 대응했지요. 아주 아니꼽고 치사한 행위로 보았습니다. 일본의 옴 진리교 신도가 일본 경찰을 미워하듯, 그 여인은 유대 남자 예수를 미워하며 냉소적으로 대했습니다. 그렇지만 예수는 개의하지 않고 진리 찾기 대화에 나섰습니다.

둘째 단계에서 예수님은 생수와 영생수에 대해 말씀하십니다. 주님은 유대인이냐 사마리아인이냐, 남자냐 여자냐 하는 차원의 문제는 아예 무시하시고 한 차원 높은 생명의 물 문제를 들고 나왔습니다. 여기서 우리는 고인 물인 샘물과 흐르면서 솟아오르는 물인 생수 간의 차이를 식별해야 합니다. 예수님이 말씀하신 물은 고인 물well이 아니라 움직이고 흐르고 솟아오르는 살아 있는 물spring이었습니다. 그리고 이 생수는 전적으로 하나님의 은사요 선물이라고 했습니다. 그저 나누어 주는 선물이라 했습니다. 그리고 한 걸음 더 나아가 이 물은 영원히 목마르지 않는 물이라고 했습니다.

그런데 이 단계에서 여인은 여전히 예수의 생명의 물과 영생의 물에 대한 깊은 신학적 의미에 대해 무관심했습니다. 그래서 예수를 계속 우습게 보고 냉소적으로 대했습니다. 도대체 물을 퍼 올릴 두레박도 없는 주제에 무슨 흐르는 생수를 주겠다고 흰소리를 하느냐는 식의 반응이었지요. 웃긴다고 생각했을 것입니다. 그는 예수를 자기 눈앞에 두고도 보지 못했습니다. 마치 빌라도가 진리 자체인 예수님을 자기 눈앞에 두고 진리가 무엇인가 물었던 것과 같습니다. 여기서 우리는 교훈을 하나 배우게 됩니다. 이 여인은 예수가 두레박 같은 도구를 갖고 있지 않은 사실에만 주목한 나머지 예수 속에 흐르는 생수와 영원히 목마르지 않게 하는 영생의 물을 주목하지 못했습니다. 예수의 빈털터리 모습만 보았지 예수가 곧 생명수요 메시아임을 보지 못했습니다. 그 여인은 눈 뜬 장님이었습니다.

오늘 한국 교인들도 교회의 시설, 장비, 건축, 살림도구, 내부장치, 재산 등은 주목하고 자랑하지만, 교회 자체가 예수의 몸이요 예수의 마음이요 영임을 보지 못하고 있지 않은지 스스로 물어보아야 할 것입니다. 한국 교인들 중에 아직도 사마리아 여인의 수준에 머물러 있는 분들이 많을 것입니다. 게다가 여인은 영원히 목마르지 않는 물을 주겠다고 한 예수의 말씀을 듣고, 자기 삶의 편익만을 생각했습니다. 물을 길러 우물까지 나오지 않게 해달라고 부탁했습니다. 그렇습니다. 교회 나오는 이유가 이 여인처럼 세속적 삶의 편익을 보장받기 위한 것이라면,

아직도 이 여인의 수준에 머물러 있는 것입니다.

　여기서 갈릴리 예수님은 일종의 충격적 방법을 사용하십니다. 느닷없이 여인의 남편을 데려오라고 말씀하십니다. 남편을 다섯 번이나 바꾸었던 이 바람둥이 여인의 남자 편력을 언급하셨습니다. 왜 그랬을까요? 그 여인에게 수치심, 죄의식을 심어주기 위해서일까요? 결코 아닐 것입니다. 신학자 템플William Temple은 하나님의 선물인 생수는 그것이 값없이 주는 선물이기에 반드시 남들과 함께 나누어 가져야 하므로 지금 남편은 아니지만 동거생활을 하는 남자를 데려오라고 했다고 해석합니다. 그럴 수도 있겠지요. 더 중요한 까닭은 이 한심한 여인, 깨닫기를 더디 하는 이 여인을 더 높은 차원의 대화로 이끌어올리기 위해 짐짓 충격적인 방법으로 말씀하셨을 것입니다. 바로 이 점이 복채를 받는 세상 점쟁이, 영매 만신들과 다른 점입니다.

　이때 여인은 마음의 문을 조금 열어 솔직해집니다. 지금 동거하는 남자는 남편이 아니라 정부임을 시인합니다. 그리고 예수를 비범한 예언자로 보기 시작합니다. 그녀의 눈에 낀 세속적 비늘이 떨어지기 시작했습니다. 한 단계 높은 차원으로 올라가면서 예수께 일종의 신학적 질문을 던집니다. 즉, 유대인과 사마리아인 간의 해묵은 종교 분쟁을 제기하면서 예루살렘과 게리심산 중 어느 곳이 예배 장소로 적합한 곳인지 묻습니다. 이것은 또한 예수에게 던지는 사회·문화적 도전이기도 했습니다. 예수가 인종주의자인지를 알아보려고 했을지도 모릅니다. 사마리아인들은 게리심산이 거룩하다고 확신했습니다. 모세 오경만 믿었던 그들은 아브라함이 이삭을 제물로 바치려 했던 이 곳, 아브라함이 멜기세덱을 만났던 이 곳, 아브라함과 야곱이 제단을 쌓았던 이 곳이 바로 게리심산이라고 자랑스러워 했지요. 여하튼 여인의 이 질문으로 예수와의 대화는 한 차원 높아졌습니다. 여인 스스로 진리를 발견하는 대화 길로 들어선 것입니다.

네 번째 단계에서 예수님은 여인의 질문을 진지하게 받아 예배의 본질론을 언급했습니다. 예배의 장소나 예배 의식은 본질적인 문제가 아니라 부차적인 것임을 알립니다. 진정한 예배는 인종, 지역, 성, 조상 등과 무관한 것이라 했지요. 이 같은 생각은 예루살렘 지배세력을 분노케 하는 위험한 생각이기도 했습니다. 예수님은 한 걸음 더 나아가 지금이야말로 예배에 대한 혁명적 변화가 일어나야 한다고 주장했습니다. 예배의 형식, 외양, 장소가 중요한 것이 아니라 예배의 참정신, 신령과 진리가 더 중요하다고 하셨습니다. 왜냐하면 예배의 중심은 하나님이시요, 하나님은 형식과 외양과 장소에 갇혀 있는 분이 아니라, 자유롭게 하시는 사랑의 영spirit이기 때문입니다. 예배는 자유케 하시는 하나님의 영을 만나는 사건입니다. 또한 자유와 감사가 넘치는 은총의 기회입니다.

하나님은 영이시기에, 언제 어디에나 계시므로 예루살렘 성전이나 게리심산 성전같이 특정한 장소가 중요한 것이 아닙니다. 예배는 장소의 문제가 아닙니다. 예수는 이제야말로 예배 혁명의 때임을 강조했습니다. 이 같은 예수의 말씀을 듣고 여인은 한 단계 더 올라갑니다. "나는, 그리스도라고 하는 메시아가 오실 것을 압니다. 그가 오시면, 우리에게 모든 것을 알려주실 것입니다"라고 고백한 것입니다. 이제 예수께서는 진리에 이르는 정답을 말하실 때가 되었음을 아셨습니다.

제가 바로 메시아입니다

이것은 이 대화의 마지막 단계에서 나타납니다. 예수는 "지금 자매님에게 말하고 있는 제가 바로 메시아입니다"라고 밝히셨습니다. 이는 참 놀랍고도 이례적인 일입니다. 왜냐하면 예수께서는 당신이 메시아임을 유대인들에게는 비밀로 하려 했기 때문이지요. 그런데 유대인들이 그토록 경멸하고 증오했던 사마리아인, 그것도 부정한 바람둥이 여인에게는 그 비밀을 밝혔습니다. 이것은 무슨 뜻일까요?

진정한 메시아는 특정 인종, 성, 계급, 지역의 전유물이 아닙니다. 특히 특권계급의 전유물이 아닙니다. 오히려 소외되고 차별 받고, 불결하다고 따돌림을 받고 있는 밑바닥 인생들에게 메시아가 나타납니다. 이 여인은 비로소 눈을 뜨게 됩니다. 메시아를 눈앞에 보는 순간, 그 여인은 물동이를 버리고 동네 사람들에게 이 신나는 소식을 알리려 급히 떠났습니다. 그렇습니다. 세속적인 일, 물 뜨는 일, 생활수단인 물동이, 모두를 버렸습니다. 물을 길러 왔던 여인이 물동이를 뒤로 팽개치고 사람들에게 기쁜 소식을 전하려 달려갔습니다. 비로소 값진 새 길에 들어선 것이지요.

만일 예수님이 대화의 첫 단계에서 "내가 메시아다"라고 말씀했더라면, 이 냉소적인 사마리아 여인은 '웃기는 미치광이로군' 하고 비아냥거렸을 것입니다. 그래서 우리는 예수님의 단계적인 깨우침의 교육 방법에 놀라는 것입니다. 유대인들, 특히 유대인 남성들에 대해 깊은 적대감을 품고 있었던, 이 여인의 그 얼어붙었던 마음을 녹이고 열어젖힌 예수의 소통 방식에 놀랄 수밖에 없습니다. 주입식으로 가르친 게 아니라, 여인 스스로가 진정한 예배의 깊은 뜻을 깨닫게 할 뿐 아니라, 진정한 메시아를 만나게 했습니다.

여기서 우리는 위대한 교사 예수님, 너무나 자상하고 인간적인 친구 예수님, 당신 자신이 그토록 피곤하여 육체적 갈증을 느꼈으면서도 사마리아 여인에게 오히려 영생의 물을 주시기 위해 깨달음의 대화를 이끌어가신 소통의 달인이요 우리 모두의 스승인 예수님을 만나게 됩니다.

이제 우리도 진리로 예배드리는 신앙공동체를 통해 위대한 스승 예수를 만날 수 있기를 바랍니다. 우리가 만들어갈 신앙공동체의 예배는 화려한 종교의식이나 거대한 예배당과는 무관한 것임을 깨달아야 합니다. 따뜻한 인간적 소통 없는 교육은 예수의 교육이 아닙니다

브로커 없는 사랑나라

갈릴리 예수의 자연 나이보다 두 배 이상 오래 살았다는 것이, 저는 참으로 부끄럽습니다. 그렇게 부끄러울수록 역사의 예수를 더욱 간절히 바라보게 됩니다.

우리의 부끄럽고 낮은 수준의 신앙을 반성할 때 다른 종교를 보고 참고는 할 수 있겠지만, 타종교, 그것이 무슨 종교든 그것을 절대 기준으로 삼을 수는 없습니다. 인간 역사에서 명멸했던, 그리고 한때는 신나게 펄럭거렸던 혁명과 변화의 깃발도 참고는 되겠지만, 우리의 기준이 될 수는 없습니다. 신비한 수도원의 조용한 삶도 매력은 있지만 우리에게 유일한 표준은 되기 힘들겠지요.

우리가 우리의 부족하고 삐뚤어진 모습을 바로잡기 위해 마땅히 쳐다보아야 할 기준은 역사의 예수라고 저는 생각합니다. 갈릴리의 어두운 골목 거리에서, 그 낮은 언덕에서 사랑과 희망, 공의와 용서의 가치를 설파하시고 실천하셨던 실물 예수를 새삼 다시 쳐다보아야 합니다. 그리고 그 견디기 힘들었던 골고다의 고난과 죽음을 거쳐 부활의 실체로 나타나시어 새로운 힘과 용기를 주셨던 그리스도 예수를 우리 삶의 중심에 모셔야 합니다. 바로 그분을 반성과 향상의 기준으로 쳐다보고 따라야 합니다.

예수를 이용하는 사람들

왜 역사의 예수를 삶의 기준으로 쳐다봐야 합니까? 지난 한 세기의 신학 흐름을 살펴보면 역사의 예수에 대해 무관심했던 20세기 전반부 기간에, 주류 신학자들은 인류에게 엄청난 고통을 안겨다주었던 두 괴물 짐승의 횡포에 지극히 소극적으로 대응했음을 확인하게 됩니다. 20세기 전반에 가장 영향을 크게 끼쳤던 신학자로서 불트만Bultmann, 바르트Barth, 슈바이처Schweitzer를 들 수 있습니다.

슈바이처의 역사 예수 탐구는 획기적 업적이었습니다만, 그 연구 결과 역사의 실제적 인물, 곧 갈릴리의 예수 찾기는 허망한 노력으로 인식되었습니다. 슈바이처에 의하면 유대 묵시 종말론적 사상과 신앙에 빠져 있는 '역사적 예수'는 오늘 우리에게는 이상한 이방인처럼 여겨진다고 했습니다. 그런 인물에 대한 성서 신학적 탐구보다는 그의 산상보훈의 가르침, 특히 사랑 실천이 훨씬 의미가 크다고 믿었지요. 그래서 그는 의료선교로 삶의 방향을 확 바꿨습니다. 이것은 대단한 실존적 결단이라 하겠습니다. 그 결단을 높이 평가해야 합니다. 특히 그는 서구의 기독교가 제국주의 열풍을 타고, 아프리카 등 식민지로 나아가면서 예수의 사랑 실천은 제쳐두고 자기들 나라의 제국주의적 확장 탐욕에

협조하거나 방조하는 것을 보고 분개했습니다.

그가 의과대학에 지망하기 전에 한 설교를 보면 31세 때 그의 정의감은 대단했음을 확인할 수 있습니다. 그러나 그가 아프리카 의료 선교활동을 하던 시기에, 자기 조국에서는 인류역사상 가장 흉측한 짐승 권력, 곧 나치가 등장했습니다.

그와 거의 같은 시기에 세계 신학계, 특히 성서 신학계의 태두로 활약했던 불트만은 복음서가 예수 부활을 체험했던 초대교회의 신앙고백문서임을 강조했습니다. 탄탄한 역사비평방법론에 근거한 그의 주장은 엄청난 영향력을 발휘했지요. 그는 역사의 예수 탐구란 불가능할 뿐 아니라 의미도 없고 부적절한 노력이라고 폄하했지요. 슈바이처의 역사 예수 탐구가 주는 일종의 허무감에 더하여 불트만의 실존주의 신학도 역사 예수 탐구를 정지시키는 데 큰 기여를 했지요. 그래서 적어도 50년간 갈릴리 예수에 대한 역사적 탐구는 중단되었던 것입니다.

바로 이 같은 중단 시기에 러시아에서는 공산주의 괴물이 등장했고, 자기들의 조국 독일에서는 나치의 괴물이 등장하여 엄청난 반인륜적 행패와 횡포를 저질렀습니다. 이런 아픈 역사적 소용돌이 속에서 불트만의 제자들 가운데 몇몇이 자기 스승에게 일종의 반기를 들게 되었습니다. 그 대표자가 바로 케세만Käsemann이었으며, 그는 스승과 달리 땅의 예수, 역사의 예수 탐구가 절실하게 요청된다고 호소했습니다. 그때가 1953년이었지요. 왜 절실한고 하니, 땅의 예수를 모르게 되면, 괴물 같은 제국의 권력이 예수 그리스도를 멋대로 왜곡하여 짐승 같은 그들의 권력을 정당화하는 데 악용하기 때문이지요. 히틀러가 유대인 학살을 합리화하기 위해, 예수를 죽인 유대인들의 잘못을 짐짓 부각시켰습니다. 그리고 반유대적 정치 이데올로기로 예수를 악용했기 때문이지요. 정말 끔찍스러운 일이 아닐 수 없습니다.

이 같은 세속권력의 예수 악용은 세상의 모든 '제국적' 권력이 즐겨 저지르는 일 같습니다. 또 종교 권력이 이 같은 세속권력을 예수의 이름으로 축복해주기도 했습니다. 또 지금도 그렇게 하고 있습니다. 그러기에, 썩고 어두운 세속 권력 구조 안에서 교회가 참소망과 참진리의 빛이 되려면 역사의 예수를 되찾고 되모셔야 합니다. 갈릴리 예수를 우리 삶의 중심에 새롭게 뜨겁게 모셔야 합니다. 그래야 폭력과 독선에 기초한 제도 권력에 대해 올곧은 예수 대안을 제시할 수 있습니다. 예수가 괴수들의 이념 도구로 오용되고 악용되는 것을 방관할 수 없기에 오늘 저는 갈릴리 예수의 체취가 물씬 풍기는 그분의 화두 하나를 집중 해명하고 싶습니다. 그것이 바로 예수의 아빠 체험입니다. 아빠 표현입니다. 아빠 신앙입니다.

아빠, 예수의 소중한 언표

예수의 체취가 물씬 풍기는 표현 중에 우리는 예수께서 친히 쓰셨던 당시 일상어 몇 가지에 주목할 필요가 있습니다. 지금은 죽다시피 한 언어지만, 예수의 일상적 구어口語는 아람어였습니다. 그분께서 친히 쓰셨던 언어들 가운데 4복음서에 모두 나타나고 있는 것이 바로 이 '아빠Abba'라는 아람어입니다. 이 표현은 4복음서 중에 갈릴리 예수의 흔적을 찾기 쉽지 않은 요한복음서에도 나옵니다. 그뿐만 아니라 사도 바울의 서신에도 나옵니다.

초대교회가 헬라 문화에 편입되면서도 유대 땅의 일상어 표현이었던 아람어가 예수의 말씀으로 기억되고 기록되어 있습니다. 성서의 말씀 중 진정 역사적 예수의 말씀이라고 판단하는 기준에는 여러 가지가 있습니다. 오래된 말씀 전승 층에서도 여러 독립된 전승들에서 그 말씀이 반복적으로 언급되면, 그것은 예수께서 친히 하신 말씀으로 받아들일 수 있지요. 이것이 곧 다중 증언multiple attestation의 기준입니다. 여하튼 성서에 예수 말씀으로 남아 있는 이런 아람어들은 하나같이 갈릴리 예수의 인간적 숨결과 인간적 향기를 물씬 발하는 표현이요 그분의 체취를 진솔하게, 진하게 풍겨주는 언어입니다.

이를테면, '달리다쿰Talitha koum'은 이미 자기 딸이 죽었다고 절망했던 부모들 앞에서 죽었다고 생각되는 소녀의 손을 잡고 일으키면서 예수께서 친히 외친 감동의 말씀이십니다. 비웃던 사람들 앞에서 소녀를 일으켜 살리시기 위해 "소녀야, 내가 네게 말한다. 일어나거라"라는 사랑의 외침, 곧 예수의 마음 깊은 곳에서부터 활화산처럼 솟구쳐 올라온 사랑의 외침이요 표현입니다(마가복음 5:41).

'에바다Ephatha'의 외침도 예수의 깊은 동고애同苦愛의 신음소리면서 외침소리였습니다. 귀먹고 말 더듬어 오랫동안 소통장애로 고생했던 사람과 함께 아파하시면서 하늘을 우러러 외친 사랑의 절규였습니다. "열려라"라는 소통 명령이었습니다. 이것도 갈릴리 예수의 몸 냄새가 물씬 풍기는 표현입니다.

'엘리 엘리 라마 사박다니Eli, Eli, Lama, Sabachtani'의 외침은 어떠합니까? 이 외침이 갖는 그 깊은 절망의 심연을 우리가 느낄 수 없다면, 그것은 우리가 그간 건조한 교리의 예수만 너무 익숙하게 알고 있었기 때문일 것입니다. 하나님이 자기를 버리신다는 그 처절한 외로운 아픔과 그 절망의 아픔을 십자가의 예수, 곧 역사의 예수가 피 토해내듯 쏟아내신 말씀이지요. 인간 예수의 그 진솔한 아픔이지요. 그것은 인간으로 오시어 잠시 쇼하는 신의 모습이 결코 아닙니다. 철저하게 인간으로 오시어 그 인간의 아픔을 각혈하듯 토해내는 절박한 외침이기에, 거기서 우리는 갈릴리의 예수를 뜨겁게 공감하며 만나게 됩니다.

이런 아람어 중 가장 소중한 예수의 언표言表가 저는 바로 이 '아빠 Abba'라는 아람어라고 생각합니다. 우리말의 아빠와 같은 표현이기도 합니다. 왜 그것이 유독 그렇게 중요한 예수 존재 증명이 되는 것일까요? 예수의 마음 구조mindset, 그의 비전, 그의 기도와 소망, 그의 운동, 그의 고난과 죽음, 그리고 부활, 이 모든 예수의 실제행적의 깊은 의미를 이해하게 하는 열쇠가 바로 이 '아빠'라는 언표라고 생각하기 때문입니다.

그렇다면 예수의 '아빠' 하나님이 당시 유대인들의 신과 어떻게 다른지를 잠시 알아보는 것이 퍽 흥미롭고 도움이 될 듯합니다. 구약의 주요 인물들의 하나님은 대체로 무서운 절대자였습니다. 모세의 하나님은 절대로 그 얼굴 모습을 인간들에게 보여주지 않습니다(출애굽 33:21~23). 다만 그 뒷모습만 바람처럼 지나가면서 느끼게 합니다. 멀리 계시고 숨어 있지만 절대적 힘을 지니신 공포의 절대자시지요. 이사야의 하나님은 보기만 해도 보는 자가 죽게 되는 공포 그 자체였습니다(이사야 6:5). 에스겔 선지자의 신은 엄숙하고 위엄 있게 옥좌에 높이 앉아 계신 지존의 신이지요(에스겔 1:26). 이러한 하나님의 모습에 견주어 갈릴리 예수의 아빠는 훨씬 더 우리 인간에게 친근하게 다가오시는 분이십니다.

예수의 하나님나라와 요한의 하나님나라

예수의 '아빠' 하나님과 그 아빠 지배의 특징을 좀 더 뚜렷하게 이해하기 위해서, 예수의 당대 인물이요, 구약의 마지막 예언자로 인정받는 세례 요한과 예수를 비교해볼 필요가 있습니다. 예수는 한때 세례 요한의 문하생이기도 했습니다. 예수의 하나님나라와 요한의 하나님나라 간의 차이를 이해하는 것은 예수운동의 독특함을 이해하는 데 도움이 될 것입니다.

첫째, 요한의 신은 심판의 신입니다. 날카로운 도끼가 나무를 찍어내듯 죄인을 찍어 지옥으로 보내는 무서운 신입니다. 좋게 말해서 정의의 신이지만, 그것은 복수의 신이기도 합니다. 부시 대통령의 신이기도 합니다. 여기에 견주어 예수의 아빠 하나님은 용서와 관용의 하나님이시요 사랑의 하나님이지요. 그러기에 예수의 아빠 지배질서는 세상 왕의 지배인 킹덤kingdom이 아니라 사랑의 힘이 지배하는 새 질서, 곧 러브덤lovedom이라 하겠습니다.

둘째, 요한의 운동은 1인 주도의 세례 운동이었습니다. 이 운동의 권위는 전적으로 한 사람, 요한이 독점했습니다. 아무도, 아무 제자도 세례를 베풀지 못했습니다. 그래서 그의 회개 운동은 독점식 운영 방식을 택했지요. 그리고 그것은 철저한 톱다운top-down 식이었습니다. 이에 견주어 예수의 운동은 지점식 운영입니다. 크로산John Dominic Crossan에 의하면 그것은 프렌차이스식 운영이지요. 그리고 보톰업bottom up 식 관리였습니다. 갈릴리 예수는 그의 지도력 또는 카리스마를 제자들과 나누고 그들에게 위임하려고 했습니다.

셋째, 세례 요한의 신국神國은 미래의 질서였습니다. 아직도 '여기', '지금'에서 실현되지 않았습니다. 그것은 임박한 미래에 온다고 했습니다. 그날을 맞이하기 위해 지금은 세례 받고 회개하여 새 사람이 되어야 한다고 강조했습니다. 그러나 예수께서는 '아빠'의 새 질서가 이미 왔다고 선포했습니다. 어디에? 가장 서럽게 고통당하고 차별당하고 억압받는 지극히 작은 사람들, 그 씨알들 속에 아주 작은 겨자씨처럼 심어져 이미 자라기 시작하며, 누룩처럼 보이지 않지만 조용히 그들 속에 이미 번지고 있다고 선포했습니다. 어떻게? 예수께서 가난한 병자들, 나을 소망을 접을 수밖에 없는 절망 상황에서 심하게 앓고 있는 중환자들을 무상으로 치유하셨는데, 바로 그때에, 곧 바로 그 치유되는 현장 속에 하나님의 나라가 번지고 있다고 증언하셨지요. 이런 치유 사건 속에서 환자들이 절망에서 희망으로, 좌절에서 생기 얻음으로 나아가게 되면서 그들은 예수의 '아빠' 세상을 뜨겁게 직접 체험하게 되었지요. 그들이 새 사람으로 벌떡 일어서는 순간, 아빠 사랑의 힘이 작동한 것이지요.

또한 열린 밥상 공동체 잔치에, 예수께서는 뿌리 뽑힌 자들, 천대받던 자들, 변두리 인간들을 손님으로가 아니라 주빈으로 초대하셨는데, 바로 이 열린 잔치마당이 아빠의 새 질서가 현실화되는 바로 그 시간이요 바로 그 마당이었습니다. 이미 이렇게 하나님나라는 그 모습을 드러내고 있었지요. 물론 그 완벽한 모습은 미래에 나타날 것이지만, 그 미래의 기쁨이 갈릴리 예수의 열린 밥상둘레에서 이미 흐르고 있었지요. 이른바 하늘 잔치의 일단이 드러난 것입니다. 그러니까 예수의 하나님나라는 '오늘' '여기'에서 이미 일어나고 있는 현재화된 사건이지요.

예수의 이 같은 운동과 활동 소식을 감옥에 갇혀 있던 세례 요한

이 들으면서, 예수의 정체에 대해, 그의 하나님나라 운동에 대해 심각한 회의를 느끼게 된 것 같습니다. 그래서 면회 온 자기 제자들을 예수께 보내어 정말 예수가 그들이 기다리고 있는 바로 그 메시아인지를 알아보게 했습니다(마태복음 11:2~6). 그때 예수께서는 당당하게, 투명하게 그의 다름을 알려주었습니다. 소경, 절름발이, 나병환자, 귀머거리가 온전케 되고 죽은 자가 살아나는 새 질서가 이미 펼쳐지고 있음을 그들 스승에게 알려주라고 했습니다. 한마디로 예수의 아빠 나라는 미래의 숙제가 아니라 오늘 바로 여기서 작동되는 새 질서, 새 관계입니다. 이것이 세례 요한의 운동과는 다른 점이지요. 세례 요한은 결코 무상 치유의 환희와 열린 잔치의 기쁨을 씨알들에게 베풀지도 나누지도 않았습니다. 그의 운동은 어디까지나 종교적 세례의식에 머물고 있었지요.

넷째로, 정말 중요한 예수운동의 특징은 하나님과 사람 사이에 그 어떤 매개인도 낄 수 없다는 데 있습니다. 예수에게 아빠의 사랑은 직통 체험되는 사랑입니다. 원래 사랑하는 사람들 사이에는 중개역이 필요 없습니다. 사랑하게 될 때까지는 간혹 중매자나 중개자가 필요할지 몰라도 서로 사랑하게 되면, 그 사랑은 직통 사랑으로 체험됩니다. 세상에서 중개 역이 필요한 곳과 때는 싸우고 다투고 죽이는 곳, 그리고 그러할 때입니다. 싸우는 계급들 사이에, 다투는 인종과 국가들 사이에, 아군과 적군 사이에는 중개 역, 중재자가 필요합니다. 그러나 사랑의 공동체에서는 중재자가 필요 없습니다. 모자모녀 간, 부자부녀 간에 중개인이 필요 없듯이 말입니다. 만일 한 가정 안에서 중개인이 필요하다면, 그 가정은 온전한 가정일 수 없습니다. 콩가루 집안임에 틀림없습니다.

그런데 예수의 아빠는 무엇보다 종교적 매개인을 요구하지 않습니다. 사제나 제사장이 인간과 하나님 사이에 거간 노릇하게 하시지 않았습니다. 그것을 어떻게 압니까? 예수께서 중환자를 치유하실 때, 치유받은 그 환자는 너무 기쁘고 황송해서 예수를 신의 대행자로, 또는 신 자신으로 우러러 보고 우러러 모시고, 우러러 따르고 싶어 했습니다. 지극히 당연한 반응이지요. 그런데 예수는 이때 요즘 한국 교회 목회자들처럼 말씀하시지 않으셨습니다. 교회 열심히 다니고, 기도와 헌금 열심히 하고, 목회자를 우러러 따르라고 하시지 않았습니다. 환자들의 충성과 의존심을 강조하거나 강요하시지 않으셨습니다. 오히려 환자 자신들의 믿음이 그들을 낫게 한 힘이라고 깨우쳐주셨습니다.

이를테면, 가나안 여성의 딸을 최초로 원격 치료를 해주시면서, "자매여, 참으로 자매의 믿음이 크십니다"라고 칭찬과 격려를 아끼지 않으셨습니다. 이것은 밑바닥 씨알에게 이미 하나님 사랑을 직통으로 체험할 수 있는 신앙의 저력이 있음을 깨닫게 하신 것이지요. 사랑은 항상 직통 체험에서 더 큰 힘을 발휘하게 됩니다. 직접 터치, 직접 소통, 직접 나눔, 바로 그 체험을 예수의 아빠는 소중하게 여기십니다.

예수 당시, 중병일수록 중죄로 인해 생긴 저주의 결과라는 소문과 인식이 깊이, 그리고 널리 퍼져 있었지요. 모두들 그렇게 믿도록 종교 지도 세력이 짐짓 가르쳤지요. 그러기에 중병의 치유는 바로 죄 사함과 같은 것으로 받아드렸습니다. 예수께서 환자를 치유하시면서 그의 죄도 함께 용서받았다고 하는 대단히 이례적인 선언을 하셨습니다. 이것은 예수가 '병＝죄'라는 당시 사회 종교적 등식을 거부하신 것과 같습니다. 종교적 병 진단, 곧 죄가 병의 원인이라는 종교적 진단, 아니 종교적 저주를 거부하시고, 그 저주의 사슬에서 환자들을 해방시켜주셨지요.

이 같은 예수의 치유 행적은 바로 하나님 사랑의 작동인데, 당시 성전 세력은 예수의 이 같은 하나님 사랑 실천을 역설적으로, 또 익살스럽게도 신성모독 행위로 몰아붙였지요. 당시 신 대행자神代行者 노릇을 했던 종교적 중개인들은 예수의 이 같은 사랑 실천 운동을 불온한 신성모독 행위일 뿐 아니라, 신정정치神政政治 체제를 거부하는 반체제운동으로 정죄하고 몰아가려 했지요.

그러니까 예수는 제사장들의 전매특권, 곧 죄 규정과 죄 사함에 있어 그들의 독점적 권한에 정면 도전한 셈이지요. 그러기에 예수의 아빠 호칭은 단순한 언어의 표현이 아니라, 당시 권력 주체(헤롯 세력, 성전 세력, 로마 세력)에 대한 근원적 도전, 곧 그 뿌리를 흔드는 급진적인 도전으로 인식된 것입니다. 그만큼 예수의 하나님나라 운동은 위험한 반체제 운동으로 인식되기도 했습니다.

사랑, 예수가 던진 과격하고 아름다운 메시지

예수께서 당신의 운동이 갖는 이 같은 위험성을 잘 아셨기에, 아빠 나라를 설파하실 때 짐짓 비유라는 형식을 빌려 말씀하신 것입니다. 알아들을 귀가 있는 사람들은 알아들으라는 식이었지요. 예수의 이 같은 언어 사용 기법은 정말 탁월합니다. 예수의 지혜 말씀(비유를 포함하여)들 속에 담겨 있는 새 질서의 과격성이 본질적인 것일수록, 그 비유 말씀의 그 깊은 뜻은 간단히 쉽게 이해되지 않았던 것 같습니다. 비유 말씀뿐 아니라, 예수의 말씀을 책잡으려고 했던 사람들의 질문에 대답하실 때도, 예수의 기지와 지혜가 번뜩임을 우리는 확인하게 됩니다.

이를테면, 로마에 세금을 내야 하느냐는 질문을 받았을 때 "하나님의 것은 하나님께로" 그리고 "시저의 것은 시저에게로" 바치라는 말씀은 결코 진리의 전복성을 은폐하거나 왜곡시키기 위한 것이 아닙니다. 예수의 이 같은 지혜를 당시 젤롯당원들은 "보수적" 대응이라고 비난했을 것입니다. 왜? 그들은 예수의 입에서 로마에 세금을 절대로 내서는 안 된다는 단호하고 명료한 대답을 원했기 때문입니다.

세계적 성서신학자 톰 라이트Tom Wright는 예수께서 비유로 말씀하신 것은 그의 하나님나라 운동이 갖는 곱빼기 위험(로마 권력과 예루살렘 성전 권력에 대한 도전) 때문이라고 지적하면서, 만일 당시 청중들이 그 비유의 깊은 뜻을 쉽게, 대번에 알아차렸더라면 예수는 5분도 더 견디지 못했을 거라고 했습니다. 하기야 그래서 예수께서는 서른 중턱까지밖에 못 사셨지만.

예수의 하나님나라 운동, 사랑 실천 운동이 갖는 본질적 과격성은 결코 폭력을 용인하지 않는 그의 단호한 말씀과 행동에서 찾아야 합니다. 이것이 갈릴리 예수 복음의 핵심입니다. 산 위의 설교 말씀 중, 원수 사랑의 강조는 참으로 따르기 힘듭니다. 그러기에 그만큼 감동적입니다. 그 가르침이 원수 사랑하기가 가장 어려운 사회·정치·경제 상황에 놓여 있던 초대교회가 갈릴리 예수를 회상하며 기록한 메시지였음을 우리는 잊지 말아야 합니다. 예수 처형 이후 한 세대가 지났던 때에 예루살렘은 로마군에 의해 초토화되었습니다.

유대전쟁 패전 후에 열혈 민족주의 세력은 사라지지 않고 남아 있었습니다. 그 웅장했던 예루살렘 성전, 영원히 무너질 수 없다고 믿었던 그 성전도 처참하게 초토화되고 유대인들도 절망과 좌절의 밑바닥에서 신음하고 있었는데 이런 상황에서 민족의 광복을 더욱 간절하게 바랐던 율법주의자들은 예수 사랑 가르침을 실천했던 초대교회를 핍박했습니다.

마태복음 23장에 나오는 예수의 격렬한 분노의 말씀은 바로 이들 강경 율법주의자들을 향한 메세지였지요. 산 위의 말씀도 같은 상황에서 나온 것으로 볼 수 있습니다. 특히 원수 사랑의 가르침은 원수였던 로마 권력을 가장 극렬하게 미워해야 할 상황에서 초대교인들에 의해 기록되고 전승되었습니다. 가장 복수하고 싶을 때, 또 복수해야 한다고 확신하는 상황에서 원수 사랑의 메세지를 예수가 설파하신 것임을 잊지 말아야 합니다.

이 같은 예수 말씀은 당시 초대교회의 그 절박한 상황에서 보면 '보수 반동'의 언술로 오해될 수도 있지요. 허나 세속권력의 악한 방법, 곧 폭력 사용을 끝까지 철저하게 거부하시고, 대신 '비움', '채움', '채워짐'의 사랑 과정을 작동시켜, 이 같은 선순환을 통해 새 질서를 세우려 했던 예수 운동이야말로, 진정한 의미에서 가장 아름답고 감동적인 운동임을 우리는 한 순간도 잊지 말아야 합니다.

우리는 여기서 사랑보다 더 강력하게 개인과 역사를 진보시키는 힘이 없다는 깨달음에 이르러야 합니다. 제도화된 폭력과 독선을 앞세워 지배했던 모든 권력은 인류 역사에서 오래 견디지 못했습니다. 그 권력이 막강할수록 인간의 고통은 그만큼 막심했습니다. 그러나 갈릴리 청년 예수의 사랑 선포와 그 실천은 비록 그 권력의 막강한 힘 앞에 한낱 힘없는 자들의 운동으로 무시될 뿐 아니라 처참하게 좌절되고 실패한 운동처럼 보이지만, 그의 운동은 영원한 감동의 울림으로 오늘까지 여러 가지 모습으로 지속되어왔습니다.

그리고 그 감동적 울림은 개인과 구조와 역사를 보다 새롭게 항상 진보시키는 힘으로 계속 작동할 것입니다. 그러기에 사랑의 힘, 그것도 원수까지 사랑하는 힘이야말로 가장 올곧은 뜻에서 인간과 역사와 구조를 온전케 하는 진보의 힘이라는 진리를 잊지 말아야 합니다.

이제 아빠 하나님의 사랑을 기독론의 입장에서 설득력 있게 개진한 독일 신학자 몰트만Moltmann의 탁월한 견해를 간단히 언급하고 싶습니다. 1970년대 한국이 군사 권위주의 체제 아래서 신음하고 있을 때 그는 한국을 여러 번 방문했습니다. 그때는 민중신학이 태동되던 때였습니다. 한국 민중과 민중신학자들과 동고同苦하기 위해서 한국에 왔지요. 그는 그때 그의 희망의 신학과 십자가 신학이 갖는 적합성relevance을 한국 민중의 고난과 투쟁의 현장에서 확인하고 싶었던 것 같습니다.

그의 기독론은 실제로 민중신학, 여성신학, 해방신학에 힘을 보태준 것 같습니다. 그에게 삼위일체론은 단순한 교리 신학적 인식 틀이 아니었습니다. 관념적이고 추상적인 조직신학의 개념 이상이었습니다. 그는 삼위일체를 하나의 사건으로 봅니다. 아빠가 그 아들 예수를 골고다에서 버린 것이 아니라, 십자가에 달린 아들과 동고한 사건으로 봅니다. 아들과 아빠 간에 사랑의 동고는 성령을 통해 강하게 이루어집니다. 이 동고의 상호작용은 마침내 부활 사건을 통해 그 수치스러운 십자가 처형자를 명예롭게 일으켜 세워주시고 옹호해주시는 힘이지요.

성전 세력과 로마 권력이 버렸던 아들을 아빠는 변호해주셨고 옹호해주셨습니다. 정말 몰트만의 기독론이 탁월한 것은 십자가 사건에서 부자간에 서로 돕고 사랑을 확인하면서, 그것을 '부자간에 서로 항복하기 사건'으로 해석한다는 점입니다. 성부 하나님과 성자 예수는 서로 지기, 서로 비우기 한다고 보았지요. 이것이 바로 삼위일체적 삶이라고 하겠습니다. 결코 추상적인 신조나 교리가 아닙니다.

부자간에 서로 우아하게 지기는 역사 속에서 이미 져버린, 버려진 약자들을 주인으로 높여 세우는 새 사랑 운동에서 이미 구체화 되었습니다. 그래서 몰트만은 승리주의적 기독론을 거부하고, 역사의 기독론, 갈릴리 예수가 살아 움직이는 기독론을 펼쳤습니다. 그리하여 그의 신학, 그의 기독론은 예수 부활을 통해 희망의 문, 미래의 문을 활짝 열어준다 하겠습니다.

이제 교회가 갖는 의미를 하나님나라와 연관하여 되새겨 보고 싶습니다. 교회 공동체는 이미 와 있는 하나님나라, 곧 'already'의 아빠 나라와, 아직 오지 않은, 미래의 그 완벽한 아빠 나라, 곧 'not yet'의 질서 사이에서 이 둘을 잇는 일을 하는 역사 공동체입니다. 이미 우리 속에서 느리게나마 자라고 있는 겨자씨 공동체와, 느리지만 확실하게 번지고 있는 누룩공동체를 더욱 질적으로 성숙시키는 공동체입니다. 그러기에 이 공동체 안에서는 세상의 이기기 경쟁을 도입해서는 안 됩니다. 반대로 서로 우아하게 지려는 경쟁, 그래서 마침내 함께 이기는 기쁨을 서로 나누고 심화시켜나가야 합니다. 그러기 위해서 골고다에서 우아하게 패배하셨던 갈릴리 예수의 삶을 항상 거울로 삼아 우리의 부족한 점, 특별히 이기려는 부끄러운 내 눈 속의 대들보같이 큰 결점을 먼저 똑똑히 보아야 합니다. 그리고 뉘우치고 바뀌어야 합니다.

유대 묵시문학적 전승에서는 인간이 신을 마냥 기다리기만 했으나, 이미 우리 속에 번지고 있는 아빠 나라에서는 아빠 하나님이 우리를 지금 기다리고 계심을 새삼 깨달아야 합니다. 우리가 사랑의 나라, 곧 러브덤lovedom을 세우려고 노력할 때, 아빠 하나님은 우리에게 당신의 그 큰 사랑의 팔을 펼쳐주십니다. 우리가 서로에게 우아하게 지려고 노력할 때, 예수의 아빠는 중개인 없이 직접 우리 손을 맞잡아주십니다. 그리하여 독선과 폭력, 교만과 억압의 구조를 끝장내는 일에 힘을 보태주십니다.

이 같은 신인합동神人合同의 운동이 펼쳐지면서 'already'는 꾸준히 'not yet'을 향해 진보하는 것입니다. 여기에 십자군의 깃발이나 피 흘리는, 혁명의 깃발은 필요 없습니다. 다만 누룩처럼 소리 없이, 그러나 확실하고 착실하게 번지는 평화의 힘이 필요합니다. 겨자씨처럼 작은 힘이지만, 땅 속에서 썩어 자기는 없어지면서 새로운 생명으로 성숙하는 겸손한 저력이 필요합니다.

승리주의의 깃발은 예수운동과 예수 몸의 공동체의 상징도, 실제도 아닙니다. 깃발 없이 조용히, 우아하게 지면서 마침내 서로 이기는 예수의 삶, 그 삶의 방식인 예수 문화, 브로커 없이 직접 아빠 사랑을 체험하고 나누는 예수 공동체, 그것이 바로 아빠의 러브덤입니다. 교회는 그 지부일 따름이지요. 그러나 현실은 어떠합니까? 바로 이 질문 앞에서 우리는 갈릴리 예수와 그의 아빠를 다시 새롭게 찾아보고, 쳐다보고 따라야 합니다. 그리고 새 길로 나아가며 날로 새롭게 살아가야 합니다. 브로커 없이 아빠의 손을 잡고 부활하신 갈릴리 예수와 어깨동무하며 사랑나라를 이 땅, 이 역사 속에서 가꾸어나가야 합니다. 그것이 바로 교회입니다.

서로 지려고 하는 바보 공동체

　　지난 금융위기 사태를 보면서 무한 경쟁이 무한 탐욕을 부추기면 엄청난 재앙이 닥쳐온다는 사실을 우리는 새삼 깨닫게 되었습니다. 낙관적 '역사의 종언'은 끝장나야 할 작금의 상황에서도 국가권력 주체와 시장의 강자들은 경쟁과 승리의 가치를 소리 높여 외치고 있습니다. 이러한 때 예수따르미들은 갈릴리 예수께서 엄혹했던 로마 지배의 질서 속에서 이룩하시려고 하신 선교적 비전이 무엇이었는지 다시 한 번 성찰해보아야 합니다.

꼴찌들의 잔치

　　한마디로 그것은 하나님나라 세우기였습니다. 여러 가지 지혜의 말씀과 비유 등으로 예수께서는 하나님나라의 참 모습을 드러내 보였지요. 그 가운데 잔치 비유에 주목할 필요가 있습니다. 예수께서는 잔치 비유를 통해 말씀하셨을 뿐 아니라, 당신 자신이 그 잔치를 친히 베풀어 하나님나라의 모습을 드러내 보여주셨습니다. 예수의 잔치를 좀 더 잘 이해하기 위해서 먼저 당시 로마제국에서 펼쳐졌던 잔치와 예수 잔치가 근본적으로 다르다는 사실을 기억할 필요가 있습니다. 그리고 또 예수보다 한 발짝 앞서 하나님나라 운동을 펼쳤던 세례 요한의 운동과 예수 잔치 운동 간의 본질적 차이에 대해서도 새롭게 다시 한 번 주목할 필요가 있습니다.

로마식 잔치는 황제를 절대화하고 신성화했던 상황에서 펼쳐졌던, 부강한 자들끼리의 잔치였습니다. 무력으로 변방을 정복하면서 승승장구하며 그 영토를 확장해나갔던 로마 권력은 그들의 승리를 자축하면서 황제의 신적 권위를 더 높였습니다. 로마 주류 세력의 잔치는 화려하고 부강했던 만큼, 배타적이었습니다. 거기에 빈약한 자들, 패배한 자들, 탈락한 자들, 꼴찌들을 위한 공간과 배려는 없었습니다.

하기야 요즘 우리 주변에서 연말연시를 기해 벌어지는 온갖 잔치들, 특히 화려한 호텔 같은 곳에서 펼쳐지는 우리들의 잔치도 로마식 잔치를 닮은 것 같습니다. 저는 오래전부터 괴벽 아닌 괴벽을 지니고 있지요. 이런 때 여기저기서 잔치 초청장이 오는데 대체로 저는 사양합니다. 특히 동창회나 고향 지역의 유력자들이 초청하는 잔치에는 가지 않습니다. 제가 이른바 명문학교를 나왔기에 더더구나 그런 초청에는 가지 않습니다. 그곳에는 성공과 출세, 승리와 부강에 대한 예찬 소리가 소음처럼 시끄럽게 들리기 때문입니다.

예수 잔치는 이 같은 승리주의자들의 잔치와는 아주 달랐습니다. 예수의 하나님나라가 로마 강권 지배체재와 달랐기 때문입니다.

예수는 세례 요한이 처참하게 참수 당하자 곧 요한의 개혁운동과 유사해 보이는 운동 깃발을 들었습니다. 그것은 하나님나라를 선포하는 것이었지요. 그런데 예수의 하나님나라는 세례 요한의 그것과도 사뭇 달랐습니다. 세례 요한은 심판주 하나님이 역사에 기적적으로 개입해 이 세상을 준엄하게 심판한 뒤 세울 미래의 새 질서가 바로 하나님나라인 것으로 믿었습니다. 그것은 미래의 사건이지요. 그날이 오기를 기다리면서 오늘, 여기서 금욕과 금식의 삶을 살아야 한다고 설파했습니다. 한마디로 세례 요한의 새 질서를 위한 운동은 경건한 금식fasting의 삶을 강조했습니다.

그런데 예수운동은 금식fast이 아니라 즐거운 잔치feast의 운동이었습니다. 비록 하나님나라의 그 완벽한 모습은 미래에 나타나겠지만 지금 여기서 우리가 사랑을 실천할 때 아빠의 나라는 우리 가운데서 누룩처럼 번지게 되고, 겨자씨처럼 자란다고 깨우쳐주셨습니다. 그리고 이 잔치는 로마식 잔치와는 아주 다르게, 빈약한 자들, 꼴찌들, 탈락자들이 주인처럼 대접 받는 사랑과 환희의 잔치였습니다. 비주류들이 더욱 자유롭게 다른 사람들과 소통할 수 있고, 패배한 자들이 우아하게 고개를 처들 수 있는 따뜻한 잔치입니다. 여기에선 꼴찌들이 상석에 앉게 됩니다. 그런데 그 상석에 앉는 순간 꼴찌의 기쁨을 오래 누릴 수 없어 곧 그 자리를 다른 꼴찌에게 양보합니다. 그러기에 따뜻함과 넉넉한 기운이 잔치 마당을 가득 채우게 됩니다.

여기서 우리는 예수 잔치에는 세례 요한과 로마제국의 잔치와 달리 기쁨과 자유가 함께 번진다는 사실을 기억해야 합니다. 예수 잔치에 초대 받은 사람들은 스스로 자기를 즐겁게 낮추려는 사람들이요, 자기를 비워 남에게 기쁘게 종이 되려는 사람들입니다. 자기의 자유를 스스로 줄여 남의 자유를 더 늘려주려 하지요. 그러기에 그 잔치에서는 이 같은 자유의 아름다운 역설이 현실이 됩니다.

이것을 다르게 표현한다면, 서로 상대방에게 우아하게 지려고 모두가 즐겁게 앞장서는 그러한 잔치입니다. 상대방을 사랑하기에 그 사람에게 지고 싶어 몸살하게 되는 그런 관계가 펼쳐지지요. 이 사랑의 역설을 이해한다면, 자유의 역설도 쉽게 이해할 수 있습니다. 예수 잔치에서는 모두가 자기의 자유를 스스로 즐겁게 제한하면서 남을 더 자유롭게 해주려고 애쓰지요. 그러면서 마침내 서로가 더욱 자유로운 주체로 살아가게 되지요. 그곳에서는 스스로 상대방에게 우아하게 짐으로써, 마침내 모두 함께 이기는 기막힌 상승相勝의 기쁨을 맛보게 되지요. 이것이 바로 예수 잔치, 곧 예수의 하나님나라 비전이라 하겠습니다.

여기서 우리는 다음과 같은 질문 앞에 서게 됩니다. 이 같은 예수의 하나님나라 운동이 초대교회에서도 지속되었던가요? 그의 십자가 처형으로 이 잔치 운동은 끝장나고 말았던가요? 갈릴리 예수의 운동은 십자가와 부활사건 이후 변질되고 말았던가요? 초대교회를 세우고 초대교회의 신학을 확립했던 사도 바울은 갈릴리 예수운동을 추상화 시켜 정말 김을 빼버렸던가요? 그것을 헌신짝처럼 버렸던가요?

저는 예수 잔치의 자유와 환희는 부활 사건 이후 그 엄혹한 로마 권력의 탄압 아래서 더욱 성숙되고 알차게 진전되었다고 생각합니다. 그 잔치의 자유는 예수 그리스도 안에서 구원과 속죄의 자유와 기쁨으로 심화되고 확대되었다고 생각됩니다. 부활의 그리스도 안에서 새롭게 체험하게 된 평화와 은혜를 감사, 감격하면서 날로 새로운 존재로 나아가게 되는 자유와 기쁨을 사도 바울은 감동적으로 증거했습니다. 그에게는 율법주의의 사슬에서 벗어나 새로운 피조물로 태어나는 자유인의 기쁨이 곧 복음의 핵심이지요. 사도 바울은 비록 갈릴리 예수를 직접 만난 적은 없었지만 그의 죽음이 갖는 새롭고 깊은 신학적 깨달음을 통해 갈릴리 예수운동을 한 차원 더 높게 새로운 상황에서 펼칠 수 있었다고 볼 수 있지요. 그것은 유대 율법주의로부터의 해방이기도 했습니다.

할례나 코셔kosher의 제약으로부터 해방이었습니다. 이런 외양적 율법 준수 행위가 가져다주는 기쁨과는 견줄 수 없는 소중한 해방의 기쁨을 그는 부활의 그리스도를 만남으로써 체험하게 된 것이지요. 그 엄혹한 로마 권력의 탄압 속에서도 굳세게, 의연하게, 우아하게 견딜 수 있었던 힘도 바로 그리스도 안에서 체험한 성령의 힘, 그 자유케 하는 은총의 힘이었습니다. 그 기쁨과 자유가 결코 갈릴리 예수 잔치의 자유와 기쁨을 내동댕이치는 것이 아니라 오히려 그것을 더욱 감동적으로 심화시키고 확산시켰습니다. 여러 가지 어려운 초대교회 상황에서 바울은 그것을 더욱 아름답게 다듬어내려 했습니다.

그런데 그에게 이 잔치의 자유가, 그 구원의 기쁨이 심각한 문제를 던져주었습니다. 그에게 고민이 생긴 것이지요. 그 문제와 고민을 이해하기 위해 먼저 그의 구원신앙이 확고했다는 사실에 주목해야 합니다. 바울은 당시 예루살렘의 모교회, 또는 본부교회의 주역들보다 더 강하게 예수 그리스도의 복음은 철저하게 '아빠Abba' 하나님의 사랑과 은혜의 선물임을 확신했습니다. 그 확신만큼, 그는 할례규범이나 음식을 가려 먹는 유대 전통이 구원의 조건이 될 수 없다고 믿었습니다. 그리스도의 은혜와 믿음이 그에게는 구원으로 인도하는 길이었습니다.

바로 이 같은 확신 때문에 바울은 당시 가장 영향력이 컸던 예루살렘 모교회의 지도자들, 특히 아직도 율법주의에서 벗어나지 못한 듯 행동했던 베드로와 다툰 적이 있습니다. 그냥 다툰 것이 아니라, 베드로를 위선자로 질책하기까지 했지요(갈라디아서 2:11~14). 바울은 막강했던 예루살렘 교회 지도층(그 최고 지도자는 바로 예수의 동생 야고보였으니까요)에게 때로 맞서기까지 하면서 부활의 그리스도 안에서 얻은 은혜와 자유의 소중함을 역설했지요.

그런데 사도 바울은 고린도 교인들에 대해서는 사뭇 다른 태도를 보입니다. 예루살렘 교회의 거물에는 자기 원칙을 날카롭게, 매섭게 내세웠던 바울이 자기가 세운 교회 안에서는 부활의 그리스도의 복음을 받아들이면서도 아직도 유대 율법주의에서 벗어나지 못한 형제자매들, 우왕좌왕하는 그 연약한 신도들에 대해서는 놀라울 만큼 유연하고 융통성 있는 입장을 취했고 깊고 뜨거운 교감과 소통의 가치를 역설했습니다. 사도 바울의 목회신앙과 목회신학은 놀랍게도 소통의 신학이기도 하며, 그러기에 그것은 따뜻한 예수 잔치의 자유와 환희의 신학으로 이어진다는 것을 잊지 말아야 합니다. 바로 이 점을 대신해 바로 이 바울의 열린, 따뜻한 마음을 고린도 교회의 두 가지 문제와 연관해 살펴볼 필요가 있습니다. 바울의 목회신학은 오늘 21세기를 사는 우리 한국 교회에서도 너무나 적절한 메시지를 던져주기 때문입니다.

먼저 우상에게 바친 제물을 먹는 문제를 생각해봅시다. 바울은 원칙적으로는 만물이 모두 하나님 것이니 못 먹을 것이 없다고 생각했지요. 그는 우상에게 바친 제물도 개의치 않고 먹을 수 있었습니다. 그런데 교회 안에서는 아직도 율법의 영향 아래 매여 있어서 그리스도 예수 안에서 복음의 자유를 누리면서도 고기 먹는 것을 께름칙하게 여기는 사람들이 있었습니다. 바울은 이들 약한 신도들이 느끼는 곤혹스러움과 정체성의 혼란을 악화시키지 않도록, 이미 자유롭게 행동하는 앞서가는 신도들에게 신중한 메시지를 던졌습니다. 특히 은혜와 믿음으로 자유를 얻어 기뻐하는 사람들의 자유가 약한 형제자매들에게 걸림돌이 되지 않아야 한다고 안타까워하며 다음과 같이 강조했습니다.

여러분에게 있는 이 자유가 약한 사람들에게 걸림돌이 되지 않도록 조심하십시오. ……그리스도께서는 그 약한 신도를 위하여 죽으셨습니다. (고린도전서 8:9, 11)

나는 어느 누구에게도 얽매이지 않은 자유로운 몸이지만, 많은 사람을 얻으려고 스스로 모든 사람의 종이 되었습니다. (고린도전서 9:19)

한 걸음 더 나아가 바울은 모든 것이 다 자유롭다고(허용된다고) 하여 마음대로 행동할 수 있겠지만, 모든 자유가 모두 유익한 것이 아니라고 했습니다. 모든 자유가 다 덕을 세우는 것은 아니라고 말하면서(고린도전서 10:23~24) 이 같은 덕은 새로운 깨달음과 그 지식에서 오는 것이 아니라 사랑 실천에서 온다고 했습니다. 지식은 오히려 사람을 교만하게 하지만 사랑은 사람 가운데서 덕을 세운다고(고린도전서 8:1) 깨우쳐주었습니다. 이 덕이 바로 공동체를 예수 잔치처럼 열려 있고 따뜻한 잔치로 변화시키는 힘이지요. 덕이 바로 사랑의 향기요 사랑의 효험이라 하겠습니다. 이 사랑의 힘으로 자기의 소중한 자유를 남을 위한 더 소중한 자유를 위해 스스로 제약할 수 있게 되지요. 남의 종이 되는 수준까지 자기 자유를 즐겁게 제한시킬 수 있지요. 이것이 바로 우아하게 패배할 수 있는 힘이기도 합니다. 이 힘으로 공동체가 따뜻해지고 넉넉해지면서 예수의 잔치, 예수의 하나님나라가 우리 속에 누룩처럼 번지게 됩니다.

둘째로 교회 안에 발생하는 은사들 간의 충돌에 대해 바울은 마음 아파했던 것 같습니다. 그리스도 안에서 은혜로 새로운 능력을 얻게 된 신도들이 어떤 뜻에서는 너무 자유로워져 자기의 은혜(카리스마)와 그 능력을 남의 것보다 더 우월하고 소중한 것처럼 주장한 듯합니다. 율법의 속박에서 벗어난 고린도교회 신도들 가운데 치유의 은사, 기적의 능력, 예언의 은사, 방언의 능력 등을 자유롭게 체험하게 된 사람들이 있었던 것 같습니다. 자기의 카리스마가 남의 것보다 더 중요하다고 주장하게 되면 교회가 잔치 공동체의 열린 넉넉함을 지켜내기 힘들어집니다. 오히려 분쟁과 혼란이 생길 수 있게 되지요. 바로 이런 상황에서 사도 바울은 교회가 예수 잔치의 마당일 뿐 아니라 예수의 몸이라고 선포했습니다. 교회에 대한 깊은 신학적 성찰이지요. 존재론적으로나 인식론적으로나 예수 몸은 예수 잔치보다 더 깊은 뜻을 지닙니다.

예수의 몸에는 차이는 있되 결코 차별은 있을 수 없습니다. 머리가 결코 발에게 "너는 쓸데없다"라고 말할 수 없기 때문입니다. 오히려 몸 가운데 더 약해 보이는 지체들이 더 요긴하다고 했습니다. 덜 명예로운 지체들에게 더욱 높은 명예를 덧입혀주고, 볼품없는 지체들을 더욱더 아름답게 꾸며준다고 했습니다(고린도전서12:21~23). 바로 이 같은 바울의 탁월한 해석은 따지고 보면 하나님나라 잔치에서 꼴찌가 첫째가 된다는 갈릴리 예수의 말씀에서 비롯되었다고 저는 생각합니다. 그래서 역사의 바울 모습에서 역사적 예수 모습을 뚜렷하게 보는 듯합니다.

가장 큰 은사는 사랑

이제 우리는 사도 바울의 메시지 중 가장 아름답고 감동적인 메시지를 만나게 됩니다. 그는 여러 은사들이야말로 예수 몸의 여러 지체들의 기능과 같다고 보았지요. 비록 그가 그 은사들의 순서를 매기긴 했으나 그 순서가 중요한 것은 결코 아닙니다. 왜냐하면 제일 약하고 볼품없는 지체가 더 소중한 역할을 해낼 수 있기 때문이지요. 이 은사들보다 훨씬 빼어난 은사를 그는 감동적으로 제시했습니다. 이것이야 말로 참으로 뜻 깊은 제시입니다. 이 은사가 없으면, 다른 모든 은사들이 모두 헛것이 되고 마는 소중한 은사 한 가지를 그는 특히 강조했지요. 바로 이 은사의 소중함을 힘주어 강조하고 그것을 열심히 구하라고 권면한 뒤 그는 주옥같은 고린도전서 13장의 메시지를 던진 것입니다. 그것은 바로 사랑의 카리스마에 대한 예찬입니다.

흔히들 바울 신학은 믿음으로 의롭게 된다는 이신칭의以信稱義의 신학이나 속죄신학으로 좁게 규정하여 바울이 갈릴리 예수의 실천적 삶과 사역을 가벼이 여기거나 무시했다고 보기 쉽습니다. 저는 바울 신학의 정수와 본질은 예수의 몸을 몸답게 만드는 힘, 바로 그 사랑의 힘에 대한 그의 신학적 통찰력에 있다고 믿고 싶습니다. 이것이 바로 사랑이 갖는 자기 비움의 힘에 대한 그의 신학적 통찰력이지요. 그래서 자기를 비워 남을 채우면서 전체를 온전케 하는 힘, 곧 구원하는 힘이라고 그는 믿었습니다. 이것이 바로 케노시스kenosis의 기독론이기도 하지요 (빌립보서 2:5~11). 이런 관점에서 우리는 고린도 전서 12장의 끝절(31절)에서 13장의 3절까지의 의미를 새삼 새롭게 되씹어 볼 필요가 있습니다.

　　그러나 여러분은 더 큰 은사를 열심히 구하십시오. 이제 내가 가장 좋은 길을 여러분에게 보여드리겠습니다. 내가 사람의 모든 말과 천사의 말을 할 수 있을지라도 내게 사랑이 없으면, 울리는 징이나, 요란한 꽹과리가 될 뿐입니다. 내가 예언하는 능력을 갖고 있을지라도, 또 모든 비밀과 모든 지식을 가지고 있을지라도, 또 산을 옮길 만한 모든 믿음을 가지고 있을지라도, 사랑이 없으면, 아무것도 아닙니다. 내가 내 모든 소유를 나누어줄지라도 내가 자랑삼아 내 몸을 넘겨줄지라도 사랑이 없으면, 내게는 아무런 이로움이 없습니다. (고린도전서 12:31~13:3)

여기서 바울의 이 감동적인 시어詩語를 보며 저는 당시 초대교회 상황에서 생겼던 여러 현상과 현실을 간접으로나마 느낍니다. "사람의 모든 말과 천사의 말"이란 표현은 당시 수사학의 화려한 표현기법을 생각나게 합니다. "예언하는 능력"이라는 표현에서는 당시 혼란스럽게 풍

미했던 묵시종말론적 예언들을 생각게 합니다. "모든 비밀과 모든 지식"이란 시어에서는 당시 번지기 시작했던 영지주의적 신학의 초기 흔적을 느끼는 듯합니다. "산을 옮길 만한 믿음"에서는 바울 자신의 이신칭의以信稱義의 신앙을 생각게 합니다. 그의 신앙 강조조차도 사랑이 없으면 아무것도 아니라는 자기 비움의 고백, 그 겸손한 고백을 직접 듣는 듯합니다. "소유를 나누어준다"는 표현에서는 초대교회의 원시 공산주의 삶의 한 모습이 떠오릅니다. "자기 몸을 불사르는 결단, 그 불타는 정의감"은 요즈음의 자살폭탄 같은 결의를 갖고 로마 권력에 맞섰던 젊은 열혈 젤롯당을 연상시킵니다. 어떻든, 바울은 이 모든 훌륭한 카리스마적인 능력과 헌신도 그것이 사랑에서 우러나오지 않을 때는 아무것도 아니라고 장엄하게 선언했습니다.

정말 그렇습니다. 마치 0의 숫자가 곱셈에서 다른 모든 숫자의 크기를 아무것도 아닌 0으로 되돌리듯, 사랑이 0일 때 모든 능력들은 헛것이 되고 맙니다. 아니 한 걸음 더 나아가서 이렇게 저는 외치고 싶습니다. 사랑 없는 정의正義는 오히려 독선의 분노로 이어지며 사랑 없는 자유는 분쟁의 자유로 이어지며, 사랑 없는 믿음은 광신의 폭력으로 이어지게 된다고 말입니다. 오늘의 현실에서도 우리는 사랑 없는 종교가 악행을 권장하는 것을 보게 됩니다. 노벨 물리학상을 받은 스티븐 와인버그 교수는 이렇게 증언했습니다.

"종교가 있든 없든 선한 일을 하는 사람과 악한 일을 하는 사람이 있는 법이다. 그러나 좋은 사람이 악한 일을 하려면 종교가 필요하다."

파스칼은 더욱 정곡을 찌르는 증언을 했지요.

"사람들은 종교적 신념으로 악을 저지를 때 가장 철저하게 그리고 즐기면서 그 악을 저지르게 된다."

이것은 사랑 없는 종교가 가장 무섭게 악마적이 될 수 있다는 증언이 아니고 무엇이겠습니까. 그러기에 사랑이 가장 큰 은사요, 그 사랑의 은사로 이끄는 길이 제일 좋은 길임을 바울 사도는 강조하지 않을 수 없었겠지요. 사랑은 우아하게 짐으로써 함께 이기는 길로 우리를 인도하며 사랑은 그러기에 보복의 악순환을 확실하게 끊어내는 힘을 지니고 있습니다. 서로 지려는 사랑의 공동체에서 악순환은 결코 작동되지 않습니다. 오히려 선순환이 작동되면서 그것이 하나님나라의 아름다운 평화의 모습을 마침내 드러내 보일 것입니다.

이 같은 하나님나라의 평화를 예수따르미들이 체험하게 되길 바랍니다. 그 평화의 은혜를 체험하기 위해서 우리는 갈릴리 예수가 산 위에서 선포하셨던 실천적 가이드, 실천적 사랑 지침에 주목해야 합니다. 아내의 결점, 남편의 결점이 보일 때마다 그 결점이 바로 투명한 영의 거울로 변화되게 해야 합니다. 어떻게 그렇게 할 수 있느냐고요? 그 결점을 볼 때 그 속에서 엄청나게 큰 자기 결점을 먼저 보게 되면, 상대방의 결점은 곧 은혜롭고 투명한 영적 거울, 도덕적 거울로 변화될 것입니다.

거울에 비친 자기의 부끄러운 모습을 뚜렷하게 보게 되면서 아내와 남편을 더욱 높여주고 싶은 마음이 생길 것입니다. '역시 내 아내가 나보다 나아.', '역시 내 남편이 훨씬 더 훌륭해'라는 속삭임이 마음속 깊은 데서 조용히 은혜롭게 우러나올 것입니다. 그 소리는 바로 천사의 속삭임이기도 하고 갈릴리 예수의 따뜻한 목소리이기도 할 것입니다. 아니 아빠 하나님의 목소리이기도 하지요. 이때 서로 우아하게 지고 싶은 사랑의 힘이 솟아나게 될 것입니다. 왜냐하면 우리의 하나님 아빠는 항상 스스로 비워 우리에게 다가오시어 우리를 새 존재로 채워 일으켜 세워주시는 사랑의 힘이시기 때문입니다. 또, 갈릴리 예수와 부활의 그리스도는 골고다의 길로 우아하게 성큼성큼 걸어가시면서 우리 모두를 부활의 승리로 인도하시는 사랑이시기 때문입니다.

중심이 서 있는 변두리 교회

인간의 욕망 중에 중심부로 나아가고자 하는 욕망은 대단히 강합니다. 개인이나 국가나 모두 중심부를 향해 돌진하는 것이 곧 성공, 출세, 그리고 번영으로 가는 일이라고 생각합니다. 왜냐하면 그 중심부에 인간 모두가 갖고 싶어 하는 가치가 집중되어 있다고 확신하기 때문이지요. 권력, 부, 명예 등 말입니다. 이런 희소가치를 서로 먼저, 더 많이 얻기 위해 치열한 경쟁이 벌어지게 되면서, 중심부와 주변부 간의 차이가 나타납니다. 이 차이는 곧 차별의 바탕과 구실이 되고 맙니다. 세계도 중심국가와 주변 국가들로 갈라지게 되며, 나라 안에서도 KS, TK, PK 등 중심부가 생겨나면서 주변부와 긴장하고 마찰하게 됩니다.

이런 경쟁 과정에서 일단 중심부를 장악한 세력은 기득권을 계속 더 쌓고 싶어 하고 그만큼 그것을 놓치지 않으려 합니다. 여기서 무리를 저지르게 됩니다. 우리나라의 지난 역사를 보아도 그러하고, 특히 오늘의 현실을 보면 더욱 그러합니다.

인생은 이런 뜻에서 끊임없이 중심부를 향해 달리는 경주자와 같다고 하겠습니다. 성서는 이 같은 인간의 욕망과 행적에 대해 어떤 메시지를 던져줄까요? 중심부 세력이 주변부 사람들을 차별하고 억압하고, 수탈할 때 그것을 성서는 결코 권장하지는 않습니다. 그렇다면 성서는 변두리 사람들이 중심부로 나아가려는 것에 대해서는 어떤 가르침을 던져줄까요?

변두리 사람, 예수

먼저 우리는 예수 자신이 변두리 사람이었음을 잊지 말아야 합니다. 예수의 탄생지인 베들레헴은 유대의 고을 중 가장 보잘것없는 작은 마을이었습니다. 자라나신 나사렛도 별 볼일 없는 고장이었습니다. 나다나엘이 친구 빌립에게 "나사렛에서 무슨 선한 것이 나올 수 있는가?"(요한복음 1:46)라고 되물었던 일을 기억해보십시오.

태어나신 곳, 자라신 곳뿐 아니라 활동 무대도 변두리 지역이었습니다. 갈릴리는 이방의 땅으로 경멸받던 곳이었고, 그곳은 흑암의 백성들이 살았던 죽음의 땅으로 인식되기도 했습니다. 한마디로 따스한 햇볕 한번 제대로 받아보지 못한 그늘진 소외지역이었습니다(마태복음 5:13~16).

예수의 직업도 목공과 석공이었으니, 별 볼일 없는 직업이었습니다. 옛날 우리 조선시대에 사농공상士農工商의 서열에서 공이 차지했던 자리와 비슷합니다. 목수와 석공이 결코 고상한 예술가의 직업은 아니었습니다.

예수의 애정 어린 관심도 바로 변두리 사람을 향해 있었습니다. 나사렛 회당에서 하신 당신의 첫 메시지도 가난한 자, 포로된 자, 눈먼 자, 억눌린 자와 같은 변두리 인간의 온전함(구원)을 위한 것이었습니다. 세례 요한의 제자들이 예수의 정체에 대해 문제를 제기했을 때도 예수는 앉은뱅이, 눈먼 자, 귀머거리, 가난한 자, 죽은 자와 같은 비인간화된 존재에 대한 사랑을 강력하게 강조했습니다.

예수의 어법도 중심부를 쥐어틀고 있던 율법주의자들이 즐겨했던 어법을 뒤집는 것이었습니다. "너희 전통은 이렇게 말했으나, 나는 말하노니……"라는 식이었습니다(마태복음 5:21, 27, 31, 33, 38, 43). 예수는 늘 중심부의 사고방식을 180도 뒤집는 발상과 발언을 하셨습니다.

한 가운데 서서 손을 펴시오

저는 성서의 한 사건을 통해 변두리 사람을 중심부로 끌어올리시는 예수의 모습과 중심부에서 새 임무를 주시는 예수의 모습을 함께 이야기해보고 싶습니다.(마가복음 3:1~6)

먼저 이 사건에 나오는 중심부 세력부터 주목해야 합니다. 서기관과 바리세인들은 중심부 예루살렘의 산헤드린에서 파견된 사람들이었습니다. 그들은 예수를 고소할 증거를 찾기 위해 예수의 행동을 일거수일투족 예의 주시했던 사람들이었습니다. 군사통치 시대 중앙정보부 요원 같았지요. 그들은 종교적 이단자나 범법자를 색출하는 임무를 띠고 당시 강력한 실정법이었던 안식일법으로 예수를 고발하기 위해 회당에 왔습니다. 예수께서는 그들의 이와 같은 의도를 다 알고 계셨으나 개의치 않고 용기 있게 회당으로 가셨습니다. 그런데 바로 이러한 상황에서 예수가 안식일 법을 어길 수 있는 조건들이 성숙해 있었습니다. 마침 그 날이 안식일이었고, 그 회당에 변두리 인간들이 있었는데 특히 눈에 대 번에 띄는 지체 장애인 한 사람이 있었습니다. 그는 손 마른 사람이었 습니다.

이 사람은 원래는 석공이었으나, 병에 걸려 손이 말랐다고 합니다. 석공에게는 손과 팔이 생존수단 그 자체입니다. 손이 말라버리면, 생명 선이 끊어지게 되는 것과 마찬가지입니다. 직장에서 쫓겨나자마자 중 병에 걸려 회생의 기미가 보이지 않는 그러한 처절한 형편과 같은 것이 지요. 그는 예수의 치유 활동 소식을 들었겠지요. 그래서 희망을 걸고 회당으로 찾아온 것입니다. 그에게는 안식일이 중요한 것이 아니라 예 수가 중요했습니다.

당시 안식일법은 요즘 우리의 국가보안법과 비슷했을 것입니다. 안 식일에 일해서는 안 됩니다. 일을 하게 되면 엄벌을 받게 되지요. 그러 나 예외적으로 안식일에 할 수 있는 일이 있었는데 그것도 법으로 엄격 하게 정해져 있었습니다. 이를테면, 출산이라든지, 사람이 무너진 벽에 깔린 경우 그의 생사를 알아보기 위해 벽을 치워내는 정도의 일은 허용 되었습니다. 그러나 안식일에 골절을 다치면 치료할 수 없었습니다. 정 형외과는 안식일에 문을 닫아야 했겠지요. 수족이 삐어도 그곳에 찬물 을 끼얹는 일을 해서는 안 되었고 생명이 위독할 경우에만 치료행위는 허용되었습니다. 손 마른 자의 병은 안식일에 결코 고칠 수 없는 병이었 습니다. 그런데 예수는 안식일에 회당에서 이 사람을 주목했습니다.

이제 사건은 터진 것입니다. '범법행위'가 저질러지고 있었습니다.

이 사건 직전에 철이 없는 예수 제자들이 이미 안식일 법을 어겼습니다. 그들은 안식일에 밀 이삭을 잘라 먹다가 발각된 사실이 있었기 때문에, 이번 사건은 '초범' 행위가 아니었습니다. 그런데 예수께서는 이 사건을 두 단계에 걸쳐 일으킵니다.

첫째 우리 주님께서는 무시무시한 실정법보다 더 소중한 원리와 원칙을 일깨워주십니다. 선이 악보다 더 소중하고, 생명을 살리는 것이 어떤 경우에서나 생명을 죽이는 것보다 더 소중한 것임을 확인시켰습니다. 당시 안식일 법은 이 귀중한 하나님의 법(자연법이라 해도 좋습니다)을 어긴 것임을 일깨워주셨습니다.

둘째 단계에서 주님의 명령은 놀랍습니다. 두 가지 권고를 하십니다. 먼저 "일어나 한가운데 서시오"라고 명하십니다. 이 지체장애인은 평생 변두리에서만 살았습니다. 석공으로서, 그리고 석공 일을 할 수 없을 때부터는 장애인으로서 변두리에서 숨죽여 살아왔습니다. 짐작하건대 단 한 번도 그는 중심부에 우뚝 서서 당당히 살아보지 못했을 것입니다. 그런데 주님께서 별안간 그에게 "일어나 한가운데 서시오"라고 명령했습니다. 변두리에서 중심부로 나오라는 명령이지요. 변두리에서 뿌리 뽑힌 서러운 삶을 살았던 인간, 장애인으로 따돌림을 당하고, 구걸하며 살 수밖에 없었던 변두리 인간에게 세상 영광의 중심부에 와서 우뚝 서보라고 하셨습니다.

교회가 무엇입니까? 지극히 작은 인간, 학대받는 변두리 인간이야말로 새 하늘 새 땅에서는 주인이 될 수 있음을 깨닫게 해주는 희망과 사랑의 공동체가 아닙니까? 변두리 인간으로 하여금 주인의식을 느끼게 하여 마침내 중심부로 나아가게 하는 다리 역할을 교회가 하는 것이 아닙니까?

그렇다고 교회가 중심부 세력의 심부름을 하는 것은 아닙니다. 중심부로 나아가는 것 자체가 중요한 것이 아니기 때문입니다. 그래서 예수께서 이 손 마른 자에게 두 번째 명령을 하십니다. "손을 펴시오"라고 말입니다. 손을 내밀라고 하심으로써, 손 마른 자의 병이 고쳐졌음을 보여준 것입니다. 주님은 그를 건강한 인간으로 회복시켜주셨습니다. 그런데 여기서 손 펴는 것이 단순한 건강 회복의 뜻만은 아님을 기억해야 합니다. 더 중요한 뜻은 그 말라붙었던 손을 폄으로써, 그리고 내밈으로써 남에게 도움의 손길을 쭉 뻗으라는 명령입니다.

우리가 비록 육체의 손과 팔은 온전하다 하더라도 남을 위해 살지 않는다면 손 마른 장애인과 다를 바 없습니다. 손은 멀쩡해도 내 이익을 위해서만 살아왔다면, 우리는 손 마른 장애인임에 틀림이 없습니다. 내 자식, 내 가족, 내 친척, 내 동창, 내 고향 사람들만 위해 불철주야 힘써왔다면, 손 마른 장애인의 삶을 불철주야 살아온 것과 마찬가지입니다. 손이 안으로 굽는 삶을 살아왔다는 말은 곧 이와 같은 장애인의 삶을 살았다는 뜻입니다.

손을 내밀라는 예수의 명령은 이제부터 남을 위해 당신의 존재를 던지라는 명령입니다. 교회는 세상과 역사를 향해 항상 그 손과 팔을 넓고 길게 뻗어야 합니다. 그 손과 팔이 안으로만 굽는 교회는 예수의 몸이 아닙니다. 그리스도의 몸 된 교회가 결코 아닙니다.

우리는 나도, 우리 교회도 손 마른 장애인이 아니었던가를 되돌아보아야 합니다. 우리의 손을 활짝 펴고 힘껏 뻗어 변두리에서 한 맺혀 사는 사람들을 절망의 땅에서 희망의 지대로 옮겨놓는 일을 해야 합니다. 오늘도 그들을 중심부로 불러내시면서 온전케 된 손을 남을 위해 더욱 힘껏 뻗기를 권고하시는 예수를 쳐다봅시다.

그분의 "한가운데 서서, 손을 펴시오"라는 음성을 듣고, 이 명령에 순종합시다. 우리를 위해 손과 팔만 펼쳐주실 뿐만 아니라, 십자가 위에 달려 피와 땀, 그리고 온몸을 내어주신 예수의 명령에 따라 변두리 사람을 위해 우리 존재의 손과 팔을 쭉 뻗어 그들을 중심부로 모시는 일을 해야 할 것입니다. 그렇게 중심과 변두리 간의 경계를 허물어버려야 합니다. 그리하여 우리의 교회가 변두리에 있는 중심부 교회가 되어야 하고, 중심에 있되 변두리 교회가 되어야 합니다.

평화 만들기와 발선發善

6.25를 맞이하여 아내와 함께 영화 〈풍산개〉를 봤습니다. 그 영화를 보고 평화의 꿈이 한반도에 현실로 펼쳐지기에는 아직 어렵겠다고 느꼈습니다. 북한의 강경세력과 남한의 강경세력이 겉으로는 서로 미워하고, 상대방을 박살내려 하면서도 결과적으로는 서로 협력하면서 평화를 조직적으로 깨고 있다는 것이 주된 주제였습니다. 이 영화를 보고 저는 마음이 너무 묵직했습니다. 그러나 평화를 위해서 다시 한 번 어금니를 꽉 물어야겠다고 결심했습니다.

사자가 소의 풀을 먹고

이 영화를 보고 나서 저는 몇 가지 질문을 던지고 싶습니다. 첫 번째 질문은 '왜 그리스도인은 평화 만들기에 헌신해야 하는가' 하는 질문입니다. 우리가 예수를 믿는 그리스도인이라고 자처한다면 평화 만들기에 헌신하는 게 당연합니다. 그리스도인이라는 정체성 속에 평화를 만드는 임무가 녹아 있기 때문입니다. 성서를 통해 평화를 위해서 일해야 한다는 근거를 몇 가지 들어보겠습니다.

창세기를 보면 하나님의 감탄에 대한 이야기가 있습니다. 하나님은 이 우주를 만드시며 여섯 번 감탄을 하셨습니다. 그리고 일곱 번째 감탄을 하실 때는 "참 좋았다"고 크게 감탄하셨는데, 가장 큰 이유는 바로 이것이었습니다. 창세기 1장 29절과 31절을 보면, 하나님께서 푸른 풀을 인간에게 먹을거리로 주셨고, 하늘을 나는 새도 땅을 기는 짐승들에게도 푸른 풀을 먹을거리로 주셨다고 말합니다. 그리고 나서 이를 보고 "참 좋다"고 하셨습니다. 저는 옛날에 창세기 읽을 때 하나님께서 아담과 이브를 만드시고 참 좋다고 하셨겠지 생각했는데, 다시 자세히 읽어보니 그것만이 아니었습니다.

사람이나 짐승이 먹을거리 때문에 피를 흘리면서 싸우게 되면 그곳에 평화가 있을 수 없습니다. 사자가 들소의 목덜미를 물고 숨을 죽이고 나서 가족들을 불러서 함께 잔인하게 뜯어먹을 때 보면 입가에 피가 흥건합니다. 그게 평화로울 수 있나요? 하나님께서 그것을 보고 좋다고 하셨을까요? 그래서 하나님께서는 인간을 아예 처음부터 채식주의자로 창조하셨습니다. 하나님은 동물에게도 풀을 뜯어 먹고 살라고 하셨습니다. 창조의 원 질서는 피 흘림이 없이 먹을거리를 먹고 기뻐하는 것입니다. 그런데 이 질서가 깨졌습니다. 바로 인간의 탐욕과 독선과 교만이 제도화되면서 깨진 것 같습니다.

창조의 원 질서를 갈망했던 선지자로 이사야가 있습니다. 이사야 선지자의 꿈을 보면 어린아이가 독사의 굴에 손을 넣어도 물리지 않고,

사자가 염소와 같이 놀고 그 새끼들이 함께 뒹굽니다. 먹고 먹히는 두 존재를 서로 뽀뽀하고 껴안고 뒹굴며 사랑하는 모습으로 그려놓았습니다. 어떻게 이것이 가능한가 하는 의문을 가진 사람에게 이사야 선지자는 그 해답을 들려줍니다. 바로 이사야서 11장 7절을 보면 **"사자가 소처럼 풀을 먹는다"**라는 구절이 나옵니다.

이사야 선지자가 살았던 때는 그의 조국이 남북으로 갈라지고 평화가 깨져 있었습니다. 이사야 선지자는 이 같은 비극의 현실 속에서도 평화를 간절하게 기도하고 꿈꿨고, 그런 희망 속에서 이 평화의 비전을 온몸으로 펼쳐 보였지요. 사자가 소의 풀을 먹는다는 것은 바로 하나님을 매우 감탄케 한 창세기의 바로 그 원초적 평화 상태를 의미합니다. 그러므로 우리가 하나님을 믿는다면 남에게 피를 흘리게 하는 일을 하면서 우리의 먹거리, 곧 생존 조건을 마련해서는 안 됩니다. 우리가 이 세상에서 무슨 일을 하든지, 그 일로 남에게 피를 흘리게 하다면, 혹여 마음속의 피라도 흘리게 한다면, 하나님은 "아주 나쁜 거야very bad"라고 꾸짖으실 겁니다.

신약으로 넘어와서 예수의 말씀을 생각해보겠습니다. 예수 가르침의 핵심은 한마디로 "하나님을 사랑하라"라는 명령이지요. 하나님은 사랑의 근원이시지만, 사랑을 받을 수 있는 객관적인 대상으로 존재하지 않고 안 보이므로 보이는 이웃을 사랑하라고 예수는 명령하십니다. 하나님을 사랑하고 이웃을 사랑하는 것이 우리에게 주신 계명의 두 기둥입니다. 이웃을 사랑하라는 말씀은 유대인들도 계명의 기둥으로 다들 인정하고 있었습니다. 그런데 유대인에게 이웃이란 내 팔이 안으로 굽듯이 자기와 비슷한 사람들을 말합니다. 내 동창이고, 내 고향 친구고, 내 친척이고, 나와 생각이 같고 비슷한 사람들을 말합니다. 나와 비슷하다는 동질성을 확인하면서 그런 사람을 이웃으로 사랑하는 것이지요. 그런데 예수의 이웃은 전적으로 달랐습니다. 마태복음 5장을 보면, 예수께서 유대인의 말을 뒤집는 말씀을 하십니다.

> 네 이웃을 사랑하고, 네 원수를 미워하여라" 하고 말한 것을 너희는 들었다. 그러나 나는 너희에게 말한다. 너희 원수를 사랑하고, 너희를 박해하는 사람을 위하여 기도하여라. (마태복음 5:44)

이것이 예수께서 말씀하신 사랑의 궁극적인 수준입니다. 원수를 사랑하지 않고 이웃을 사랑하는 수준으로 하나님을 사랑한다면 이는 거짓말입니다. 비슷한 사람을 사랑하는 것은 누구나 다 할 수 있습니다. 백인이 백인을 사랑하고, 영국 사람이 영국 사람을 사랑하고, 맨체스터 사람들이 맨체스터 유나이티드 축구팀을 사랑하는 것은 누구나 할 수 있습니다. 정말 하나님을 사랑하는 사람은 원수를 사랑하는 사람인데, 하나님은 원수를 사랑하는 사람에게 축복을 주십니다. 바로 '내 자녀가 된다'는 축복입니다(마태복음 5:9).

우리는 하나님의 자녀가 될 수 있다는 기쁨 때문에 예수를 믿습니다. 우리가 마귀 자식 되기 위해서 하나님 믿는 것은 아니니까요. 그런데 말로는 하나님의 자녀가 되고 싶다고 하면서 마귀 자식 같은 짓을 합니다. 이를테면, 원수를 사랑하기는커녕 마냥 미워하고 심지어 죽이고 싶어 합니다. 이런 짓은 마귀 자식들이 잘하는 짓입니다. 계속해서 말씀드리듯이, 원수를 사랑하는 순간 원수가 없어집니다. 돌아가신 김재

준 목사님이 가장 좋아했던 사자성어는 애자무적愛者無敵이었습니다. 사랑하는 사람은 적이 없다는 뜻입니다. 적이 없으면 평화가 생깁니다. 예수 메시지의 핵심은 결국 원수 사랑을 통한 평화였습니다. 그러므로 우리 예수따르미, 그리스도인이 평화를 위해서 일하지 않는다는 것은 스스로 그리스도인의 정체성을 지워버린다는 뜻입니다.

선으로 악을 이기는 발선發善의 사랑

바울로 넘어가보겠습니다. 바울은 예수를 본 적도 없습니다. 그런데도 직접 따라다녔던 제자들보다도 예수 메시지의 핵심을 잘 꿰뚫어 보고 그대로 실천하면서 살았습니다.

사랑하는 여러분, 여러분들은 스스로 원수를 갚지 말고 그 일은 하나님의 진노하심에 맡기십시오. 성경에도 기록하기를 원수를 갚는 것은 내가 할 일이니 내가 갚겠다고 주님께서 말씀하신다 하셨습니다. 네 원수가 주리거든 먹을 것을 주고 그가 목말라 하거든 마실 것을 주어라. 그렇게 하는 것은 네가 그의 머리 위에다 숯불을 쌓는 셈이 될 것이다 하셨습니다. 악에게 지지 말고 선으로 악을 이기십시오. (로마서 12:19~20)

사도 바울은 예수님의 "원수를 사랑하라"는 말씀을 보다 구체적으로 "원수가 주리거든 먹을 것을 주고 목마르면 마실 것을 주어라"고 설명합니다. 그리고 그렇게 한 효과를 원수의 머리 위에 숯불을 놓는 것과 같다고 비유합니다. 사람 머리 위에 숯불을 놓으면 그 사람의 얼굴이 어떻게 되나요? 바로 벌겋게 됩니다. 우리가 부끄러울 때 얼굴이 어떻게 됩니까? 우리 얼굴은 벌겋게 됩니다. 이 말씀은 원수의 마음속에도 착함이 있다는 것을 드러냅니다. 원수도 태어났을 때는 하나님의 형상을 지니고 태어났으니까, 세상에 아무리 악독한 히틀러 같은 사람이라 할지라도 그 안에 착함이 있습니다. 원수가 항상 악마라 할 수는 없습니다. 원수 속 깊숙한 곳에 하나님의 형상, 즉 착함이 본질적으로 있으나 악함에 눌려서 한 번도 제대로 작동하지 못했을 따름이지요.

사도 바울은 이 진리를 기가 막히게 증언합니다. 앞의 말씀을 뒤집어 말하면 원수 속에 깊이 잠자고 있는, 한 번도 제대로 작동하지 못해 동면하고 있던 양심을 발동시켜 발선發善하게 한다는 뜻입니다. '발선'은 선이 발동해서 작동하게 한다는 뜻인데 이것은 곧 선순환을 만들어냅니다. 평화는 이런 선순환의 열매이지요.

한번 원수가 있다고 가정해봅시다. 원수 속에 악이 있습니다. 그런데 그 원수를 미워하면 그 속에 있는 악이 더 발동하게 됩니다. 이를 발악發惡이라고 합니다. 원수 속에 있는 악을 발동시키게 되면 원수는 더욱 발악하게 됩니다. 만약 자기 아내를 발악하게 하면 자기 아내를 악마로 만드는 짓과 같습니다. 남편을 발악시키면 남편 속에 있는 악을 발동시키는 것입니다. 두 악은 이상하게도 미워하면서도 서로 악수합니다.

그것이 앞에서 말했던 영화 〈풍산개〉의 주제이기도 합니다. 북한의 강경세력이 남침한다고 계속 협박하면, 남쪽에서 평화를 주장하는 사람이 설 자리가 없어집니다. 반면 북한을 때려잡아 죽여야 한다는 사람들의 목소리는 마구 올라갑니다. 서로 악한 강경세력끼리 결과적으로 돕는단 말입니다. 이와 같은 원리를 사도 바울은 깊이 깨달았습니다. 사도 바울은 원수가 밉더라도 주리면 먹이고 목마르면 마시게 하라고 권고했습니다. 그렇게 하면 하나님이 심어준 착한 씨앗이 사랑 행위로 발선하게 되어서, 둘 사이에 평화의 소통과 흐름을 만들어냅니다. 내가 남을 발선시키면 내 선도 그만큼 더 커집니다. 그래서 평화가 생겨나게 되지요. 하지만 내가 누군가를 발악시키면 바로 나도 그 악의 종이 되고 맙니다. 그래서 전쟁이 일어나게 됩니다.

로마서 12장 말씀의 결론은 "네가 악에게 지지 말고 선으로 악을 이기라"는 것이지요. 제가 언젠가 원수를 사랑하라는 이야기를 했더니 누군가 이런 질문을 했습니다. "선생님은 원수가 악인데 악을 사랑하란 말입니까? 김정일이 악마인데, 김정일을 사랑하라는 말입니까?" 여기서 우리는 악을 사랑하는 것과 원수를 사랑하는 것은 전혀 다르다는 진리를 반드시 기억해야 합니다. 원수는 악일 수도 있고 선일 수도 있기 때문입니다. 원수 속에도 악과 선이 함께 있습니다. 뒤집어 말하면 내 속에도 악과 선이 있습니다. 예수께서 이것을 참 지혜롭게 알려주셨습니다. "너희가 남의 결점을 볼 때는 티 같이 작게 보고 너의 결점을 볼 때는 대들보처럼 크게 보아라"고 하셨지요.

여기서 결점을 악이라고 바꾸어보면, 남의 악은 작게 보고 내 악은 크게 보라는 뜻이 됩니다. 이는 남의 머리에 숯불을 놓는 것이 아니라, 자기 머리에 숯불을 얹는 것과 같습니다. 저는 여러분에게 숯불을 자신의 머리에 먼저 얹으라고 말하고 싶습니다. 내가 부끄러워질 때 내 얼굴이 붉어지고 상대방은 상대방대로 부끄러워서 그 얼굴이 벌개지면서 서로에게 발선하게 됩니다. 이처럼 부끄러워질 때, 발선과 발선의 선순환이 바로 평화라는 새로운 관계를 만들어냅니다.

원수를 철저하게 미워하다 보면, 자동적으로 우리가 우리에게 '그 원수는 악마다.' 세뇌를 시킵니다. 예수님은 우리가 그렇게 판단하지 않도록 당부하셨지요. 하나님은 우리 모두가 하나님의 선을 갖도록 창조하셨습니다. 다만 우리가 제도와 문화 속에 살면서 악의 씨를 키운 것입니다. 왜냐하면 남을 이기기 위해서, 남을 죽이고 내가 살기 위해서, 남이 가진 것을 빼앗기 위해서 노력하다 보니 악의 씨앗이 우리 안에서 커졌습니다. 그래서 전쟁이 일어나는 것입니다.

참된 그리스도인이면 창조의 원 질서에 새삼 주목해야 하고, 예수 복음의 핵심에 평화 가치가 자리 잡고 있음을 깨달아야 합니다. 사도 바울도 예수의 평화 메시지를 로마 교회에 강력하게 선포했습니다. 발선의 가치를 강조했습니다. 그리스도인이라면 그러기에 평화의 가치를 실현하기 위해 발선에 온몸을 던져야 합니다.

하나님, 우리가 무엇을 잘못했기에……

두 번째로, '왜 한국 그리스도인들은 무엇보다 분단된 한반도의 평화를 선교 과제로 삼아야 하는가' 하는 절박한 질문입니다. 우리 민족은 지난 20세기 동안 너무 억울한 고통을 당했습니다. 저는 요즘 기도할 때 하나님에게 막 대듭니다. "하나님, 우리나라가 저 중국과 일본과 러시아보다 무슨 큰 죄를 더 많이 지었기에 1910년 일본 제국주의의 식민지로 바로 떨어지게 했습니까? 왜 36년 동안을 억울하게 일본 사람들에게 수탈, 억압, 차별, 능멸을 받게 했습니까?"라고 말입니다. 1945

년에 우리나라는 해방이 되었습니다. 해방이 되면 식민지였던 그 나라는 원래 자주적이고 독립적인 국가로 벌떡 일어서야 합니다. 그런데 우리는 1945년 8월 15일 해방이 아니라 너무나 억울하게 분단으로 쪼개졌습니다.

우리나라가 분단된 배경에 대해 잠시 이야기하겠습니다. 1945년 봄에 루즈벨트 대통령이 죽었습니다. 그리고 그 봄에 유럽 전쟁은 끝이 났습니다. 히틀러는 죽고 독일은 항복했습니다. 그런데도 주축국인 일본은 태평양전쟁을 계속 이어갔습니다. 그러나 일본도 항복할 날이 얼마 안 남아 있었습니다. 그러던 7월 중순 포츠담회담이 독일에서 열렸습니다. 포츠담회담의 주제는 패망한 독일과 유럽의 전후를 연합국이 어떻게 처리할 것인가,라는 문제였는데, 부제로 태평양전쟁이 종식되면 전후 처리를 어떻게 할 것인지도 함께 논의했습니다. 즉, 한반도 문제가 여기에 속합니다.

루즈벨트 대통령은 죽기 전에 일본이 항복하면 한반도를 신탁통치해야 한다고 생각했었습니다. 그런데 루즈벨트 대통령이 죽고 대통령이 된 투르먼은 신탁통치를 하기보다 점령을 해야겠다고 생각합니다. 하지만 한반도를 점령하는 데 하나 문제가 있었습니다. 루즈벨트 대통령이 스탈린에게 여러 번 태평양전쟁에 참전해달라고 요청한 것입니다. 소련은 유럽 전선도 감당하기 어려웠기 때문에 스탈린은 그 제안을 거부했었습니다. 사실 2차 세계대전에서 가장 많은 사람이 죽은 나라가 소련입니다. 군과 민간인 합쳐 2천만 정도가 죽었습니다. 그래서 소련은 대일전쟁에 참여할 여력이 없었습니다. 다만 유럽전선이 끝나면 생각해보겠다고 말했습니다.

7월 중순에 열린 포츠담회담을 하루 앞두고 트루먼은 굉장히 기쁜 소식을 듣습니다. 미국 뉴멕시코에서 실험한 원자폭탄이 성공했다는 소식입니다. 원자폭탄이 만들어졌으니 전쟁이 끝나는 것은 확실했습니다. 투르먼은 소련이 참전을 안 해도 된다고 생각하며 회담에 참여했습니다. 한편 소련은 한반도 처리 문제와 대일 참전 문제가 안건으로 나왔을 때 투르먼에게서 신무기가 나왔다는 이야기를 듣습니다. 그런데 소련은 그것이 과연 사실인가 의심을 합니다.

포츠담회담이 끝나고 나서 8월 6일, 우리가 해방되기 9일 전에 히로시마에 원자폭탄이 떨어집니다. 전 세계가 깜짝 놀랐습니다. 10만 명의 생명이 한순간에 사라져버렸지요. 무시무시한 무기가 나온 것입니다. 원자폭탄이 터지자 스탈린은 바로 그다음 날인 8월 7일에 대일 선전포고를 합니다. 부질없는 생각이긴 하나 이때 미국이 소련을 강력하게 말렸다면 우리가 분단되는 일은 없었을 것입니다.

8월 7일 선전포고를 한 소련군은 미국이 보기에도 파죽지세로 남하했습니다. 그러자 미국 국무성에서는 저런 기세대로 내려오면 일본 본토에 소련이 먼저 들어가겠다고 걱정합니다. 그래서 찰스 본스틸 Charles H. Bonesteel과 딘 러스크Dean Rusk, 이 두 대령에게 긴급명령을 내립니다. 빠르게 남하하는 소련군을 어디서 저지하여 일본 군사들을 무장해제해야 하느냐를 빨리 결정하라는 명령이었습니다. 두 대령은 일본이나 한국이나 중국을 전공한 전문가들에게 물어보지 않았습니다. 상해에 임시정부가 있었지만 우리 민족지도자들에게도 물어보지도 않았습니다. 그저 빨리 결정하라는 지시 때문에 세계지도를 펴고 서울이 어딘가 먼저 찾았습니다. 한반도의 서울은 미국이 장중에 넣어야 하므로 38선을 분단선으로 결정합니다. 그래서 이 38선 아래로 소련이 못 내려오게 하자고 결정합니다.

제가 하나님께 기도할 때 화내듯 따지는 이유가 이 때문입니다. "하나님, 우리는 고려시대부터 한반도에서 살아온 독립된 민족국가였고, 500년간 두만강과 압록강이 국경이었는데 어떻게 두 대령의 생각에 따라서 1200년 가까이 유지되었던 국경선을 두고 38선을 그어서 국토를 분단시키고 국가를 분단시키고 민족을 분단시켜놓고서 이렇게 서로를 주적으로 미워하게 만드십니까? 하나님, 저희가 일본보다 더 악독한 죄를 많이 지었습니까? 하나님 저희가 소련이나 중국보다 더 악독한 죄를 많이 지었습니까?"

생각할수록 억울하지 않나요? 우리나라가 분단된 것은 두 대령이 잠시 보고 그은 선 때문입니다. 그래서 열전 3년간 수백만 명이 죽고 냉전 70년에 오늘까지도 주적으로 서로 미워하고 있습니다. 그리고 분단을 고착시키는 데 엄청난 비용을 쏟아 붓고 있습니다. 왜 우리 기독교 신자들은 이런 솔직한 기도를 못합니까? 게다가 분단이 되고 불과 몇 년 만에 6.25전쟁이 터집니다. 1950년에 우리는 경제 수준이 일본과 비슷했는데 6.25전쟁으로 더욱 형편없이 최적빈국으로 떨어집니다. 반면에 3년 동안 일본은 6.25전쟁에 필요한 군수물자를 생산하고 수출하면서 세계 제2의 경제대국으로 마치 축복의 상징처럼 쭉쭉 뻗어갔습니다.

"하나님, 우리가 무엇을 잘못했기에 저 이방인 바빌론의 포로가 되어서 이렇게 굴비처럼 묶여 끌려가야 합니까?"라고 울부짖었던 유대인 포로처럼 우리도 이런 기도를 가슴 치며 해야 합니다. 저는 한국 교회의 지도자들 가운데 이렇게 기도하는 사람을 한 번도 본 적이 없습니다.

왜 이런 기도가 한국 교회에는 없을까요. 6월이 되면 저는 정말 가슴이 메어집니다. 일본의 기독교 인구는 1퍼센트도 안 되지만 우리는 기독교 인구가 20퍼센트가 넘는다고 자랑합니다. 그런데도 왜 하나님 앞에 정직한 기도를 못 드릴까요.

냉전을 부추긴 기독교 신자들

세 번째로 '왜 한국의 교회 지도자들은 이런 기도를 못 하는가'라는 질문을 드리고 싶습니다. 그 이유는 예수의 마음을 알지 못하고, 하나님의 감탄을 알지 못한 채 교리의 신앙만은 확고하게 가지고 있기 때문입니다. 하나님과 예수 그리스도에 대한 아주 체계적이고 세밀한 교리는 믿지만, 하나님의 사랑을 온몸으로 체험하지 못하고 예수의 사랑을 자기 것으로 체험하지 못하는 우리의 잘못된 신앙 풍토 때문에, 우리 교회 지도자들은 6월이 되어도 아무런 느낌이 없는 것입니다.

교리만을 따르는 것은 근본주의입니다. 근본주의 신앙은 교리에 입각한 몇 가지 신조를 믿지 않으면 기독교 신자가 아니며, 나아가 하나님을 믿을 자격이 없다고 말합니다. 근본주의의 특징은 이렇습니다. 근본주의는 나는 항상 옳고 너는 악하다고 합니다. 나는 천사고 너는 악마라고 보는 것입니다. 그러므로 악마는 박살내야 한다고 말합니다. 그리고 너와 나 사이에는 중간은 없다고 합니다. 중간에 있는 회색은 모두 상대편이라고 정죄합니다. 이렇게 양극화시키는 이분법적 사고가 바로 근본주의입니다.

그런데 냉전 가치와 기독교 근본주의 신학은 너무나 잘 맞아떨어집니다. 그래서 한국에서 하나님을 가장 잘 믿는다는 교회 지도자들 가운데 아주 보수적인 인사들이 가장 세속적인 사람들보다 더욱더 냉전 의식에 철저합니다. 제가 10년 전 한국에서 제일 큰 교회 중 한 교회의 장로님들 모임에 가서 이런 이야기를 했다가 봉변을 당할 뻔했습니다.

앞서 한 번 언급한 것처럼, 저는 통일부총리였을 때 이인모 노인을 북으로 돌려보내자고 김영삼 당시 대통령에게 건의한 적이 있습니다. 나이가 70이 넘은 이인모 할아버지는 30여 년 동안 전향하지 않아 고생이 참 많았습니다. 북쪽에서는 자꾸 보내달라고 요구했습니다. 그래서 저는 대통령님도 장로고 저도 장로이니 예수의 마음으로 북한에 대한 정책을 세우자고 했지요. 구체적인 예로 이인모 노인을 가족들이 있는 곳으로 보내자고 제의했습니다. 정치인들은 조건을 자꾸 붙였지만, 저는 조건 없이 보내자고 말씀드렸습니다. 예수께서 우리들의 구원을 위해서 십자가에서 돌아가셨을 때 조건을 붙이지 않으셨습니다. 그런데 저는 이 일로 여태까지도 냉전 세력들로부터 비난을 받고 있습니다.

이 같은 냉전 근본주의와 기독교 근본주의가 합해지니 기독교 신자일수록 대북정책에 강경정책을 지지할 수밖에 없는 것입니다. 1948년 남한에서는 대한민국이 출범하고 초대 이승만 대통령부터 오늘에 이르기까지 열 명의 대통령이 나왔습니다. 그중 기독교 장로가 세 명 있습니다. 감리교의 이승만 대통령, 예수교 장로교(합동)의 김영삼 대통령, 예수교 장로교(통합)의 이명박 대통령입니다. 장로 대통령 세 분의 재임기간에 나타난 공통점은 남북관계가 악화되었다는 사실입니다. 이승만 대통령은 북진 통일을 주장해서 남북관계가 가장 악화되었습니다. 김영삼 대통령도 초기에는 괜찮았지만 시간이 흐를수록 주변에 냉전적 기독교 신자들과 냉전적 세속 세력들의 영향으로 "핵을 가진 자와는 악수도 하지 않는다"라는 강경책을 시작으로 남북관계가 껄끄러워졌습니다. 이때 미국은 오히려 어떻게 해서든 북한과 일괄 타결을 통해 문제를 풀려고 노력했는데, YS 정부는 미국의 그런 대북정책을 질투심으로 비난했지요. 우리나라만 빼고 저희들끼리 이야기한다고 불만을 가졌었습니다.

그때 미국 대사가 미국 감리교인으로 선교사로 왔던 분이었습니다. 그는 미국 에모리 대학에서 17년 동안 총장으로 봉직하면서 한국 민주화를 지원했던 예수따르미였습니다. 그는 1960년에 선교사로 와서 연세대 신학대학에서 윤리학을 가르쳤습니다. 레이니 박사가 우리나라 대사로 왔기에 저는 국무의원으로서 이 분과 참 많은 이야기를 나누었습니다. 하루는 레이니 박사가 청와대에서 마음이 상해 나오면서 제게 물었습니다. "이봐요. 한 박사, 북한은 당신의 동족이 아니요?" 이때 저는 참으로 부끄러웠습니다.

냉전 근본주의와 기독교 근본주의 모두를 뜨겁게 수용한 기독교 신자는 공적 영성을 지니기 힘듭니다. 공적 영성이란 하나님의 영성이며 예수의 영성입니다. 예수가 영적 능력으로 사탄의 시험을 이기시고 나사렛 회당에서 첫 설교를 하실 때를 보면 모두 공적 영성의 힘을 강조하고 있습니다. 가난한 자에게 기쁜 소식을 전했지요. 자기만 잘 먹고 잘살면 되지 왜 가난한 자에게 기쁜 소식을 전하는 걸까요?

포로 된 자에게 자유를, 억눌린 자에게 풀어줌을, 병든 자에게 낫게 함을 선포하고 실천했지요. 이 같은 성령의 사역은 모두 공적인 사명임을 말하고 있습니다. 영성이란 나 홀로 예수 믿고 천당 가는 것이 아닙니다. 내가 예수 믿고 혼자 잘살겠다는 것은 사사롭고 부끄러운 영입니다. 하나님의 영이 아닙니다. 예수의 영이 아닙니다. 공적 영성은 자기를 비우고 남을 채워주는 힘이지요. 그래서 새로운 평화와 공의의 질서를 우뚝 세우는 힘이지요.

우리 기독교 신자들 가운데 이상재 선생, 조만식 선생, 이승훈 선생, 안창호 선생, 서재필 선생, 김구 선생, 김규식 선생, 여운형 선생은 다 공적인 영성을 가지고 우리 조국의 독립과 평화를 위해서 헌신했던 예수따르미였습니다. 그런데 왜 세 명의 우리 대통령은 기독교 신자인데 그런 공적 영성을 보여주지 못했나요?

저는 여러분에게 그분들을 위해서 기도하라고 권하고 싶습니다. 그런데 말입니다. 이승만 대통령이나 김영삼 대통령은 나중에 역사의 혹독한 비판을 받는다 하더라도, 그분들이 기독교 장로이기 때문에 잘못했다는 비판은 안 들을 것 같습니다. 이승만 대통령은 너무 반공 노선이 강하고 고집스럽고 권위주의적이어서 문제였지만 그분이 교회 장로였기 때문에 실패했다고 말하는 사람은 없을 것입니다. 아직까지 그렇게 평가하는 역사학자도 없는 것 같습니다. 김영삼 대통령에 대해서 비판하는 사람도 김 대통령이 어느 교회의 장로이기 때문에 실패했다고 비판하지는 않습니다.

하지만 지금 이명박 대통령이 역사적 심판을 받는다면 그것은 한국 교회 탓이 될 수 있을 것 같습니다. 참 가슴 아픈 일입니다. 출발할 때부터 '고소영'이라는 말이 나와서 '소망'이라는 말을 좋게 하기가 참 어렵게 되었습니다. 또 내가 그리스도인이라고 고백하기가 두려운 시대가 올까 염려됩니다. 대통령 한 분 망가지는 것도 가슴 아픈데, 그 한

분의 망가짐이 한국 교회 전체의 망가짐으로 이어질까 두려워집니다. 앞으로 한국의 선교가 어떤 영향을 받게 될지 두렵습니다. 저는 이런 걱정을 하는 사람이 한국 복음주의권에 너무 적다는 사실이 또한 저를 슬프게 합니다.

한반도 평화를 일구는 사람들

반면에 최근 교회 개혁의 물결이 세차게 올라오면서 정말 한반도의 평화를 위해 기도하는 사람들이 조금씩이나마 늘고 있다는 것을 느끼고 참 감사하고 있습니다. 지난해 6월 기독교 통일학회가 열렸었습니다. 거기에 대북 관련 30여 개의 그리스도인 단체들이 모여서 오늘의 남북 상황을 살펴보고 북한의 3대 세습, 천안함 사건, 연평도 포격사건이 일어났지만 평화와 화해를 원하시는 하나님의 명령에 순종하자는 논의를 했습니다.

나는 이 회의에 참석했는데 참 흐뭇했습니다. 그런데 북한을 도와주자고 주장하는 보수적인 신자들 중에는 북한의 최고 지도자는 원수이고 사탄이기 때문 그 사탄 밑에서 고통당하는 백성들을 우리가 도와주어야 한다고 말하는 사람들이 있었습니다. 그들에 대해 사탄이다 아니다 판단하지 마시길 바랍니다. 사도 바울이 뭐라고 권면했나요?

"원수 갚는 것은 하나님께 맡겨라."

저 사람이 사탄인지 아닌지는 하나님께서 판단하시는 것이지 우리가 판단할 일이 아닙니다. 그리고 앞에서 지적했듯이 원수라고 꼭 사탄일 수는 없습니다. 그렇기에 원수 사랑을 사탄 사랑으로 과장하지 말아야 합니다. 사탄은 미워하되, 원수는 사랑해야 합니다. 원수를 사탄이라고 우기거나 판단할 시간이 있으면 그때 사랑할 결심을 하는 게 더 복음적입니다. 원수를 더욱 사랑하는 일에 우리가 힘을 쏟아야 합니다. 정말 딱한 북한 동포를 생각하면 우리가 함께 나누지 않고는 견딜 수 없습니다. 왜냐하면 마태복음 25장을 보면 최후심판에 하나님은 심판주로서 종교를 잘 믿고 교회를 잘 다니고 교리도 잘 믿는다고 생각하는 사람들에게 이렇게 경종을 울렸기 때문입니다.

> **너희는 내가 주릴 때 내게 먹을 것을 주지 않았고, 목마를 때에 마실 것을 주지 않았고, 나그네로 있을 때에 영접하지 않았고, 헐벗었을 때에 입을 것을 주지 않았고, 병들어 있을 때나 감옥에 갇혀 있을 때에 찾아주지 않았다.** (마태복음 25:42~43)

이 말을 듣고 유대교를 굉장히 잘 믿고 회당에 열심히 다니고 십일조도 잘 냈던 사람들이 이렇게 대듭니다. "하나님이 언제 주린단 말입니까? 하나님이 언제 목말랐어요? 하나님이 언제 헐벗었나요? 우리 토라에 언제 배고프고 덜덜 떠는 하나님이 있었어요? 누가 그렇게 가르쳤나요? 우리는 그런 하나님을 본 적이 없어요. 하나님이 어떻게 감옥에 가나요?"

다른 한편 헐벗은 자에게 입을 것을 주고, 목마른 자에게 마실 것을 주고, 감옥에 갔을 때 돌보았던 자가 있었습니다. 그 사람들은 교회에 안 다녔을지도 모릅니다. 그 사람들에게 하나님께서는 "너희들은 하나님나라의 주인들이다"라는 판결을 내리십니다.

교회는 종말 운동의 본부입니다. 사람들에게 고통을 주는 폐습들을 정리하고 없애야 합니다. 그래서 예수께서 세상에 살아계실 때 이렇게 기도하라고 하셨습니다. 바로 주기도문입니다. 주기도문에는 네 자식 잘 되게 하기 위해서 기도하라, 취직 잘 되게 하기 위해서 기도하라 등, 사적 영에 대한 언급이 하나도 없습니다.

"하늘에 계신 아버지여, 아버지의 이름이 거룩하게 여김을 받으시옵고"라는 기도는 세상에 워낙 아버지의 이름을 더럽게 파는 자들이 많았기 때문에 이렇게 기도하라고 한 것입니다. "아버지의 나라가 여기 임하시며, 뜻이 하늘에서 이루어진 것처럼 땅에서도 이루어지리이다." 이는 이 역사 속에서 하나님의 뜻이 이루어지기를 기도하라는 것입니다.

하나님나라는 이미 지금, 여기서 이뤄지고 있는 것이지만, 그 완벽한 모습, 그 완성된 모습은 아직도 우리 역사 현실과는 멀리 있는 것도 사실입니다. 하나님나라는 'aleady'의 현실이면서 'not yet'이라는 미래의 일이기도 합니다.

그래서 우리는 한반도 분단이라는 우리의 역사 속에서 하나님의 뜻이 이루어지기를 기도해야 합니다. 그리고 각론에 들어가서 일용한 양식이 없는 사람들도 먹을 수 있는 기본권을 위해 기도한다는 뜻이지요. 이것 또한 사람들이 교회에 와서 흔히 하는 사적인 기도가 아닙니다.

"내가 빚진 자에게 빚을 탕감해주듯이 하나님께서 제 잘못을 용서해주십시오." 빚을 탕감하는 것도 소중한 공적인 결단입니다. 바로 공의요 평화입니다. 나를 비워서 빚진 사람의 아픔을 덜어주는 결단입니다. 그리고 탐욕과 독선에 사로잡힌 이런 구조의 악으로부터 우리를 구해주시어서, 하나님의 사랑의 새 질서가 이 땅에 세워지도록 기도하라고 하셨습니다. 이런 기도를 실천하는 삶을 살다가 우리가 죽어 육체를 떠나 영의 몸을 입게 될 때 우리는 예수님과 얼굴과 얼굴을 맞대고 소통하는 놀라운 기쁨을 누리게 될 것입니다.

제국의 평화, 예수의 평화

예수는 제자들이 하늘의 색깔을 보며 자연의 일기 변화는 잘 알아보면서 시대의 징조는 제대로 알아보지 못한다고 안타까워한 적이 있습니다(마태복음 16:2~3). 오늘의 예수따르미들도 21세기, 이 시대의 징조를 깨달아야 합니다. 지금 지배제도들은 세계 도처에서 근본적 도전을 받고 있습니다. 자본주의 시장의 무한한 탐욕에 대해 세계인들은 두려움과 불신을 거침없이 나타내고 있습니다. 월가Wall Street를 점령하려는 움직임이 전 세계로 번지고 있습니다.

이른바 적하효과trickling down effect는 허울일 뿐 실제로 경제적 양극화는 악화되기에 시장체제의 정당성 또한 더 거센 도전을 받고 있고 또 받게 될 것입니다. 시장의 탐욕은 커져만 가는데 이 시장을 제대로 공정하게 관리해내지 못하는 국가의 초라한 모습을 보고 국민은 국가의 공익성과 공공성에 대해서도 회의하고 있습니다. 여기에 더하여 대의정치를 표방하는 의회민주주의와 정당정치에 대해서도 시민들은 신랄한 비판을 서슴지 않습니다.

오늘의 카이로스 상황

쌍방향 통신매체를 자유롭게 활용하여 줄 안on-line에서 자유롭게 소통하면서 합의에 이르게 되면 줄 밖off-line에서 신속하게 집단행동을 거침없이 해내는 새로운 21세기 민중이 출현했습니다. 이들은 민주정치 과정에 엄청난 힘을 직접 발휘하고 있습니다. 이들이 바로 줄씨알입니다.

줄씨알은 20세기의 대중mass과 다릅니다. 20세기 대중은 이른바 즉자적 민중이지요. 허나 21세기 줄씨알은 대자적 민중입니다. 그들은 직접 모든 조직의 최상부층에게 창조적 대꾸를 할 수 있고, 줄 안팎에서 그들의 집단적 견해를 강력하게 피력해냅니다. 이들은 모든 조직(국가에서 교회까지)의 운영을 투명하게 집행하도록 요구하며 감시까지 할 수 있습니다. 이들은 모든 중요한 의견이 밑에서부터 민주적으로 위로 올라가도록 요구합니다. 보톰 업bottom-up식 소통을 강조하며 톱다운top-down식 소통과 운영을 거부하고 견제합니다. 그리하여 바야흐로 보다 성숙한 민주주의가 사회와 국가의 모든 수준에서 알차게 진행되기를 줄씨알들은 촉구하고 있습니다.

특히 올해는 세계적으로나 우리나라에서나 권력기구의 책임자들이 교체되는 해입니다. 시장, 국가, 정당, 의회 모두가 정당성의 위기 속에 빠져 허우적거리고 있는 터에 정치 지도력이 폭넓게 교체될 시점이 다가오고 있습니다. 정말 카이로스의 때입니다. 이런 위기 상황에서 예수의 하늘나라 운동을 지금, 여기에서 펼치려는 예수따르미들은 세상 권세와 국가권력을 어떻게 바라보아야 할지 진지하게 성찰해야 합니다. 특히 지난 2천 년간 독재권력이 그토록 아끼고 소중히 여겼던 기독교 복음의 메시지로 알려진, "모든 권세에 복종하라"라는 로마서 13장 첫 부분의 메시지를 어떻게 해석 또는 재해석해야 할까를 심각하게 고민해야 합니다. 그만큼 이 편지를 작성했던 사도 바울도 수구보수의 멍에를 그토록 오랫동안 억울하게 목에 매고 곤욕을 치루지 않았겠습니까? 그렇다면, 이 편지를 이렇게 쓴 바울의 진정한 의도는 무엇이었을까요? 아직도 이 세상에서 힘쓰고 있는 권력자들이 그들의 권력이 정당성을 잃게 될수록 성서의 이 구절에 더욱 매달리고 있음을 우리는 알고 있기에, 바울의 신학적 의도가 과연 어떤 것인지를 새삼 밝혀볼 필요가 있습니다.

"권세에 복종하라"는 말의 숨은 뜻

로마서 13장 1절에서 7절까지의 메시지가 어떤 상황context에서 쓰였는지를 먼저 살펴보아야 합니다. 대체로 C.Ecommon era 50년 중반에 로마서가 작성된 것 같습니다. 클라우디우스Claudius(제위기간 41~54) 황제가 죽고, 10대의 자유분방한 네로Nero(제위기간 54~68)가 황제로 등극했지요. 당시 정치사회적 상황은 혼란스러웠습니다. 그리고 초대교회들이 박해받기 시작했습니다. 후일 베드로와 바울도 네로 폭정과 탄압으로 순교 당했지요. 바로 이 같은 상황에서 로마교회뿐만 아니라 로마제국의 영향 아래 있던 디아스포라 교회들은 여러 문제들 가운데 특히 로마 당국에 조세와 관세를 바치는 문제에 직면했습니다. 하기야 이때보다 20여 년 전 거슬러 올라가 갈릴리 예수님께서 활동하실 때도 세금 문제로 시험 받으신 적이 있었지요. 로마제국의 권력이 더욱 강팍해지고 황제 신학이 더욱 강요되던 초대교회 상황에서 부활하신 예수님을 유일한 그리스도, 유일한 메시아로 확신했던 초대 예수따르미들(또는 그리스도 따르미들) 중에는 가짜 신인 황제 체제에 조세나 관세를 바치는 것을 꺼려하거나 단호히 거부하려는 열혈 신자들이 있었습니다. 이들은 로마 당국에 반세反稅운동을 펼치려했습니다. 바로 이같은 문제에 사도 바울도 직면했던 것입니다. 더구나 폭군 네로 지배 하에서 초대교회가 반세운동에 휘말리게 되면 추방이나 순교와 같은 가혹한 징벌을 면키 어려웠습니다. 그래서 사도바울은 예수의 지혜가 절박하게 필요했습니다. 이러한 배경에서 "권세에 복종하라", "조세를 바쳐라"라는 표현이 나오게 된 것입니다. 우리는 이런 표현의 껍데기만 볼 것이 아니라 이 표현 뒤에 있는 바울의 신학적 깊은 배려와 속뜻을 우리는 찾아 밝게 드러내야 할 것입니다.

우선 현재 성서에 기록된 로마서의 장과 절이 처음부터 바울이 그렇게 자기 편지를 나눈 것이 아니라는 사실에 주목할 필요가 있습니다. 바울 편지의 최초 필사본은 지금의 형태로 나뉘지 않았지요. 편지의 뜻을 중심으로 단락을 나눈다면, 13장 바로 앞의 12장 14절부터 13장 10절까지를 한 단락으로 보아야 합니다. 이렇게 보지 않고 13장 1절에서 7절까지를 따로 떼어서 보게 되면, 사도바울의 깊은 신학적 성찰이 나타나지 않습니다. 이상하게 수구꼴통 같은 바울의 모습만 부각됩니다.

12장 14절부터 13장 10절까지를 한 패러그래프로 보아 찬찬이 읽고 그 뜻을 되새겨보세요. 놀랍게도 바울은 갈릴리 예수의 마음으로 이 편지를 쓰고 있음을 알 수 있습니다. 예수의 하나님나라의 빛 아래서 주후 50년 중반에 바울은 로마 교인들에게 적절하게 필요한 평화의 메시지를 던지고 있습니다. 통상적으로 적지 않은 성서신학자들과 조직신학자들이 바울은 역사의 예수에 무관심했다고 주장해왔습니다. 4복음서에서는 역사적 예수의 발자취를 찾기가 쉽지 않으며 4복음서에 나오는 예수는 역사적 예수의 모습이 아니라는 것입니다. 부활의 그리스도를 만나 크게 변화를 겪게 된 예수 제자들의 예수에 대한 신앙적 고백을 토대로 재구성된 모습이라 했습니다. 복음서의 예수는 실물 예수가 아니라, 부활한 하나님 아들, 곧 그리스도일 뿐이기에 복음서의 예수 활동도 그리스도의 활동으로 해석해야 한다는 것이지요.

20세기 최고의 성서 신학자 불트만Rudolf Bultmann(1884~1976)의 영향력이 엄청 컸지요. 심지어 1980년대 중반부터 세계 언론의 각광을 받았던 미국 중심의 예수 세미나 학자들도 기본적으로는 불트만의 제자들이라 할 수 있습니다. 4복음서에 역사의 예수께서 직접 하신 말씀은 19퍼센트도 안 된다고 그들은 주장했습니다. 여하튼 예수와 바울 간에는 좁힐 수 없는 큰 간극이 있다고 생각했습니다.

그런데 최근 바울의 복음 메시지에 갈릴리 예수의 목소리가 담겨 있음을 지적하는 신학자들이 적지 않습니다. 예수세미나에서 지도적 역할을 해온 크로산John Dominic Crossan(1934~)과 보그Marcus Borg (1942~)가 그러하고, 한국인으로 세계적으로 인정받는 신학자 김세윤 교수도 그러하지요(몇 달 전 김세윤 교수와 토론한 적이 있는데 그는 한국 복음주의권에서 바울의 이신칭의를 전적으로 왜곡시켰다고 지적했습니다).

저는 바울의 글에서 예수의 목소리를 똑똑히 들을 수 있어야 한다고 생각합니다. 예수께서 친히 글로 당신의 뜻을 남기신 일이 전혀 없었기에, 그의 육성을 영의 귀로 들을 수 있어야 합니다. 물론 기억을 통해 구전으로 전승된 목소리지요. 이제 바울의 로마서신에서 갈릴리 예수님의 그 정다운 목소리를 함께 들어보기로 합시다.

악한 사람에게 맞서지 말라

먼저 바울은 로마서 12장 14절에서 이렇게 로마 교인들에게 권고했습니다.

> 여러분들 박해하는 사람을 축복하십시오. 축복하고 저주하지 마십시오. (로마서 12:14)

바울의 이 편지글을 예수님의 산상수훈의 다음과 같은 외침과 견주어보시기 바랍니다.

> 그러나 나는 너희에게 말한다. 너희 원수를 사랑하고 너희를 박해하는 사람을 위하여 기도하라. (마태복음 5:44)

바울의 편지 글에서 갈릴리 예수, 특히 산 위에서 외치시는 예수의 육성을 들을 수 있습니다. 원수를 사랑하라는 예수님의 절규야말로 예수의 하나님나라 운동의 핵심이요, 당시 로마제국의 황제 신학에 대한 근본적 대안으로서의 예수의 하나님나라 신학이었습니다.

무시무시한 무력으로 모든 원수들을 섬멸시키고 난 뒤 그 피비린 내 나는 전쟁 마당에서 펄럭이던 것은 바로 팍스 로마나의 피 묻은 깃 발이었습니다. 예수의 "원수를 사랑하라"라는 외침은 바로 이 피 묻은 깃발을 내리게 하면서 인간과 구조를 함께 사랑으로 변화시키는 대안 적 복음의 소리였던 것입니다.

예수에게는 원수란 사람일 뿐이요 이웃일 뿐이지요. 그래서 원수 란 사랑으로 변화시킬 수 있는 이웃사람이었던 것입니다. 얼핏 들으면 원수 사랑의 외침은 바보의 넋두리처럼 들립니다. 그렇습니다. 가장 수 준 높은 바보의 넋두리이기도 합니다. 그래서 감동적이지요. 나는 상상 해봅니다. 바울이 로마서 12장 14절의 말씀을 편지에 쓸 때 20여 년 전 갈릴리 호수가 언덕에서 "그러나 나는 말한다. 원수를 사랑하고 너희를 박해하는 사람을 위하여 기도하라"라는 예수의 육성을 영의 귀를 활짝 열고서 들었다고 생각합니다. 바로 눈앞에 네로 황제의 폭압적 박해를 느끼면서 말입니다.

두 번째로 바울의 12장 7절의 글과 13장 2절의 글을 예수님의 명 령(마태복음 5:39)과 연결시켜봅시다. 바울은 이렇게 적었습니다.

아무에게도 악을 악으로 갚지 말고 모든 사람이 선하다고 생각하 는 일을 하려고 애쓰십시오. (로마서 12:17)

그리고 바울은 13장 2절에서 권세에 거역한다는 표현을 두 번씩 이나 쓰고 있습니다. 예수님은 산 위에서 하나님나라는 악한 사람에게 악으로 대응해서는 결코 이룰 수 없음을 설파하시면서 이렇게 권고하셨습니다. 정말 바보 같은 권고처럼 들리기도 합니다.

> 그러므로 나는 너희에게 말한다. 악한 사람에게 맞서지 말라. 누가 네 오른 뺨을 치거든, 왼쪽 뺨마저 돌려대어라. (마태복음 5:29)

먼저 우리가 주목할 것은 바울의 '거역한다'는 말과 예수님의 '맞서다'는 말입니다. 같은 명령의 뜻입니다. 바울의 '거역한다'라는 단어의 그리스어는 'tasso'인데, 이것은 군대의 전투 행위와 연관된 동작을 뜻합니다. 즉 싸우기 위해 전투대형을 '이룬다'라든지, 전투를 위한 군인의 배치와 포진을 해낸다는 뜻이지요. 이 그리스어가 영어의 'tactics'의 어원이 됩니다. 그러니까 바울의 '거역'이란 뜻은 단순한 반대나 반항이 아닙니다. 그것은 무력을 사용하는 군대식 반항을 뜻합니다. 그러기에 바울의 13장 2절을 다음과 같이 풀이해야 될 것 같습니다.

"조세와 관세를 요구하는 로마권세에 대해 군대식 무력 전술로 대항하지 말라."

이런 바울의 권고는 "악한 사람에게 맞서지 말라"라는 예수님의 육성을 영적으로 듣고 한 권고라 할 수 있겠습니다. 그러니까 예수님이나 바울은 한결같이 제도 폭력 또는 폭력적 제도에 폭력으로 대항하는 전술을 거부하라고 명령하십니다. 피 흘리는 폭력 대응 자체가 이미 악한 폭력의 세력에 굴복한 것이기 때문입니다. 이렇게 되면 결단코 악을 이겨낼 수 없습니다. 악순환만 거칠게 작동시키게 되고 억울한 피 흘림은 계속될 뿐이지요. 진실로 악을 이기려면 선함으로만 이겨야만 합니다.

곧 사랑의 힘, 질 수 밖에 없더라도 그 사랑의 힘으로 이겨내야 합니다. 여기서 우리는 십자가의 처절한 패배와 부활의 승리 사이의 복종적 긴장을 이해할 수 있어야 합니다.

셋째로 예수님과 바울의 만남 한 가지만 더 언급해봅시다. 예수의 원수 사랑의 명령이 바울의 로마서 13장 8절에서 10절까지에서 아름답게 정리되고 있습니다.

> 서로 사랑하는 것 외에는 아무에게도 빚을 지지 마십시오. 남을 사랑하는 사람은 율법을 다 이룬 것입니다. (로마서 13:8)

나는 여기서 바울의 평범한 표현인 '남을 사랑하는 사람'을 좀 더 명백하게 원수 사랑하는 사람으로 부각시켜 이렇게 옮기고 싶습니다. "원수를 사랑하는 사람은 모든 율법의 정신을 완성하는 것입니다." 이렇게 완성되는 평화야말로 바로 하나님의 평화요, 팍스 크리스투스Pax Christus의 진실입니다.

여기서 가짜 평화인 팍스 로마나와 진정한 평화인 팍스 크리스투스 간의 본질적 차이가 나타납니다. 한마디로 바울의 로마서 서신에서 우리가 역사적 예수의 향기, 그것도 산상수훈의 고결한 향기를 느낄 수 있어야만 바울의 속뜻, 바울의 래디컬한 신학의 본질을 제대로 이해할 수 있습니다. 이 향기는 바로 예수의 하나님나라 운동의 향기요 팍스 로마나를 대치할 수 있는 변혁의 향기입니다.

팍스 크리스투스의 빛과 영광

이제 네 가지 진실에 주목하고 싶습니다.

첫째로, 긴 기독교 역사에서 보면 세속적이거나 종교적이거나 독재자들이 가장 애용했던 성서 구절이 바로 로마서 13장 1절과 2절이라는 사실입니다. 저도 개인적으로 정치적 고초를 겪었을 때 군사정부가 이 구절로 여러 번 저를 괴롭혔습니다. 해방 후 오늘까지 우리의 역사를 보면 국가권력이 한국 교회 지도자들을 청와대나 조찬 기도회로 초청하면, 이들 지도자들은 한결같이 독재 권력을 주님의 이름으로, 성서의 여러 말씀으로 축복해주었습니다. 특히 로마서 13장의 일부 말씀으로 권력을 정당화시켜주었습니다.

나는 사도 바울이 지금 살아 있다면 이 같은 우리 한국 교회 지도자들의 행태에 대해, 심히 불쾌해하리라 생각합니다. 이제 사도 바울의 목에 기독교 지도자들이 메어둔 무거운 권력 축복이라는 멍에를 우리는 벗겨주어야 합니다. 복음주의 신학의 미명아래 높은 보수주의 감옥에 그토록 오랫동안 가둬둔 사도 바울을 이제 해방시켜야 합니다. 바울의 신학이 예수의 하나님 나라, 곧 사랑 나라Love-dom의 신학이기도 한데 이 신학을 보수주의 신학의 감옥에 그렇게 오랫동안 가둬두어서는 안됩니다.

둘째로, 바울이 오해받기 쉬운 13장 1절에서 7절까지의 편지글을 쓰게 된 동기를 우리는 마음의 문을 열고 이해해야 합니다. 천방지축처럼 놀던 네로 황제의 탄압 속에서 로마교회의 반세운동이 자칫 피비린내 나는 순교의 참상으로 비화될 것을 바울은 심히 염려했습니다. 그런데 바울 사도는 반세운동이 초대 교인들이 목숨을 걸만큼 중요한 사안이 아니라고 판단했지요. 정말 목숨을 걸 주요한 사안이 따로 있다고 믿었지요. 그는 복음의 진리를 위해서는 죽음을 두려워하지 않았습니다.

이것은 본 회퍼Dietrich Bonhoeffer(1906~1945) 목사가 1940년에 겪었던 경험에서 다시 유추해볼 수 있겠습니다. 1940년 6월 17일 그는 카페에서 프랑스 항복 소식을 들었습니다. 아마도 그 카페 안에 히틀러 정권의 하수인이 있었던 것 같습니다. 프랑스 항복 소식에 독일인들은 마땅히 기뻐해야 하는데 카페 분위기는 그렇지 않았나 봅니다. 이때 본 회퍼 목사는 이렇게 외쳤답니다. "여러분, 팔을 들어 올리시오. 당신들 제정신이요? 우리는 지금 다른 중요한 것을 위해 목숨을 걸어야지 그 딴 경례 따위에 목숨을 걸어서는 안 됩니다." 경례 거부 행위로 순교당하는 어리석은 짓은 하지 말자는 뜻입니다. 그래서 본 회퍼 목사는 1세기의 사도 바울과 역지사지 하고 역지감지한 듯합니다.

셋째로, 우리는 바울 사도의 더 깊은 속뜻을 헤아려야 합니다. 초대교회가 반세운동으로 순교당하는 것도 바울에겐 가슴 아픈 일이지만, 그를 더욱 더 가슴 아프게 하는 문제가 있었습니다. 초대 교인들이 로마체제에 대해 군대식 무력대응을 함으로써 피살되는 아픔도 바울에게는 컸지만, 그를 더 아프게 한 것은 상대방을 살해하는 비극이라 하겠습니다. 이렇게 악을 악으로 대응하게 되면 하나님 나라는 이미 끝장난 것이지요. 다만 보복적 악순환이 거칠게 작동하면서 사랑은 증오로 대치되고, 정의는 보복으로 추악하게 변질 되고 말지요. 팍스 크리스투스는 사라지게 되고 팍스 로마나는 피비린내 나는 승리주의 깃발 아래 더욱 극성을 떨게 될 것입니다. 바울은 이것을 더 걱정했습니다.

끝으로, 우리는 골고다로 우아하게 십자가 지시고 처참한 패배의 길로 한 발짝 한 발짝 씩 나아가신 바보 같은 예수를 가슴 깊이 모시면서 바울의 편지를 새롭게 읽어야 합니다. 십자가의 죽음은 팍스 로마나의 죽음을 뜻합니다. 그러나 예수의 부활은 팍스 크리스투스의 승리를 뜻한다는 진실을 우리는 새삼 깨달아야 합니다. 십자가에 달려 괴로워하는 예수님에게 무자비하게 창을 던진 로마의 권력을 바보 예수는 용서하시는 기도를 드렸지요. 그런데 이 기도의 순간 팍스 로마나는 그 뿌리로부터 흔들리게 되고 무너지게 됩니다. 그리고 마침내 예수의 부활로 팍스 크리스투스는 참 평화의 빛을 세상과 역사 속에서 영원히 비추게 됩니다.

우리는 지금 십자가의 죽음과 부활 사이에서 떨고 있는 것 같습니다. 그러나 곧 밝아올 부활의 빛을 바라면서, 더욱 용기를 내어 억울하게 분단된 우리 조국의 현실에서 널리 증거하는 예수따르미, 그리스도따르미가 되어야 합니다.